님의 침묵

한용운 시전집

한용운 시전집

님의 침묵

1판 1쇄 인쇄 2024년 5월 10일
1판 1쇄 발행 2024년 5월 15일

지은이 한용운
엮은이 권영민

펴낸이 임지현
펴낸곳 (주)문학사상
주소 경기도 파주시 회동길 363-8, 201호 (10881)
등록 1973년 3월 21일 제1-137호

전화 031)946-8503
팩스 031)955-9912
홈페이지 www.munsa.co.kr
이메일 munsa@munsa.co.kr

ⓒ 권영민, 2024

ISBN 978-89-7012-580-0 (03810)

한용운 시전집

님의 침묵

한용운 시전집을 다시 엮으며

이 책은 만해 한용운의 저작 가운데 시와 시조 그리고 한시를 모두 한데 모아 엮은 한용운 시전집이다. 한용운의 시는 시집 『님의 침묵』에 수록된 작품이 중심을 이루지만 시집 발간 이후 신문, 잡지에 발표한 작품이 상당수에 이른다. 한용운은 일찍부터 한시를 썼는데, 일본 체류 중의 한시와 3·1운동 직후 일본 경찰에 체포되어 서대문형무소 수감 중에 쓴 옥중시가 있다. 그리고 한용운이 발표한 많은 시조 작품도 있다.

이 책에서 모든 시 작품은 현대어 표기로 고친 것을 앞에 싣고 그 원문을 발표 당시의 표기대로 수록했으며, 오늘날의 독자에게 까다로운 옛말이나 고유어는 주석을 붙여 설명했다. 한시의 경우는 번역문을 앞에 싣고 한문 원전을 뒤에 수록했다. 특히 모든 작품의 한자에 독음을 표기하여 독자의 이해에 보탬이 되도록 했다. 이 책의 말미에는 한용운의 시 세계를 알기 쉽게 설명한 작품 해설을 부록으로 실었으며 한용운의 삶과 사상에 대한 설명을 덧붙였다. 그리고 한용운의 생애를 연보 형식으로 정리했다.

이 책은 설악·만해사상실천선양회에서 만해의 예술정신과 민족의

식을 계승하고 이를 널리 선양하기 위해 제작했다. 이 책을 통해 만해 한용운의 고매한 인품과 넓고 깊은 사상을 이해하는 데에 도움이 되었으면 한다. 이 책을 출간해준 문학사상사에 감사를 표한다.

2024년 초봄
권영민

차례

제2부 심우장 산시 외

1 심우장 산시尋牛莊散詩

2 『님의 침묵』 전후의 시

제3부 한시

1 산가山家의 시

2 일본에서 쓴 시

3 옥중시 獄中詩

제1부

님의 침묵

군말

「님」만 님이 아니라, 기룬 것은 다 님이다. 중생이 석가의 님이라면, 철학은 칸트의 님이다. 장미화의 님이 봄비라면 마치니의 님은 이태리다. 님은 내가 사랑할 뿐 아니라 나를 사랑하나니라.

연애가 자유라면 님도 자유일 것이다. 그러나 너희는 이름 좋은 자유에 알뜰한 구속을 받지 않느냐. 너에게도 님이 있느냐. 있다면 님이 아니라 너의 그림자니라.

나는 해 저문 벌판에서 돌아가는 길을 잃고 헤매는 어린 양이 기루어서 이 시를 쓴다.

저자

군말[1]

「님」만님이아니라 긔룬[2]것은 다님이다 衆生이 釋迦의님이라면 哲學은 칸트의님이다 薔薇花의님이 봄비라면 마시니[3]의님은 伊太利다 님은 내가사랑할 쑨아니라 나를사랑하나니라

戀愛가自由라면 님도自由일것이다 그러나 너희는 이름조은 自由에 알쓸한 拘束을 밧지안너냐 너에게도 님이잇너냐 잇다면 님이아니라 너의그림자니라

나는 해저문벌판에서 도러가는길을일코 헤매는 어린羊이 긔루어서 이詩를 쓴다

著者

『님의 沈黙』별면

---

1 군말. 하지 않아도 좋을 때에 쓸데없이 하는 말.
2 긔루다. 어떤 대상을 그리워하거나 아쉬워하다. 충청도와 전라도 지방의 방언에서 사용됨.
3 마치니(Giuseppe Mazzini, 1805-1872). 이탈리아의 통일운동 지도자.

님의 침묵

님은 갔습니다. 아아 사랑하는 나의 님은 갔습니다.

푸른 산빛을 깨치고 단풍나무 숲을 향하여 난 적은 길을 걸어서 차마 떨치고 갔습니다.

황금의 꽃같이 굳고 빛나던 옛 맹서는 차디찬 티끌이 되어서 한숨의 미풍에 날아갔습니다.

날카로운 첫 「키스」의 추억은 나의 운명의 지침을 돌려놓고 뒷걸음쳐서 사라졌습니다.

나는 향기로운 님의 말소리에 귀먹고 꽃다운 님의 얼굴에 눈멀었습니다.

사랑도 사람의 일이라 만날 때에 미리 떠날 것을 염려하고 경계하지 아니한 것은 아니지만 이별은 뜻밖의 일이 되고 놀란 가슴은 새로운 슬픔에 터집니다.

그러나 이별을 쓸데없는 눈물의 원천을 만들고 마는 것은 스스로 사랑을 깨치는 것인 줄 아는 까닭에 걷잡을 수 없는 슬픔의 힘을 옮겨서 새 희망의 정수박이에 들어부었습니다.

우리는 만날 때에 떠날 것을 염려하는 것과 같이 떠날 때에 다시 만날 것을 믿습니다.

아아 님은 갔지마는 나는 님을 보내지 아니하였습니다.

제 곡조를 못 이기는 사랑의 노래는 님의 침묵을 휩싸고 돕니다.

님의 沈黙

님은갓슴니다 아々 사랑하는나의님은 갓슴니다

푸른산빗을쌔치고[1] 단풍나무숩을향하야난 적은길을 거러서 참어[2] 썰치고 갓슴니다

黃金의꼿가티 굿고빗나든 옛盟쎨는 자늬찬씨끌이되야서 한숨의微風에 나러갓슴니다

날카로은 첫「키쓰」의追憶은 나의運命의指針을 돌너노코 뒤ㅅ거름처서 사러젓슴니다

나는 향긔로운 님의말소리에 귀먹고 꼿다은 님의얼골에 눈머럿슴니다

사랑도 사람의일이라 맛날째에 미리 쩌날것을 염녀하고경계하지 아니한것은아니지만 리별은 쏫밧긔일이되고 놀난가슴은 새로은슮음에 터짐니다

그러나 리별을 쓸데업는 눈물의源泉을만들고 마는것은 스々로 사랑을쌔치는것인줄 아는까닭에 것잡을수업는 슮음의힘을 옴겨서 새希望의정수박이[3]에

드러부엇슴니다

　우리는 맛날째에 써날것을염녀하는것과가티 써날째에 다시맛날것을 밋슴
니다

　아々 님은갓지마는 나는 님을보내지 아니하얏슴니다

　제곡조를못이기는 사랑의노래는 님의沈黙을 휩싸고돔니다

『님의 沈黙』 1-2면

---

1 깨치다. 깨뜨리다.

2 '참어'는 '참다'의 부사형인 '참아'로 볼 수도 있고, '차마'라는 부사로 볼 수도 있다. 한용운의 시에서는 이 두 가지 형태가 모두 표기상의 구별 없이 나타난다. "그럼으로 사랑은 참어죽지못하고 참어리별 하는 사랑보다 더큰사랑은 업는 것이다"(「리별」). "님이여 나의리별을 참어주서요"(「참어주서요」). 여기서는 부사 '차마'로 읽는다.

3 정수리. 머리 위의 숫구멍이 있는 자리. 뇌천(腦天).

이별은 미美의 창조

이별은 미의 창조입니다.

이별의 미는 아침의 바탕 없는 황금과 밤의 올 없는 검은 비단과 죽음 없는 영원의 생명과 시들지 않는 하늘의 푸른 꽃에도 없습니다.

님이여 이별이 아니면 나는 눈물에서 죽었다가 웃음에서 다시 살아날 수가 없습니다. 오오 이별이여.

미는 이별의 창조입니다.

리별은 美의 創造

리별은 美의 創造임니다

리별의美는 아츰의 바탕[質]업는 黃金과 밤의 올[糸][1]업는 검은비단과 죽엄업는 永遠의生命과 시들지안는 하늘의푸른꽃에도 업슴니다

님이어 리별이아니면 나는 눈물에서죽엇다가 우슴에서 다시사러날수가 업슴니다 오々 리별이어

美는 리별의創造임니다

『님의 沈黙』3면

---

1 올. 실이나 줄의 가닥.

알 수 없어요

바람도 없는 공중에 수직의 파문을 내이며 고요히 떨어지는 오동잎은 누구의 발자취입니까.

지리한 장마 끝에 서풍에 몰려가는 무서운 검은 구름의 터진 틈으로 언뜻언뜻 보이는 푸른 하늘은 누구의 얼굴입니까.

꽃도 없는 깊은 나무에 푸른 이끼를 거쳐서 옛 탑 위의 고요한 하늘을 스치는 알 수 없는 향기는 누구의 입김입니까.

근원은 알지도 못할 곳에서 나서 돌부리를 울리고 가늘게 흐르는 적은 시내는 굽이굽이 누구의 노래입니까.

연꽃 같은 발꿈치로 가이없는 바다를 밟고 옥 같은 손으로 끝없는 하늘을 만지면서 떨어지는 날을 곱게 단장하는 저녁놀은 누구의 시입니까.

타고 남은 재가 다시 기름이 됩니다. 그칠 줄을 모르고 타는 나의 가슴은 누구의 밤을 지키는 약한 등불입니까.

알ㅅ수업서요

　바람도업는공중에 垂直의波紋을내이며 고요히써러지는 오동닙은 누구의발자최임닛가

　지리한장마씃헤 서풍에몰녀가는 무서운검은구름의 터진틈으로 언뜻ㅅㅅ보이는 푸른하늘은 누구의얼골임닛가

　씃도업는 깁흔나무에 푸른이끼를거처서 옛塔위의 고요한하늘을 슬치는[1] 알ㅅ수업는향긔는 누구의입김임닛가

　근원은 알지도못할곳에서나서 돍샘리[2]를울니고 가늘게흐르는 적은시내는 구븨ㅅㅅ 누구의노래임닛가

　련꼿가튼발꿈치로 갓이업는[3]바다를밟고 옥가튼손으로 씃업는하늘을만지면서 써러지는날을 곱게단장하는 저녁놀은 누구의詩임닛가

　타고남은재가 다시기름이됩니다 그칠줄을모르고타는 나의가슴은 누구의밤을지키는 약한등ㅅ불임닛가

『님의 沈黙』 4-5면

---

1 슬치다. 스치다.
2 돌부리. 땅 위로 내민 돌멩이의 뾰족뾰족한 부분.
3 가이없다.

나는 잊고자

남들은 님을 생각한다지만
나는 님을 잊고자 하여요.
잊고자 할수록 생각히기로
행여 잊힐까 하고 생각하여 보았습니다.

잊으려면 생각히고
생각하면 잊히지 아니하니
잊도 말고 생각도 말아 볼까요.
잊든지 생각든지 내버려 두어 볼까요.
그러나 그리도 아니 되고
끊임없는 생각 생각에 님뿐인데 어찌하여요.

구태여 잊으려면
잊을 수가 없는 것은 아니지만
잠과 죽음 뿐이기로
님 두고는 못하여요.

아아 잊히지 않는 생각보다
잊고자 하는 그것이 더욱 괴롭습니다.

나는잇고저

남들은 님을생각한다지만
나는 님을잇고저하야요
잇고저할수록 생각히기로[1]
행혀잇칠가[2]하고 생각하야보앗습니다

이즈랴면 생각히고
생각하면 잇치지아니하니
잇도말고 생각도마러볼까요
잇든지 생각든지 내버려두어볼까요
그러나 그리도아니되고
싣임업는 생각々々에 님쑌인데 엇지하야요

귀태여[3] 이즈랴면

이즐수가 업는것은 아니지만

잠과죽엄쑨이기로

님두고는 못하야요

아〻 잇치지안는 생각보다

잇고저하는 그것이 더욱괴롭슴니다

『님의 沈默』6-7면

---

1 생각히다. 생각나게 하다. '히'는 사동형 보조어간으로 본다.
2 잇히다. 잊어버리게 되다.
3 구태여.

가지 마셔요

그것은 어머니의 가슴에 머리를 숙이고 자기자기한 사랑을 받으려고 삐죽거리는 입술로 표정하는 어여쁜 아기를 싸안으려는 사랑의 날개가 아니라 적의 깃발입니다.

그것은 자비의 백호 광명이 아니라 번득거리는 악마의 눈빛입니다.

그것은 면류관과 황금의 누리와 죽음과를 본 체도 아니 하고 몸과 마음을 돌돌 뭉쳐서 사랑의 바다에 퐁당 넣으려는 사랑의 여신이 아니라 칼의 웃음입니다.

아아 님이여, 위안에 목마른 나의 님이여, 걸음을 돌리셔요. 거기를 가지 마셔요. 나는 싫어요.

대지의 음악은 무궁화 그늘에 잠들었습니다.

광명의 꿈은 검은 바다에서 자맥질합니다.

무서운 침묵은 만상의 속살거림에 서슬이 푸른 교훈을 내리고 있습니다.

아아 님이여, 새 생명의 꽃에 취하려는 나의 님이여, 걸음을 돌리셔요. 거기를 가지 마셔요. 나는 싫어요.

거룩한 천사의 세례를 받은 순결한 청춘을 똑 따서 그 속에 자기의 생명을 넣어서 그것을 사랑의 제단에 제물로 드리는 어여쁜 처녀가 어디 있어요.

달콤하고 맑은 향기를 꿀벌에게 주고 다른 꿀벌에게 주지 않는 이상한 백합꽃이 어디 있어요.

자신의 전체를 죽음의 청산에 장사지내고 흐르는 빛으로 밤을 두 조각에 베이는 반딧불이 어디 있어요.

아아 님이여, 정에 순사하려는 나의 님이여, 걸음을 돌리셔요. 거기를 가지 마셔요. 나는 싫어요.

그 나라에는 허공이 없습니다.

그 나라에는 그림자 없는 사람들이 전쟁을 하고 있습니다.

그 나라에는 우주만상의 모든 생명의 쇳내를 가지고 척도를 초월한 삼엄한 궤율로 진행하는 위대한 시간이 정지되었습니다.

아아 님이여, 죽음을 방향이라고 하는 나의 님이여, 걸음을 돌리셔요. 거기를 가지 마셔요. 나는 싫어요.

가지마서요[1]

그것은 어머니의가슴에 머리를숙이고 자긔ㅅㅅ한[2]사랑을 바드랴고 쌔죽거리는입설[3]로 表情하는 어엽븐아기를 싸안으랴는 사랑의날개가 아니라 敵의旗발임니다

그것은 慈悲의白毫[4]光明이아니라 번득거리는 惡魔의눈(眼)빗임니다

그것은 冕旒冠과 黃金의누리와 죽엄과를 본체도아니하고 몸과마음을 돌ㅅ뭉처서 사랑의바다에 퐁당너랴는 사랑의女神이아니라 칼의우슴임니다

아ㅅ 님이어 慰安에목마른 나의님이어 거름을돌니서요 거긔를가지마서요 나는시려요[5]

大地의 音樂은 無窮花그늘에 잠드럿슴니다

光明의꿈은 검은바다에서 잠약질[6]함니다

무서은沈默은 萬像의속살거림에 서슬이푸른校訓을 나리고 잇슴니다

아ㅅ 님이어 새生命의꼿에 醉하랴는 나의님이어 거름을돌니서요 거긔을가지마서요 나는시려요

거룩한天使의洗禮를밧은 純潔한靑春을 쪽짜서 그속에 自己의生命을너서 그것을사랑의祭壇에 祭物로드리는 어엽븐處女가 어데잇서요

달금하고맑은향긔를 쑬벌에게주고 다른쑬벌에게주지안는 이상한百合꼿

이 어데잇서요

　自身의全體를 죽엄의靑山에 장사지내고 흐르는빗(光)으로 발을 두쪼각에 베히는 반듸ㅅ불이 어데잇서요

　아々 님이어 情에殉死[7]하랴는 나의님이어 거름을돌니서요 거긔를가지마서요 나는시려요

　그나라에는 虛空이업슴니다

　그나라에는 그림자업는사람들이 戰爭을하고잇슴니다

　그나라에는 宇宙萬像의 모든生命의쇠ㅅ대[8]를가지고 尺度를超越한 森嚴한 軌律[9]로 進行하는 偉大한時間이 停止되얏슴니다

　아々 님이어 죽엄을 芳香이라고하는 나의님이어 거름을돌니서요 거긔를가지마서요 나는시려요

『님의 沈默』 8-10면

---

1 ‘마서요’에서 ‘-서요’는 충청 지방의 방언에서 나타나는 특이한 어투다. ‘오세요, 가세요, 하세요’ 등을 ‘오서요, 가서요, 하서요’ 등으로 말한다. 한용운 시에서 이런 표현이 그대로 드러나고 있다.
2 아기자기한.
3 입술.
4 백호(白毫). 부처의 32상(相)의 하나. 두 눈썹 사이에 난 희고 빛나는 가는 터럭으로 광명을 무량세계(無量世界)에 비춘다 함.
5 싫어요.
6 ‘자맥질’의 충청 지방 방언. 물속에 들어가서 떴다 잠겼다 하며 팔다리를 놀리는 짓.
7 순사(殉死). 나라를 위하여 목숨을 바침. 죽은 왕이나 남편을 따라 자살함. 여기서는 후자의 뜻.
8 ‘열쇠’의 옛말.
9 궤도의 규율. 여기서는 시간 운행의 법칙을 의미함.

고적한 밤

하늘에는 달이 없고 땅에는 바람이 없습니다
사람들은 소리가 없고 나는 마음이 없습니다

우주는 죽음인가요
인생은 잠인가요

한 가닥은 눈썹에 걸치고 한 가닥은 적은 별에 걸쳤던 님 생각의 금실은 살살살 걷힙니다
한 손에는 황금의 칼을 들고 한 손으로 천국의 꽃을 꺾던 환상의 여왕도 그림자를 감추었습니다
아아 님 생각의 금실과 환상의 여왕이 두 손을 마주잡고 눈물의 속에서 정사한 줄이야 누가 알아요

우주는 죽음인가요
인생은 눈물인가요
인생이 눈물이면

죽음은 사랑인가요

고적한밤 원문

하늘에는 달이업고 따에는 바람이업습니다
사람들은 소리가업고 나는 마음이업습니다

宇宙는 죽엄인가요
人生은 잠인가요

한가닭[1]은 눈ㅅ섭에걸치고 한가닭은 적은별에걸첫든 님생각의金실은 살々々것침니다[2]
　한손에는 黃金의칼을들고 한손으로 天國의꼿을꺽든 幻想의女王도 그림자를 감추엇습니다
　아々 님생각의金실과 幻想의女王이 두손을마조잡고 눈물의속에서 情死한 줄이야 누가아러요

宇宙는 죽엄인가요

人生은 눈물인가요

人生이 눈물이면

죽엄은 사랑인가요

『님의 沈黙』 11-12면

1 가닥.
2 걷히다.

나의 길

이 세상에는 길도 많기도 합니다

산에는 돌길이 있습니다 바다에는 뱃길이 있습니다 공중에는 달과 별의 길이 있습니다

강가에서 낚시질하는 사람은 모래 위에 발자취를 내입니다 들에서 나물 캐는 여자는 방초를 밟습니다

악한 사람은 죄의 길을 좇아갑니다

의 있는 사람은 옳은 일을 위하여는 칼날을 밟습니다

서산에 지는 해는 붉은 놀을 밟습니나

봄 아침의 맑은 이슬은 꽃머리에서 미끄럼 탑니다

그러나 나의 길은 이 세상에 둘밖에 없습니다

하나는 님의 품에 안기는 길입니다

그렇지 아니하면 죽음의 품에 안기는 길입니다

그것은 만일 님의 품에 안기지 못하면 다른 길은 죽음의 길보다 험하고 괴로운 까닭입니다

아아 나의 길은 누가 내었습니까

아아 이 세상에는 님이 아니고는 나의 길을 내일 수가 없습니다

그런데 나의 길을 님이 내었으면 죽음의 길은 왜 내셨을까요

나의길 원문

이세상에는 길도 만키도함니다

산에는 돍길[1]이잇슴니다 바다에는 배ㅅ길이잇슴니다 공중에는 달과 별의 길이잇슴니다

강ㅅ가에서 낙시질하는사람은 모래위에 발자최를내임이다 들에서 나물캐 는女子는 芳草를밟슴니다

악한사람은 죄의길을조처감니다

義잇는사람은 올은일을위하야는 칼날을밟슴니다

서산에지는 해는 붉은놀을밟슴니다

봄아츰의 맑은이슬은 꽃머리에서 미ㅅ름탐니다

그러나 나의길은 이세상에 둘밧게업슴니다

하나는 님의품에안기는 길임니다

그러치아니하면 죽엄의품에안기는 길임니다

그것은 만일 님의품에안기지못하면 다른길은 죽엄의길보다 험하고 괴로은 까닭임니다

아々 나의길은 누가내엿슴닛가

아々 이세상에는 님이아니고는 나의길을 내일수가 업슴니다

그런데 나의길을 님이내엿스면 죽엄의길은 웨내섯슬가요

『님의 沈黙』13-14면

---

1 돌길. 돌아가는 길. 돌이 많은 길. 여기서는 후자에 해당함.

꿈 깨고서

님이면은 나를 사랑하련마는 밤마다 문밖에 와서 발자취 소리만 내
이고 한 번도 들어오지 아니하고 도로 가니 그것이 사랑인가요
　그러나 나는 발자취나마 님의 문밖에 가 본 적이 없습니다
　아마 사랑은 님에게만 있나 봐요

　아아 발자취 소리나 아니더면 꿈이나 아니 깨었으련마는
　꿈은 님을 찾아가려고 구름을 탔었어요

쑴깨고서

님이며는 나를사랑하련마는 밤마다 문밧게와서 발자최소리만내이고 한번
도 드러오지아니하고 도로가니 그것이 사랑인가요
　그러나 나는 발자최나마 님의문밧게 가본적이업슴니다
　아마 사랑은 님에게만 잇나버요[1]

　아々 발자최소리나 아니더면 쑴이나 아니쌔엿스런마는
　쑴은 님을차저가랴고 구름을탓섯서요

『님의 沈默』15면

---

1 있나 봐요.

예술가

나는 서투른 화가여요

잠 아니 오는 잠자리에 누워서 손가락을 가슴에 대이고 당신의 코와 입과 두 볼에 새암 파지는 것까지 그렸습니다

그러나 언제든지 적은 웃음이 떠도는 당신의 눈자위는 그리다가 백 번이나 지웠습니다

나는 파겁 못한 성악가여요

이웃 사람도 돌아가고 버러지 소리도 그쳤는데 당신의 가르쳐 주시던 노래를 부르려다가 조는 고양이가 부끄러워서 부르지 못하였습니다

그래서 가는 바람이 문풍지를 스칠 때에 가만히 합창하였습니다

나는 서정시인이 되기에는 너무도 소질이 없나 봐요

「즐거움」이니 「슬픔」이니 「사랑」이니 그런 것은 쓰기 싫어요

당신의 얼굴과 소리와 걸음걸이와를 그대로 쓰고 싶습니다

그리고 당신의 집과 침대와 꽃밭에 있는 적은 돌도 쓰겠습니다

藝術家

나는 서투른 畵家여요

잠아니오는 잠ㅅ자리에 누어서 손ㅅ가락을 가슴에대히고 당신의 코와 입과 두볼에 새암[1]파지는것까지 그렷습니다

그러나 언제든지 적은우슴이써도는 당신의눈ㅅ자위는 그리다가 백번이나 지엇습니다[2]

나는 파겁[3]못한 聲樂家여요

이웃사람도 도러가고 버러지[4]소리도 슨첫는데 당신의가러처주시든 노래를 부르랴다가 조는고양이가 부끄러워서 부르지못하얏습니다

그래서 간은[5]바람이 문풍지를슬칠[6]째에 가마니습唱하얏습니다

나는 敍情詩人이되기에는 너머도 素質이업나버요

「질거음[7]」이니 「슯음」이니 「사랑」이니 그런것은 쓰기시려요

당신의 얼골과 소리와 거름거리와를 그대로쓰고십흠니다

그리고 당신의 집과 寢臺와 쏫밧헤잇는 적은돍도 쓰것습니다

『님의 沈黙』16-17면

1 샘. 여기서는 '볼우물(보조개)'을 말함.
2 지우다.
3 파겁(破怯). 익숙하여 두려움이나 부끄러움이 없음.
4 벌레.
5 가늘다.
6 스치다.
7 즐거움.

이별

아아 사람은 약한 것이다 여린 것이다 간사한 것이다
이 세상에는 진정한 사랑의 이별은 있을 수가 없는 것이다
죽음으로 사랑을 바꾸는 님과 님에게야 무슨 이별이 있으랴
이별의 눈물은 물거품의 꽃이요 도금한 금방울이다

칼로 베인 이별의 「키스」가 어디 있느냐
생명의 꽃으로 빚은 이별의 두견주가 어디 있느냐
피의 홍보석으로 만든 이별의 기념 반지가 어디 있느냐
이별의 눈물은 저주의 마니주요 거짓의 수정이다

사랑의 이별은 이별의 반면에 반드시 이별하는 사랑보다 더 큰 사랑
이 있는 것이다
혹은 직접의 사랑은 아닐지라도 간접의 사랑이라도 있는 것이다
다시 말하면 이별하는 애인보다 자기를 더 사랑하는 것이다
만일 애인을 자기의 생명보다 더 사랑하면 무궁을 회전하는 시간의
수레바퀴에 이끼가 끼도록 사랑의 이별은 없는 것이다

아니다 아니다 「참」보다도 참인 님의 사랑엔 죽음보다도 이별이 훨씬 위대하다

죽음이 한 방울의 찬이슬이라면 이별은 일천 줄기의 꽃비다

죽음이 밝은 별이라면 이별은 거룩한 태양이다

생명보다 사랑하는 애인을 사랑하기 위하여는 죽을 수가 없는 것이다

진정한 사랑을 위하여는 괴롭게 사는 것이 죽음보다도 더 큰 희생이다

이별은 사랑을 위하여 죽지 못하는 가장 큰 고통이요 보은이다

애인은 이별보다 애인의 죽음을 더 슬퍼하는 까닭이다

사랑은 붉은 촛불이나 푸른 술에만 있는 것이 아니라 먼 마음을 서로 비치는 무형에도 있는 까닭이다

그러므로 사랑하는 애인을 죽음에서 잊지 못하고 이별에서 생각하는 것이다

그러므로 사랑하는 애인을 죽음에서 웃지 못하고 이별에서 우는 것이다

그러므로 애인을 위하여는 이별의 원한을 죽음의 유쾌로 갚지 못하고 슬픔의 고통으로 참는 것이다

그러므로 사랑은 차마 죽지 못하고 차마 이별하는 사랑보다 더 큰 사랑은 없는 것이다

그리고 진정한 사랑은 곳이 없다

　　진정한 사랑은 애인의 포옹만 사랑할 뿐 아니라 애인의 이별도 사랑
하는 것이다

　　그리고 진정한 사랑은 때가 없다
　　진정한 사랑은 간단이 없어서 이별은 애인의 육뿐이요 사랑은 무궁이다

　　아아 진정한 애인을 사랑함에는 죽음의 칼을 주는 것이요 이별은 꽃
을 주는 것이다
　　아아 이별의 눈물은 진이요 선이요 미다
　　아아 이별의 눈물은 석가요 모세요 잔다르크다

리별

원문

　　아々 사람은 약한것이다 여린것이다 간사한것이다
　　이세상에는 진정한 사랑의리별은 잇슬수가 업는것이다
　　죽엄으로 사랑을바꾸는 님과님에게야 무슨리별이 잇스랴
　　리별의눈물은 물거품의꽃이오 鍍金한金방울이다

칼로베힌 리별의 「키쓰」가 어데잇너냐

生命의꽃으로비진[1]리별의杜鵑酒가 어데잇너냐

피의紅寶石으로만든 리별의紀念반지가 어데잇너냐

리별의눈물은 咀呪의摩尼珠[2]요 거짓의水晶이다

사랑의리별은 리별의反面에 반듯이 리별하는사랑보다 더큰사랑이 잇는것이다

혹은 直接의사랑은 아닐지라도 間接의사랑이라도 잇는것이다

다시말하면 리별하는愛人보다 自己를더사랑하는것이다

만일 愛人을 自己의生命보다 더사랑하면 無窮을回轉하는 時間의수리박휘[3]
에 이끼가끼도록 사랑의리별은 업는것이다

아니다々々々「참」보다도참인 님의사랑엔 죽엄보다도 리별이 훨씬偉大하다

죽엄이 한방울의찬이슬이라면 리별은 일천줄기의꽃비다

죽엄이 밝은별이라면 리별은 거룩한太陽이다

生命보다사랑하는 愛人을 사랑하기위하야는 죽을수가업는것이다

진정한사랑을위하야는 괴롭게사는것이 죽엄보다도 더큰犧牲이다

리별은 사랑을위하야 죽지못하는 가장큰 苦痛이오 報恩이다

愛人은 리별보다 愛人의죽엄을 더슯어하는까닭이다

사랑은 붉은초ㅅ불이나 푸른술에만 잇는것이아니라 먼마음을 서로 비치는
無形에도 잇는까닭이다

그럼으로 사랑하는愛人을 죽엄에서 잇지못하고 리별에서 생각하는 것이다

그럼으로 사랑하는愛人을 죽엄에서 웃지못하고 리별에서 우는것이다

그럼으로 愛人을위하야는 리별의 怨恨을 죽엄의愉快로 갑지못하고 슯음의 苦痛으로 참는것이다

그럼으로 사랑은 참어죽지못하고 참어리별하는 사랑보다 더큰사랑은 업는 것이다

그리고 진정한사랑은 곳4이업다

진정한사랑은 愛人의抱擁만 사랑할쑨아니라 愛人의리별도 사랑하는것이다

그리고 진정한사랑은 째가업다

진정한사랑은 間斷이업서々 리별은 愛人의肉쑨이오 사랑은 無窮이다

아々 진정한愛人을 사랑함에는 죽엄은 칼을주는것이오 리별은 꼿을주는것 이다

아々 리별의눈물은 眞이오 善이오 美다

아々 리별의눈물은 釋迦요 모세요 짠다크다

『님의 沈黙』 18-22면

---

1 빗다.
2 마니주(摩尼珠). 흐린 물을 맑게 하며, 불행과 악을 물리치는 공덕이 있다는 보주(寶珠)를 말함.
3 수레바퀴.　**4** 장소. 공간.

길이 막혀

당신의 얼굴은 달도 아니언만
산 넘고 물 넘어 나의 마음을 비춥니다

나의 손길은 왜 그리 짤라서
눈앞에 보이는 당신의 가슴을 못 만지나요

당신이 오기로 못 올 것이 무엇이며
내가 가기로 못 갈 것이 없지마는
산에는 사다리가 없고
물에는 배가 없어요

뉘라서 사다리를 떼고 배를 깨뜨렸습니까
나는 보석으로 사다리 놓고 진주로 배 모아요
오시려도 길이 막혀서 못 오시는 당신이 기루어요

길이막혀

당신의얼골은 달도아니언만

산넘고 물넘어 나의마음을 비침니다

나의손ㅅ길은 웨그리썰너서[1]

눈압헤보이는 당신의가슴을 못만지나요

당신이오기로 못올것이 무엇이며

내가가기로 못갈것이 업지마는

산에는 사다리가업고

물에는 배가업서요

뉘라서 사다리를쎄고 배를째트렷슴닛가

나는 보석으로 사다리노코 진주로 배모아요[2]

오시랴도 길이막혀서 못오시는 당신이 긔루어요

『님의 沈默』 23-24면

1 '짧아서'의 충청 방언.
2 모으다. 여기서 '모으다'는 '나무쪽을 한데 맞춰서 배를 만들다'라는 뜻을 지닌다.

자유정조 自由貞操

내가 당신을 기다리고 있는 것은 기다리고자 하는 것이 아니라 기다려지는 것입니다

말하자면 당신을 기다리는 것은 정조보다도 사랑입니다

남들은 나더러 시대에 뒤진 낡은 여성이라고 삐죽거립니다 구구한 정조를 지킨다고

그러나 나는 시대성을 이해하지 못하는 것도 아닙니다

인생과 정조의 심각한 비판을 하여 보기도 한두 번이 아닙니다

자유연애의 신성을 덮어놓고 부정하는 것도 아닙니다

대자연을 따라서 초연생활을 할 생각도 하여 보았습니다

그러나 구경, 만사가 다 저의 좋아하는 대로 말한 것이요 행한 것입니다

나는 님을 기다리면서 괴로움을 먹고 살이 찝니다 어려움을 입고 키가 큽니다

나의 정조는 「자유정조」입니다

自由貞操

내가 당신을기다리고잇는것은 기다리고자하는것이아니라 기다려지는 것
임니다

말하자면 당신을기다리는것은 貞操보다도 사랑임니다

남들은 나더러 時代에뒤진 낡은女性이라고 쎄죽거림니다 區々한貞操를지
킨다고

그러나 나는 時代性을 理解하지못하는것도 아님니다

人生과貞操의 深刻한批判을 하야보기도 한두번이 아님니다

自由戀愛의神聖(?)을 덥허노코 否定하는것도 아님니다

大自然을따러서 超然生活[1]을할생각도 하야보앗슴니다

그러나 究竟[2], 萬事가 다 저의조아하는대로 말한것이오 행한것임니다

나는 님을기다리면서 괴로움을먹고 살이짐니다 어려움을입고 키[3]가 큼니다

나의貞操는 「自由貞操」임니다

『님의 沈黙』 25-26면

---

1 초연생활(超然生活). 역사와 현실을 넘어선 생활.
2 구경(究竟). 궁극. 사리(事理)를 끝까지 추구하는 일.
3 키.

하나가 되어 주셔요

님이여 나의 마음을 가져가려거든 마음을 가진 나한지 가져가셔요
그리하여 나로 하여금 님에게서 하나가 되게 하셔요

그렇지 아니하거든 나에게 고통만을 주지 마시고 님의 마음을 다 주
셔요 그리고 마음을 가진 님한지 나에게 주셔요 그래서 님으로 하여금
나에게서 하나가 되게 하셔요

그러면 나는 나의 마음을 가지고 님의 주시는 고통을 사랑하겠습니다

하나가되야주서요

님이어 나의마음을 가저가랴거든 마음을가진나한지[1]가저가서요 그리하야 나로하야금 님에게서 하나가되게 하서요

그러치아니하거든 나에게 고통만을주지마시고 님의마음을 다주서요 그리고 마음을가진님한지 나에게주서요 그레서 님으로하야금 나에게서 하나가되게 하서요

그러치아니하거든 나의마음을 돌녀보내주서요 그리고 나에게 고통을주서요 그러면 나는 나의마음을가지고 님의주시는고통을 사랑하것슴니다

『님의 沈默』 27면

---

1 '-한지'는 충청 방언으로 '-한치'와 같이 쓰인다. '함께'라는 뜻이다.

나룻배와 행인

나는 나룻배
당신은 행인

당신은 흙발로 나를 짓밟습니다
나는 당신을 안고 물을 건너갑니다
나는 당신을 안으면 깊으나 옅으나 급한 여울이나 건너갑니다

만일 당신이 아니 오시면 나는 바람을 쐬고 눈비를 맞으며 밤에서
낮까지 당신을 기다리고 있습니다
당신은 물만 건너면 나를 돌아보지도 않고 가십니다그려

그러나 당신이 언제든지 오실 줄만은 알아요
나는 당신을 기다리면서 날마다 날마다 낡아갑니다

나는 나룻배
당신은 행인

나루ㅅ배와 行人

나는 나루ㅅ배
당신은 行人

당신은 흙발로 나를 짓밟음니다
나는 당신을안ㅅ고 물을건너감니다
나는 당신을안으면 깁흐나 엿흐나[1] 급한여울이나 건너감니다

만일 당신이 아니오시면 나는 바람을쐬고 눈비를마지며 밤에서낫가지 당
신을기다리고 잇슴니다
당신은 물만건느면 나를 도러보지도안코 가심니다 그려

그러나 당신이 언제든지 오실줄만은 아러요
나는 당신을기다리면서 날마다 ㅅ ㅅ ㅅ 낡어감니다

나는 나루ㅅ배
당신은 行人

『님의 沈黙』 28-29면

1 엳다.

차라리

님이여 오셔요 오시지 아니하려면 차라리 가셔요 가려다 오고 오려다 가는 것은 나에게 목숨을 빼앗고 죽음도 주지 않는 것입니다

님이여 나를 책망하려거든 차라리 큰 소리로 말씀하여 주셔요 침묵으로 책망하지 말고 침묵으로 책망하는 것은 아픈 마음을 얼음 바늘로 찌르는 것입니다

님이여 나를 아니 보려거든 차라리 눈을 돌려서 감으셔요 흐르는 곁눈으로 흘겨보지 마셔요 곁눈으로 흘겨보는 것은 사랑의 보에 가시의 선물을 싸서 주는 것입니다

차라리

님이어 오서요 오시지아니하랴면 차라리가서요 가랴다오고 오랴다 가는것
은 나에게 목숨을쌔앗고 죽엄도주지안는것임이다

님이어 나를책망하랴거든 차라리 큰소리로말슴하야주서요 沈默으로 책망
하지말고 沈默으로책망하는것은 압흔마음을 어름바늘로 찌르는것임니다

님이어 나를아니보랴거든 차라리 눈을돌녀서 감으서요 흐르는겻눈으로 흘
겨보지마서요 겻눈으로 흘겨보는것은 사랑의보(褓)[1]에 가시의 선물을싸서 주
는것임니다

『님의 沈默』30면

---

1 보자기.

나의 노래

나의 노랫가락의 고저장단은 대중이 없습니다

그래서 세속의 노래 곡조와는 조금도 맞지 않습니다

그러나 나는 나의 노래가 세속 곡조에 맞지 않는 것을 조금도 애달
파하지 않습니다

나의 노래는 세속의 노래와 다르지 아니하면 아니 되는 까닭입니다

곡조는 노래의 결함을 억지로 조절하려는 것입니다

곡조는 부자연한 노래를 사람의 망상으로 도막 쳐 놓는 것입니다

참된 노래에 곡조를 붙이는 것은 노래의 자연에 치욕입니다

님의 얼굴에 단장을 하는 것이 도리어 흠이 되는 것과 같이 나의 노
래에 곡조를 붙이면 도리어 결점이 됩니다

나의 노래는 사랑의 신을 울립니다

나의 노래는 처녀의 청춘을 쥐어짜서 보기도 어려운 맑은 물을 만듭
니다

나의 노래는 님의 귀에 들어가서는 천국의 음악이 되고 님의 꿈에
들어가서는 눈물이 됩니다

나의 노래가 산과 들을 지나서 멀리 계신 님에게 들리는 줄을 나는 압니다

나의 노랫가락이 바르르 떨다가 소리를 이루지 못할 때에 나의 노래가 님의 눈물겨운 고요한 환상으로 들어가서 사라지는 것을 나는 분명히 압니다

나는 나의 노래가 님에게 들리는 것을 생각할 때에 광영에 넘치는 나의 적은 가슴은 발발발 떨면서 침묵의 음보를 그립니다

나의노래

나의노래가락의 고저장단은 대중[1]이업습니다

그레서 세속의노래곡조와는 조금도 맛지안습니다

그러나 나는 나의노래가 세속곡조에 맛지안는것을 조금도 애닲어하지안습니다

나의노래는 세속의노래와 다르지아니하면 아니되는 까닭임니다

곡조는 노래의缺陷을 억지로調節하랴는것임니다

곡조는 不自然한노래를 사람의妄想으로 도막처놋는것임니다

참된노래에 곡조를부치는것은 노래의自然에 恥辱임니다

님의얼골에 단장을하는것이 도로혀² 험³이되는것과가티 나의노래에 곡조를 부치면 도로혀 缺點이됩니다

나의노래는 사랑의神을 울님니다

나의노래는 處女의靑春을 쥡짜서⁴보기도어려운 맑은물을 만듬니다

나의노래는 님의귀에드러가서는 天國의音樂이되고 님의쑴에드러가서는 눈물이됨니다

나의노래가 산과들을지나서 멀니게신님에게 들니는줄을 나는암니다

나의노래가락이 바르々썰다가 소리를 어르지⁵못할째에 나의노래가 님의 눈물겨운 고요한幻想으로 드러가서 사러지는것을 나는 분명히암니다

나는 나의노래가 님에게들니는것을 생각할째에 光榮에넘치는 나의 적은 가슴은 발々々썰면서 沈黙의音譜를 그림니다

『님의 沈黙』31-32면

1 대중. 겉으로 대강 어림잡아 헤아림. 어떠한 표준이나 기준.

2 '도리어'의 옛말.

3 흠.

4 쥐어짜다.

5 어르다. 어린 아기나 애완용 짐승을 귀엽게 다루어 기쁘게 해주다. 여럿이 조화되어 한 덩어리가 되게 하다. 여기서는 후자의 뜻으로 풀이함. 대부분의 판본이 '이루다'라고 오독하고 있음.

당신이 아니더면

당신이 아니더면 포시럽고 매끄럽던 얼굴이 왜 주름살이 접혀요
당신이 기룹지만 않다면 언제까지라도 나는 늙지 아니할 테여요
맨 첨에 당신에게 안기던 그때대로 있을 테여요

그러나 늙고 병들고 죽기까지라도 당신 때문이라면 나는 싫지 않아요
나에게 생명을 주든지 죽음을 주든지 당신의 뜻대로만 하셔요
나는 곧 당신이어요

당신이아니더면

당신이아니더면 포시럽고[1] 맥그럽든 얼골이 웨 주름살이접혀요

당신이긔룹지만 안터면 언제까지라도 나는 늙지아니할테여요

맨츰[2]에 당신에게안기든 그쌔대로 잇슬테여요

그러나 늙고 병들고 죽기까지라도 당신쌔문이라면 나는 실치안하여요

나에게 생명을주던지 죽엄을주던지 당신의쯧대로만 하서요

나는 곳당신이여요

『님의 沈默』 33면

---

1 포실포실하다. '포동포동하다'의 충청 방언으로 '포실포실하다'가 쓰임.
2 맨 처음.

잠 없는 꿈

나는 어느 날 밤에 잠 없는 꿈을 꾸었습니다

「나의 님은 어디 있어요 나는 님을 보러 가겠습니다 님에게 가는 길을 가져다가 나에게 주셔요 검이여」

「너의 가려는 길은 너의 님이 오려는 길이다 그 길을 가져다 너에게 주면 너의 님은 올 수가 없다」

「내가 가기만 하면 님은 아니 와도 관계가 없습니다」

「너의 님의 오려는 길을 너에게 갖다 주면 너의 님은 다른 길로 오게 된다 네가 간대도 너의 님을 만날 수가 없나」

「그러면 그 길을 가져다가 나의 님에게 주셔요」

「너의 님에게 주는 것이 너에게 주는 것과 같다 사람마다 저의 길이 각각 있는 것이다」

「그러면 어찌하여야 이별한 님을 만나 보겠습니까」

「네가 너를 가져다가 너의 가려는 길에 주어라 그러하고 쉬지 말고 가거라」

「그리 할 마음은 있지마는 그 길에는 고개도 많고 물도 많습니다 갈 수가 없습니다」

검은 「그러면 너의 님을 가슴에 안겨 주마」 하고 나의 님을 나에게
안겨 주었습니다

나는 나의 님을 힘껏 껴안았습니다
나의 팔이 나의 가슴을 아프도록 다칠 때에 나의 두 팔에 베어진 허
공은 나의 팔을 뒤에 두고 이어졌습니다

잠업는쑴 원문

나는 어늬날밤에 잠업는쑴을 쑤엇습니다
「나의님은 어데잇서요 나는 님을보러가것슴니다 님에게가는길을 가저다
가 나에게주서요 검이어」
「너의가랴는길은 너의님의 오랴는길이다 그길을가저다 너에게주면 너의
님은 올수가업다」
「내가가기만하면 님은아니와도 관계가업슴니다」
「너의님의 오랴는길은 너에게 갓다주면 너의님은 다른길로 오게된다 네가
간대도 너의님을 만날수가업다」
「그러면 그길을가저다가 나의님에게주서요」

「너의님에게주는것이 너에게주는것과 갓다 사람마다 저의길이 각々 잇는
것이다」

「그러면 엇지하여야 리별한님을 맛나보것슴닛가」

「네가 너를가저다가 너의가랴는길에 주어라 그리하고 쉬지말고 가거라」

「그러할마음은 잇지만은 그길에는 고개도만코 물도만슴니다 갈수가업슴
니다」

검은 「그러면 너의님을 너의가슴에 안겨주마」하고 나의님을 나에게 안겨
주엇슴니다

나는 나의님을 힘씻 쩌안엇슴니다

나의팔이 나의가슴을 압흐도록 다칠[1]째에 나의두팔에 베혀진 _虛空_ 은 나의
팔을 뒤에두고 이어젓슴니다

『님의 沈黙』 34-35면

---

1 닫치다. 힘 있게 닫다.

생명

닻과 키를 잃고 거친 바다에 표류된 작은 생명의 배는 아직 발견도 아니 된 황금의 나라를 꿈꾸는 한 줄기 희망이 나침반이 되고 항로가 되고 순풍이 되어서 물결의 한 끝은 하늘을 치고 다른 물결의 한 끝은 땅을 치는 무서운 바다에 배질합니다

님이여 님에게 바치는 이 작은 생명을 힘껏 껴안아 주셔요

이 작은 생명이 님의 품에서 으서진다 하여도 환희의 영지에서 순정한 생명의 파편은 최귀한 보석이 되어서 조각조각이 적당히 이어져서 님의 가슴에 사랑의 휘장을 걸겠습니다

님이여 끝없는 사막에 한 가지의 깃들일 나무도 없는 작은 새인 나의 생명을 님의 가슴에 으서지도록 껴안아 주셔요

그리고 부서진 생명의 조각조각에 입 맞춰 주셔요

生命

닷과치[1]를일코 거친바다에漂流된 적은生命의배는 아즉發見도아니된 黃金의나라를 꿈쑤는 한줄기希望이 羅針盤이되고 船路가되고 順風이되야서 물ㅅ결의한끗은 하늘을치고 다른물ㅅ결의한끗은 쌍을치는 무서은바다에 배질함니다

님이어 님에게밧치는 이적은生命을 힘껏 쩌안어주서요

이적은生命이 님의품에서 으서진다하야도[2] 歡喜의靈地에서 殉情한 生命의 破片은 最貴한寶石이되야서 쪼각々々이 適當히이어저서 님의가슴에 사랑의 徽章을 걸것슴니다

님이어 씃업는沙漠에 한가지의 깃듸일[3]나무도업는 적은새인 나의生命을 님의가슴에 으서지도록 쩌안어수서요

그러고 부서진 生命의쪼각々々에 입마춰주서요

『님의 沈黙』36-37면

---

1 닷과 키.
2 으스러진다 하여도.
3 깃들이다.

사랑의 측량

즐겁고 아름다운 일은 양이 많을수록 좋은 것입니다

그런데 당신의 사랑은 양이 적을수록 좋은가 봐요

당신의 사랑은 당신과 나와 두 사람의 사이에 있는 것입니다

사랑의 양을 알려면 당신과 나의 거리를 측량할 수밖에 없습니다

그래서 당신과 나의 거리가 멀면 사랑의 양이 많고 거리가 가까우면 사랑의 양이 적을 것입니다

그런데 적은 사랑은 나를 웃기더니 많은 사랑은 나를 울립니다

뉘라서 사람이 멀어지면 사랑도 멀어진다고 하여요

당신이 가신 뒤로 사랑이 멀어졌으면 날마다 날마다 나를 울리는 것은 사랑이 아니고 무엇이어요

사랑의 測量

질겁고아름다은일은 量이만할수록[1] 조흔것임니다

그런데 당신의사랑은 量이적을수록 조흔가버요

당신의사랑은 당신과나와 두사람의새이에 잇는것임니다

사랑의量을 알야면 당신과나의距離를 測量할수밧게 업슴니다

그레서 당신과나의距離가멀면 사랑의量이만하고 距離가가까으면 사랑의
量이 적을것임니다

그런데 적은사랑은 나를 웃기더니 만한[2]사랑은 나를 울님니다

뉘라서 사람이머러지면 사랑도머러진다고 하여요

당신이가신뒤로 사랑이머러젓스면 날마다날마나 나를울니는짓은 사랑이
아니고 무엇이여요

『님의 沈黙』38-39면

---

1 많을수록.
2 많은.

진주

언제인지 내가 바닷가에 가서 조개를 주웠지요 당신은 나의 치마를
걷어 주셨어요 진흙 묻는다고
　집에 와서는 나를 어린 아기 같다고 하셨지요 조개를 주워다가 장난
한다고 그러고 나가시더니 금강석을 사다 주셨습니다 당신이

　나는 그때에 조개 속에서 진주를 얻어서 당신의 적은 주머니에 넣어
드렸습니다
　당신이 어디 그 진주를 가지고 계셔요 잠시라도 왜 남을 빌려 주셔요

眞珠

언제인지 내가 바닷가에가서 조개를주섯지요[1] 당신은 나의치마를 거더 주섯서요[2] 진흙뭇는다고

　집에와서는 나를 어린아기갓다고 하섯지오 조개를주서다가 작난한다고 그러고 나가시더니 금강석을 사다주섯슴니다 당신이

　나는 그째에 조개속에서 진주를어더서 당신의적은주머니에 너드렷슴니다[3]
　당신이 어듸 그진주를 가지고기서요 잠시라도 웨 남을빌녀주서요

『님의 沈黙』 40면

---

1 줍다. 주웠지요.
2 주다. 주셨어요.
3 넣어드리다.

슬픔의 삼매三昧

하늘의 푸른빛과 같이 깨끗한 죽음은 군동을 정화합니다

허무의 빛인 고요한 밤은 대지에 군림하였습니다

힘없는 촛불 아래에 사리뜨리고 외로이 누워 있는 오오 님이여

눈물의 바다에 꽃배를 띄웠습니다

꽃배는 님을 싣고 소리도 없이 가라앉았습니다

나는 슬픔의 삼매에 「아공」이 되었습니다

꽃향기의 무르녹은 안개에 취하여 청춘의 광야에 비틀걸음치는 미
인이여

죽음을 기러기 털보다도 가벼웁게 여기고 가슴에서 타오르는 불꽃
을 얼음처럼 마시는 사랑의 광인이여

아아 사랑에 병들어 자기의 사랑에게 자살을 권고하는 사랑의 실패
자여

그대는 만족한 사랑을 받기 위하여 나의 팔에 안겨요

나의 팔은 그대의 사랑의 분신인 줄을 그대는 왜 모르셔요

슯음의三昧[1]

하늘의푸른빗과가티 쌔끗한 죽엄은 群動[2]을淨化합니다

虛無의빗(光)인 고요한밤은 大地애君臨하얏습니다

힘업는초ㅅ불아레에 사릿드리고[3] 외로히누어잇는 오ㅅ 님이어

눈물의바다에 꼿배를씌엇습니다

꼿배는 님을실ㅅ고[4] 소리도업시 가러안젓습니다

나는 슯음의三昧에 「我空[5]」이되얏습니다

꼿향긔의 무르녹은안개에 醉하야 靑春의曠野에 비틀거름치는 美人이어

죽엄을 기럭이털보다도 가벼움게여기고 가슴에서타오르는 불꼿을 어름처럼마시는 사랑의狂人이어

아ㅅ 사랑에병드러 自己의사랑에게 自殺을勸告하는 사랑의失敗者여

그대는 滿足한사랑을 밧기위하야 나의팔에안겨요

나의팔은 그대의사랑의 分身인줄을 그대는 웨모르서요

『님의 沈默』41–42면

1 삼매(三昧). 한 가지에만 마음을 집중시키는 일심불란의 경지. 삼매경(三昧境).
2 살아 움직이는 모든 무리.
3 사릿드리다. '사리다'의 강조형. 몸을 아끼어 무슨 일을 힘쓰지 아니하다. 조심하며 경계하다.
4 싣다.
5 아공(我空). 중생의 신체나 정신은 인연의 법칙에 의해 만들어진 것이므로 영구적인 나의 몸이 없다는 뜻. 만유(萬有)가 공무한 상태는 '법공(法空)'이라고 함.

의심하지 마셔요

의심하지 마셔요 당신과 떨어져 있는 나에게 조금도 의심을 두지 마셔요

의심을 둔대야 나에게는 별로 관계가 없으나 부질없이 당신에게 고통의 숫자만 더할 뿐입니다

나는 당신의 첫사랑의 팔에 안길 때에 온갖 거짓의 옷을 다 벗고 세상에 나온 그대로의 발가벗은 몸을 당신의 앞에 놓았습니다 지금까지도 당신의 앞에는 그때에 놓아둔 몸을 그대로 받들고 있습니다

만일 인위가 있다면 「어찌하여야 첨 마음을 변치 않고 끝끝내 거짓 없는 몸을 님에게 바칠꼬」 하는 마음뿐입니다
당신의 명령이라면 생명의 옷까지도 벗겠습니다

나에게 죄가 있다면 당신을 그리워하는 나의 「슬픔」입니다
당신이 가실 때에 나의 입술에 수가 없이 입 맞추고 「부디 나에게 대하여 슬퍼하지 말고 잘 있으라」고 한 당신의 간절한 부탁에 위반되

는 까닭입니다

그러나 그것만은 용서하여 주셔요
당신을 그리워하는 슬픔은 곧 나의 생명인 까닭입니다
만일 용서하지 아니하면 후일에 그에 대한 벌을 풍우의 봄 새벽의 낙화의 수 만치라도 받겠습니다
당신의 사랑의 동아줄에 휘감기는 체형도 사양치 않겠습니다
당신의 사랑의 혹법 아래에 일만 가지로 복종하는 자유형도 받겠습니다

그러나 당신이 나에게 의심을 두시면 당신의 의심의 허물과 나의 슬픔의 죄를 맞비기고 말겠습니다
당신에게 떨어져 있는 나에게 의심을 누지 마셔요 부질없이 딩신에게 고통의 숫자를 더하지 마셔요

의심하지마서요

의심하지마서요 당신과 써러저잇는 나에게 조금도 의심을두지마서요

　의심을둔대야 나에게는 별로관계가업스나 부지럽시[1] 당신에게 苦痛의數字만 더할샌임니다

　나는 당신의첫사랑의팔에 안길째에 왼갓거짓의옷을 다벗고 세상에 나온그대로의 발게버슨[2]몸을 당신의압헤 노앗슴니다 지금까지도 당신의압헤는 그째에노아둔몸을 그대로밧들고 잇슴니다

　만일 人爲가잇다면「엇지하여야 츰마음을변치안코 끗々내 거짓업는 몸을 님에게바칠고」하는 마음샌임니다

　당신의命令이라면 生命의옷까지도 벗것슴니다

　나에게 죄가잇다면 당신을그리워하는 나의「슯음」임니다

　당신이 가실째에 나의입설에 수가업시 입마추고「부대 나에게대하야 슯어하지말고 잘잇스라」고한 당신의 간절한부탁에 違反되는까닭임니다

　그러나 그것만은 용서하야주서요

　당신을 그리워하는 슯음은 곳나의生命인까닭임니다

만일용서하지아니하면 後日에 그에대한罰을 風雨의봄새벽의 落花의數만
치라도 밧것슴니다

당신의 사랑의동아줄에 휘감기는 體刑도 사양치안컷슴니다

당신의 사랑의酷法[3]아레에 일만가지로服從하는 自由刑[4]도 밧것슴니다

그러나 당신이 나에게 의심을두시면 당신의 의심의허물과 나의 슯음의죄
를 맛비기고[5] 말것슴니다

당신에게 쩌러저잇는 나에게 의심을두지마서요 부지럽시 당신에게 苦痛의
數字를 더하지마서요

『님의 沈默』43-45면

---

1 부질없이.
2 발가벗은.
3 혹법(酷法). 법이 지키기 힘들거나 가혹함. 또는 그런 법.
4 자유형(自由刑). 범죄자의 자유를 박탈하는 형벌.
5 맞비기다. 상쇄(相殺)하다.

당신은

당신은 나를 보면 왜 늘 웃기만 하셔요 당신의 찡그리는 얼굴을 좀 보고 싶은데

나는 당신을 보고 찡그리기는 싫어요 당신은 찡그리는 얼굴을 보기 싫어하실 줄을 압니다

그러나 떨어진 도화가 날아서 당신의 입술을 스칠 때에 나는 이마가 찡그려지는 줄도 모르고 울고 싶었습니다

그래서 금실로 수놓은 수건으로 얼굴을 가렸습니다

당신은

당신은 나를보면 웨늘 웃기만하서요 당신의 찡그리는얼골을 좀 보고십흔데

나는 당신을보고 찡그리기는 시려요[1] 당신은 찡그리는얼골을 보기시려하

실줄을 암니다

그러나 써러진도화가 나러서 당신의입설을 슬칠[2]째에 나는 이마가 찡그려

지는줄도 모르고 울고십헛슴니다

그래서 금실로수노은 수건으로 얼골을가럿슴니다

『님의 *沈黙*』 46면

---

1 싫어요.

2 스치다.

행복

나는 당신을 사랑하고 당신의 행복을 사랑합니다 나는 온 세상 사람이 당신을 사랑하고 당신의 행복을 사랑하기를 바랍니다

그러나 정말로 당신을 사랑하는 사람이 있다면 나는 그 사람을 미워하겠습니다 그 사람을 미워하는 것은 당신을 사랑하는 마음의 한 부분입니다

그러므로 그 사람을 미워하는 고통도 나에게는 행복입니다

만일 온 세상 사람이 당신을 미워한다면 나는 그 사람을 얼마나 미워하겠습니까

만일 온 세상 사람이 당신을 사랑하지도 않고 미워하지도 않는다면 그것은 나의 일생에 견딜 수 없는 불행입니다

만일 온 세상 사람이 당신을 사랑하고자 하여 나를 미워한다면 나의 행복은 더 클 수가 없습니다

그것은 모든 사람의 나를 미워하는 원한의 두만강이 깊을수록 나의 당신을 사랑하는 행복의 백두산이 높아지는 까닭입니다

幸福

나는 당신을사랑하고 당신의행복을 사랑합니다 나는 왼세상사람이 당신을 사랑하고 당신의행복을 사랑하기를 바랍니다

그러나 정말로 당신을사랑하는사람이 잇다면 나는 그사람을 미워하것슴니다 그사람을미워하는것은 당신을사랑하는마음의 한부분임니다

그럼으로 그사람을미워하는고통도 나에게는 행복임니다

만일 왼세상사람이 당신을미워한다면 나는 그사람을 얼마나미워하것슴닛가

만일 왼세상사람이 당신을 사랑하지도안코 미워하지도안는다면 그것은 나의일생에 견딜수업는 불행임니다

만일 왼세상사람이 당신을사랑하고자하야 나를미워한다면 나의행복은 더 클수가업슴니다

그것은 모든사람의 나를미워하는 怨恨의豆滿江이 깁흘수록 나의 당신을사랑하는 幸福의白頭山이 놉허지는 까닭임니다

『님의 沈黙』47-48면

착인錯認

나려오셔요 나의 마음이 자릿자릿하여요 곧 나려오셔요

사랑하는 님이여 어찌 그렇게 높고 가는 나뭇가지 위에서 춤을 추셔요

두 손으로 나뭇가지를 단단히 붙들고 고이고이 나려오셔요

에그 저 나무 잎새가 연꽃 봉오리 같은 입술을 스치겠네 어서 나려
오셔요

「네네 나려가고 싶은 마음이 잠자거나 죽은 것은 아닙니다마는 나
는 아시는 바와 같이 여러 사람의 님인 때문이어요 향기로운 부르심을
거스르고자 하는 것은 아닙니다」고 버들가지에 걸린 반달은 해쭉해쭉
웃으면서 이렇게 말하는 듯하였습니다

나는 적은 풀잎만치도 가림이 없는 발가벗은 부끄럼을 두 손으로 움
켜쥐고 빠른 걸음으로 잠자리에 들어가서 눈을 감고 누웠습니다

나려오지 않는다던 반달이 사뿐사뿐 걸어와서 창밖에 숨어서 나의
눈을 엿봅니다

부끄럽던 마음이 갑자기 무서워서 떨려집니다

錯認[1]

나려오서요 나의마음이 자릿ㅅㅅ하여요 곳나려오서요

사랑하는님이어 엇지 그러케놉고간은 나무가지위에서 춤을추서요

두손으로 나무가지를 단ㅅ히붓들고 고히ㅅㅅ나려오서요

에그 저나무님새가 련꼿봉오리가튼 입설을 슬치것네 어서나려오서요

「네 네 나려가고십흔마음이 잠자거나 죽은것은 아님니다마는 나는 아시는
바와가티 여러사람의님인째문이여요 향긔로은 부르심을 거스르고자하는것
은 아님니다」고 버들가지에걸닌 반달은 해쭉ㅅㅅ우스면서 이러케말하는듯
하얏슴니다

나는 적은풀닙만치도 가림[2]이업는 발게버슨 부끄럼을 두손으로 움켜쥐고
쌔른거름으로 잠ㅅ자리에 드러가서 눈을감고누엇슴니다

나려오지안는다든 반달이 삽분삽분거러와서 창밧게숨어서 나의눈을 엿봄
니다

부끄럽든마음이 갑작히 무서워서 썰녀짐니다

『님의 沈默』 49-50면

1 착인(錯認). 제대로 알아보지 못함.
2 가림. '가리다'의 명사형.

밤은 고요하고

밤은 고요하고 방은 물로 시친 듯합니다
이불은 개인 채로 옆에 놓아두고 화롯불을 다듬거리고 앉았습니다
밤은 얼마나 되었는지 화롯불은 꺼져서 찬 재가 되었습니다
그러나 그를 사랑하는 나의 마음은 오히려 식지 아니하였습니다
닭의 소리가 채 나기 전에 그를 만나서 무슨 말을 하였는데 꿈조차
분명치 않습니다그려

밤은고요하고

밤은고요하고 방은 물로시친듯함니다[1]

이불은개인채로 엽헤노아두고 화로ㅅ불을 다듬거리고 안젓슴니다

밤은얼마나되얏는지 화로ㅅ불은꺼저서 찬재가되얏슴니다

그러나 그를사랑하는 나의마음은 오히려 식지아니하얏슴니다

닭의소리가 채 나기전에 그를맛나서 무슨말을하얏는데 쑴조처 분명치안슴
니다 그려

『님의 沈默』51면

---

1 씻은 듯하다.

비밀

비밀입니까 비밀이라니요 나에게 무슨 비밀이 있겠습니까
　나는 당신에게 대하여 비밀을 지키려고 하였습니다마는 비밀은 야
속히도 지켜지지 아니하였습니다

　나의 비밀은 눈물을 거쳐서 당신의 시각으로 들어갔습니다
　나의 비밀은 한숨을 거쳐서 당신의 청각으로 들어갔습니다
　나의 비밀은 떨리는 가슴을 거쳐서 당신의 촉각으로 들어갔습니다
　그 밖의 비밀은 한 조각 붉은 마음이 되어서 당신의 꿈으로 들어갔
습니다
　그리고 마지막 비밀은 하나 있습니다 그러나 그 비밀은 소리 없는
메아리와 같아서 표현할 수가 없습니다

秘密

秘密임닛가 秘密이라니요 나에게 무슨秘密 이잇것슴닛가

　나는 당신에게대하야 秘密을지키랴고 하얏슴니다마는 秘密은 야속히도 지켜지지 아니하얏슴니다

　나의 秘密은 눈물을것처서[1] 당신의視覺으로 드러갓슴니다

　나의 秘密은 한숨을것처서 당신의聽覺으로 드러갓슴니다

　나의 秘密은 썰니는가슴을것처서 당신의觸覺으로 드러갓슴니다

　그밧긔秘密은 한쪼각붉은마음이 되야서 당신의꿈으로 드러갓슴니다

　그리고 마즈막秘密은 하나잇슴니다 그러나 그秘密은 소리업는 매아리[2]와 가터서 表現할수가 업슴니다

『님의 沈默』52면

---

1 거치다.

2 메아리.

사랑의 존재

사랑을 「사랑」이라고 하면 벌써 사랑은 아닙니다

사랑을 이름 지을 만한 말이나 글이 어디 있습니까

미소에 눌려서 괴로운 듯한 장밋빛 입술인들 그것을 스칠 수가 있습니까

눈물의 뒤에 숨어서 슬픔의 흑암면을 반사하는 가을 물결의 눈인들 그것을 비출 수가 있습니까

그림자 없는 구름을 거쳐서 메아리 없는 절벽을 거쳐서 마음이 갈 수 없는 바다를 거쳐서 존재? 존재입니다

그 나라는 국경이 없습니다 수명은 시간이 아닙니다

사랑의 존재는 님의 눈과 님의 마음도 알지 못합니다

사랑의 비밀은 다만 님의 수건에 수놓는 바늘과 님의 심으신 꽃나무와 님의 잠과 시인의 상상과 그들만이 압니다

사랑의存在

사랑을 「사랑」이라고하면 발써[1] 사랑은아님니다

사랑을 이름지을만한 말이나글이 어데잇슴닛가

微笑에눌녀서 괴로은듯한 薔薇빗입설인들 그것을 슬칠[2]수가잇슴닛가

눈물의뒤에 숨어서 슯음의墨闇面[3]을 反射하는 가을물ㅅ결의눈인들 그것을 비칠수가잇슴닛가

그림자업는구름을 것처서 매아리업는絶壁을 것처서 마음이갈ㅅ수업는바다를 것처서 存在? 存在임니다

그나라는 國境이업슴니다 壽命은 時間이아님니다

사랑의存在는 님의눈과 님의마음도 알지못함니다

사랑의秘密은 다만 님의手巾에繡놋는 바늘과 님의심으신 옷나무와 님의잠과 詩人의想像과 그들만이 암니다

『님의 沈黙』 53-54면

---

1 '벌써'의 충청도 방언.

2 스치다.

3 흑암면(黑闇面). 컴컴하고 어두운 면.

꿈과 근심

밤 근심이 하 길기에
꿈도 길 줄 알았더니
님을 보러 가는 길에
반도 못 가서 깨었구나

새벽꿈이 하 짜르기에
근심도 짜를 을 줄 알았더니
근심에서 근심으로
끝 간 데를 모르겠다

만일 님에게도
꿈과 근심이 있거든
차라리
근심이 꿈 되고 꿈이 근심 되어라

꿈과근심

밤근심이 하[1] 길기에

꿈도길줄 아럿더니

님을보러 가는길에

반도못가서 깨엇고나

새벽꿈이 하 써르기[2]에

근심도 짜를줄 아럿더니

근심에서 근심으로

씻간데를 모르것다

만일 님에게도

꿈과근심이 잇거든

차라리

근심이 꿈되고 꿈이 근심되여라

『님의 沈默』 55-56면

---

1 하도. 크게. 많이.
2 짧다.

포도주

가을바람과 아침볕에 마치맞게 익은 향기로운 포도를 따서 술을 빚었습니다 그 술 고이는 향기는 가을 하늘을 물들입니다
님이여 그 술을 연잎 잔에 가득히 부어서 님에게 드리겠습니다
님이여 떨리는 손을 거쳐서 타오르는 입술을 축이셔요

님이여 그 술은 한밤을 지나면 눈물이 됩니다
아아 한밤을 지나면 포도주가 눈물이 되지마는 또 한밤을 지나면 나의 눈물이 다른 포도주가 됩니다 오오 님이여

葡萄酒

가을바람과 아츰볏에 마치맛게[1]익은 향긔로은포도를 따서 술을비젓슴니다
그술고이는[2]향긔는 가을하늘을 물드림니다
　님이어 그술을 련닙잔에 가득히부어서 님에게 드리것슴니다
　님이어 썰니는손을것처서 타오르는입설을 축이서요[3]

　님이어 그술은 한밤을지나면 눈물이됨니다
　아아 한밤을지나면 포도주가 눈물이되지마는 쏘한밤을지나면 나의 눈물이
다른포도주가됨니다 오오 님이어

『님의 沈默』57면

---

1 마침맞다. 어떤 경우나 기회에 꼭 알맞다.
2 괴다. (술이) 발효하다.
3 축이다. 축이세요.

비방

세상은 비방도 많고 시기도 많습니다
당신에게 비방과 시기가 있을지라도 관심치 마셔요
비방을 좋아하는 사람들은 태양에 흑점이 있는 것도 다행으로 생각
합니다
당신에게 대하여는 비방할 것이 없는 그것을 비방할는지 모르겠습
니다

조는 사자를 죽은 양이라고 할지언정 당신이 시련을 받기 위하여 도
적에게 포로가 되었다고 그것을 비겁이라고 할 수는 없습니다
달빛을 갈꽃으로 알고 흰모래 위에서 갈매기를 이웃하여 잠자는 기
러기를 음란하다고 할지언정 정직한 당신이 교활한 유혹에 속아서 청
루에 들어갔다고 당신을 지조가 없다고 할 수는 없습니다
당신에게 비방과 시기가 있을지라도 관심치 마셔요

誹謗

세상은 誹謗도만코 猜忌도만슴니다

당신에게 誹謗과猜忌가 잇슬지라도 關心치마서요

誹謗을조아하는사람들은 太陽에 黑點이잇는것도 다행으로 생각함니다

당신에게대하야는 誹謗할것이업는 그것을 誹謗할는지 모르것슴니다

조는獅子를 죽은羊이라고 할지언정 당신이 試鍊을밧기위하여 盜賊에게 捕虜가되얏다고 그것을 卑怯이라고할수는 업슴니다

달빗을 갈꼿으로알고 흰모래위에서 갈마기[1]를이웃하야 잠자는 기럭이를 음란하다고할지언정 正直한당신이 狡猾한誘惑에 속혀서 靑樓[2]에 드러갓다고 낭신을 志操가업나고할수는 업슴니다

당신에게 誹謗과猜忌가 잇슬지라도 關心치마서요

『님의 沈黙』58면

---

1 갈매기.
2 청루(靑樓). 기생집.

「?」

희미한 졸음이 활발한 님의 발자취 소리에 놀라 깨어 무거운 눈썹을
이기지 못하면서 창을 열고 내다보았습니다
동풍에 몰리는 소낙비는 산모롱이를 지나가고 뜰 앞의 파초 잎 위에
빗소리의 남은 음파가 그네를 뜁니다
감정과 이지가 마주치는 찰나에 인면의 악마와 수심의 천사가 보이
려다 사라집니다

흔들어 빼는 님의 노랫가락에 첫잠 든 어린 잔나비의 애처로운 꿈이
꽃 떨어지는 소리에 깨었습니다
죽은 밤을 지키는 외로운 등잔불의 구슬꽃이 제 무게를 이기지 못하
여 고요히 떨어집니다
미친 불에 타오르는 불쌍한 영은 절망의 북극에서 신세계를 탐험합
니다

사막의 꽃이여 그믐밤의 만월이여 님의 얼굴이여
피려는 장미화는 아니라도 갈지 않은 백옥인 순결한 나의 입술은 미

소에 목욕 감는 그 입술에 채 닿지 못하였습니다

움직이지 않는 달빛에 눌리운 창에는 저의 털을 가다듬는 고양이의
그림자가 오르락내리락합니다

아아 불이냐 마냐 인생이 티끌이냐 꿈이 황금이냐

적은 새여 바람에 흔들리는 약한 가지에서 잠자는 적은 새여

「?」 원문

희미한조름이 활발한 님의발자최소리에 놀나쌔여 무서은눈섭을 이기지못
하면서 창을열고 내다보앗습니다

동풍에몰니는 소낙비는 산모롱이를 지나가고 쓸압희 파초닙위에 비ㅅ소리
의 남의音波가 그늬[1]를쒬니다

感情과理智가 마조치는 刹那에 人面의惡魔와 獸心의天使가 보이랴다 사러
짐니다

흔드러쌔는 님의노래가락에 첫잠든 어린잔나비[2]의 애처로은쑴이 꼿 써러
지는소리에 쌔엇습니다

죽은밤을지키는 외로은등잔ㅅ불의 구슬꼿이 제무게를이기지못하야 고요
히써러짐니다

　미친불에 타오르는 불상한靈은 絶望의北極에서 新世界를探險함니다

　沙漠의꼿이어 금음밤[3]의滿月이어 님의얼골이어

　픠랴는 薔薇花는 아니라도 갈지안한白玉인 純潔한나의닙설은 微笑에 沐浴
감는 그입설에 채닷치못하얏슴니다

　움지기지안는 달빗에 눌니운 창에는 저의털을가다듬는 고양이의 그림자가
오르락나리락함니다

　아아 佛이냐 魔냐 人生이 씌끌이냐 꿈이 黃金이냐

　적은새여 바람에흔들리는 약한가지에서 잠자는 적은새여

『님의 沈黙』60-61면

---

1 그네.
2 원숭이.
3 그믐밤.

님의 손길

님의 사랑은 강철을 녹이는 불보다도 뜨거운데 님의 손길은 너무 차서 한도가 없습니다

나는 이 세상에서 서늘한 것도 보고 찬 것도 보았습니다 그러나 님의 손길같이 찬 것은 볼 수가 없습니다

국화 핀 서리 아침에 떨어진 잎새를 울리고 오는 가을바람도 님의 손길보다는 차지 못합니다

달이 적고 별에 뿔 나는 겨울밤에 얼음 위에 쌓인 눈도 님의 손길보다는 차지 못합니다

감로와 같이 청량한 선사의 설법도 님의 손길보다는 차지 못합니다

나의 적은 가슴에 타오르는 불꽃은 님의 손길이 아니고는 끄는 수가 없습니다

님의 손길의 온도를 측량할 만한 한난계는 나의 가슴밖에는 아무 데도 없습니다

님의 사랑은 불보다도 뜨거워서 근심산을 태우고 한바다를 말리는

데 님의 손길은 너무도 차서 한도가 없습니다

님의손ㅅ길

님의사랑은 鋼鐵을녹이는불보다도 쓰거은데 님의손ㅅ길은 너머차서[1] 限度 가업슴니다

나는 이세상에서 서늘한것도보고 찬것도보앗슴니다 그러나 님의손ㅅ길가 티찬것은 볼수가업슴니다

국화핀 서리아츰에 써러진닙새를 울니고오는 가을바람도 님의손ㅅ길보다 는 차지못함니다

달이적고 별에쓸나는[2] 겨울밤에 어름위에 싸인눈도 님의손ㅅ길보다는 차 지못함니다

甘露와가티淸凉한 禪師의說法도 님의손ㅅ길보다는 차지못함니다

나의적은가슴에 타오르는불꼿은 님의손ㅅ길이아니고는 끄는수가업슴니다

님의손ㅅ길의溫度를 測量할만한 寒暖計는 나의가슴밧게는 아모데도 업슴 니다

님의사랑은 불보다도 쓰거워서 근심山을 태우고 恨바다를 말니는데 님의
손ㅅ길은 너머도차서 限度가업슴니다

『님의 沈默』 62-63면

1 너무 차서.
2 별에 뿔나다. 별이 매우 밝게 빛나다.

해당화

당신은 해당화 피기 전에 오신다고 하였습니다 봄은 벌써 늦었습니다
봄이 오기 전에는 어서 오기를 바랐더니 봄이 오고 보니 너무 일찍
왔나 두려합니다

철모르는 아이들은 뒷동산에 해당화가 피었다고 다투어 말하기로
듣기도 못 들은 체하였더니
야속한 봄바람은 나는 꽃을 불어서 경대 위에 놓입니다그려
시름없이 꽃을 주워서 입술에 대이고 「너는 언제 피었니」 하고 물었
습니다
꽃은 말도 없이 나의 눈물에 비쳐서 둘도 되고 셋도 됩니다

海棠花

당신은 해당화픠기전에 오신다고하얏슴니다 봄은벌써 느젓슴니다

봄이오기전에는 어서오기를 바랏더니 봄이오고보니 너머일즉왓나 두려함
니다[1]

철모르는아해들은 뒤ㅅ동산에 해당화가픠엿다고 다투어말하기로 듯고도
못드른체 하얏더니

야속한 봄바람은 나는곳을부러서[2] 경대위에노임니다 그려

시름업시 곳을주어서 입설에대히고「너는언제픠엿늬」하고 무럿슴니다

곳은 말도업시 나의눈물에비처서 둘도되고 셋도됨니다

『님의 沈默』64면

---

1 두려워하다.
2 (공중에) 나는 꽃잎을 바람에 실어서.

당신을 보았습니다

당신이 가신 뒤로 나는 당신을 잊을 수가 없습니다
까닭은 당신을 위하느니보다 나를 위함이 많습니다

나는 갈고 심을 땅이 없으므로 추수가 없습니다
저녁거리가 없어서 조나 감자를 꾸러 이웃집에 갔더니 주인은 "거지
는 인격이 없다 인격이 없는 사람은 생명이 없다 너를 도와주는 것은
죄악이다"고 말하였습니다
그 말을 듣고 돌아 나올 때에 쏟아지는 눈물 속에서 당신을 보았습
니다

나는 집도 없고 다른 까닭을 겸하여 민적民籍이 없습니다
"민적 없는 자는 인권이 없다 인권이 없는 너에게 무슨 정조냐" 하고
능욕하려는 장군이 있었습니다
그를 항거한 뒤에 남에게 대한 격분이 스스로의 슬픔으로 화하는 찰
나에 당신을 보았습니다
아아 온갖 윤리, 도덕, 법률은 칼과 황금을 제사 지내는 연기인 줄을

알았습니다

　영원의 사랑을 받을까 인간 역사의 첫 페이지에 잉크 칠을 할까 술을 마실까 망설일 때에 당신을 보았습니다

당신을보앗습니다　　　　　　　　　　　　　　　　　　원문

당신이가신뒤로 나는 당신을이즐수가 업슴니다

까닭은 당신을위하나니보다 나를위함이 만슴니다

나는 갈고심을짱이 업슴으로 秋收가업슴니다

저녁거리가업서서 조나감자를꾸러 이웃집에 갓더니 主人은 「거지는 人格이업다 人格이업는사람은 生命이업다 너를도아주는것은 罪惡이다」고 말하얏슴니다

그말을듯고 도러나올째에 쏘더지는눈물속에서 당신을보앗슴니다

나는 집도업고 다른까닭을겸하야 民籍[1]이업슴이다

「民籍이업는者는 人權이업다 人權이업는너에게 무슨 貞操냐」하고 凌辱하랴는將軍이 잇섯슴니다

　그를抗拒한뒤에 남에게대한激憤이 스스로의숨음으로化하는刹那에 당신을보앗슴니다

　아아 왼갓 倫理, 道德, 法律은 칼과黃金을祭祀지내는 烟氣인줄을 아럿슴니다

　永遠의사랑을 바들ㅅ가 人間歷史의첫페지에 잉크칠을할ㅅ가 술을말실ㅅ가 망서릴째에 당신을보앗슴니다

『님의 沈黙』65-66면

---

1 민적(民籍). '호적(戶籍)'의 구칭.

비

비는 가장 큰 권위를 가지고 가장 좋은 기회를 줍니다
비는 해를 가리고 하늘을 가리고 세상 사람의 눈을 가립니다
그러나 비는 번개와 무지개를 가리지 않습니다

나는 번개가 되어 무지개를 타고 당신에게 가서 사랑의 팔에 감기고
자 합니다
비 오는 날 가만히 가서 당신의 침묵을 가져온대도 당신의 주인은
알 수가 없습니다

만일 당신이 비 오는 날에 오신다면 나는 연잎으로 윗옷을 지어서
보내겠습니다
당신 비 오는 날에 연잎 옷을 입고 오시면 이 세상에는 알 사람이 없
습니다
당신이 비 가운데로 가만히 오셔서 나의 눈물을 가져가신대도 영원
한 비밀이 될 것입니다
비는 가장 큰 권위를 가지고 가장 좋은 기회를 줍니다

비

비는 가장큰權威를가지고 가장조흔機會를줌니다

비는 해를가리고 하늘을가리고 세상사람의눈을 가림니다

그러나 비는 번개와무지개를 가리지안슴니다

나는 번개가되야 무지개를타고 당신에게가서 사랑의팔에 감기고자 함니다

　비오는날 가만히가서 당신의沈黙을 가저온대도 당신의主人은 알수가업슴니다

　만일 당신이 비오는날에 오신다면 나는 蓮닙으로 윗옷을지어서 보내것슴니다

　당신이 비오는날에 蓮닙옷을입고오시면 이세상에는 알사람이 업슴니다

　당신이 비ㅅ가온대로 가만히오서서 나의눈물을 가저가신대도 永遠한 秘密이 될것임니다

　비는 가장큰權威를가지고 가장조흔機會를줌니다

『님의 沈黙』 67면

복종

남들은 자유를 사랑한다지마는 나는 복종을 좋아하여요

자유를 모르는 것은 아니지만 당신에게는 복종만 하고 싶어요

복종하고 싶은데 복종하는 것은 아름다운 자유보다도 달금합니다
그것이 나의 행복입니다

그러나 당신이 나더러 다른 사람을 복종하라면 그것만은 복종할 수
가 없습니다

다른 사람을 복종하려면 당신에게 복종할 수가 없는 까닭입니다

僕從

남들은 自由를사랑한다지마는 나는 服從을조아하야요

自由를모르는것은 아니지만 당신에게는 服從만하고십허요

服從하고십흔데 服從하는것은 아름다은自由보다도 달금합니다[1] 그것이 나의 幸福임니다

그러나 당신이 나더러 다른사람을服從하라면 그것만은 服從할수가 업슴니다

다른사람을 服從하라면 당신에게 服從할수가업는 까닭임니다

『님의 沈黙』 68-69면

---

[1] 달금하다. 알맞게 달다.

참아 주서요

　나는 당신을 이별하지 아니할 수가 없습니다 님이여 나의 이별을 참아 주서요
　당신은 고개를 넘어갈 때에 나를 돌아보지 마서요 나의 몸은 한 적은 모래 속으로 들어가려 합니다

　님이여 이별을 참을 수가 없거든 나의 죽음을 참아 주서요
　나의 생명의 배는 부끄럼의 땀의 바다에서 스스로 폭침하려 합니다 님이여 님의 입김으로 그것을 불어서 속히 짐기게 하여 주서요 그리고 그것을 웃어 주서요

　님이여 나의 죽음을 참을 수가 없거든 나를 사랑하지 말아 주서요 그리하고 나로 하여금 당신을 사랑할 수가 없도록 하여 주서요
　나의 몸은 터럭 하나도 빼지 아니한 채로 당신의 품에 사라지겠습니다
　님이여 당신과 내가 사랑의 속에서 하나가 되는 것을 참아 주서요 그리하여 당신은 나를 사랑하지 말고 나로 하여금 당신을 사랑할 수가 없도록 하여 주서요 오오 님이여

참어주서요

나는 당신을 리별하지아니할수가 업슴니다 님이어 나의리별을 참어주서요

당신은 고개를넘어갈째에 나를도러보지마서요 나의몸은 한적은[1]모래속으로 드러가랴함니다

님이어 리별을참을수가업거든 나의죽엄을 참어주서요

나의生命의배는 부끄럼의 쌈의바다에서 스스로爆枕[2]하랴함니다 님이어 님의입김으로 그것을부러서 속히잠기게 하야주서요 그러고 그것을 우서주서요

님이어 나의죽엄을 참을수가업거든 나를사랑하지마러주서요 그러하고 나로하야금 당신을사랑할수가업도록 하야주서요

나의 몸은 터럭[3]하나도 쌔지아니한채로 당신의품에 사러지것슴니다

님이어 당신과내가 사랑의속에서 하나가되는것을 참어주서요 그리하야 당신은 나를사랑하지말고 나로하야금 당신을사랑할수가업도록 하야주서요 오오 님이어

『님의 沈默』 70-71면

---

1 이 구절은 '한적(閒適)은'으로도 읽을 수 있다. 여기서는 '한 작은'이라고 떼어 읽는다.

2 폭침(爆沈). 폭발시켜 가라앉힘.

3 터럭. 사람이나 길짐승의 몸에 난 길고 굵은 털. 아주 작거나 사소한 것을 비유하는 말.

어느 것이 참이냐

엷은 사의 장막이 적은 바람에 휘둘려서 처녀의 꿈을 휩싸듯이 자취도 없는 당신의 사랑은 나의 청춘을 휘감습니다

발딱거리는 어린 피는 고요하고 맑은 천국의 음악에 춤을 추고 헐떡이는 적은 영은 소리 없이 떨어지는 천화의 그늘에 잠이 듭니다

가는 봄비가 드린 버들에 둘려서 푸른 연기가 되듯이 끝도 없는 당신의 정 실이 나의 잠을 얽습니다

바람을 따라가려는 짜른 꿈은 이불 인에서 몸부림치고 강 건너 사람을 부르는 바쁜 잠꼬대는 목 안에서 그네를 뜁니다

비낀 달빛이 이슬에 젖은 꽃수풀을 싸라기처럼 부시듯이 당신의 떠난 한은 드는 칼이 되어서 나의 애를 도막도막 끊어 놓았습니다

문 밖의 시냇물은 물결을 보태려고 나의 눈물을 받으면서 흐르지 않습니다

봄 동산의 미친바람은 꽃 떨어뜨리는 힘을 더하려고 나의 한숨을 기

어늬것이참이냐

원문

엷은紗의帳幕이 적은바람에 휘둘녀서 處女의꿈을 휩싸듯이 자최도업는 당신의사랑은 나의靑春을 휘감읍니다

발짝거리는 어린피는 고요하고맑은 天國의音樂에 춤을추고 헐썩이는 적은 靈은 소리업시쓰러지는 天花[1]의그늘에 잠이듭니다

간은[2]봄비가 드린[3]버들에 돌녀서 푸른연긔가되듯이 싯도업는 당신의 情실이 나의잠을 얼금니다[4]

바람을짜러가랴는 쩌른쑴은 이불안에서 몸부림치고 강건너사람을부르는 밧분잠꼬대는 목안에서 그늬를쩜니다

비낀달빗이 이슬에저진 꼿숩풀을 싸락이[5]처럼부시듯이[6] 당신의 쩌난 恨은 드는칼이되야서 나의애[7]를 도막々々 쓴어노앗습니다

문밧긔 시내물은 물ㅅ결을보태랴고 나의눈물을바드면서 흐르지안습니다

  봄 산의 미친바람은 꽃써러트리는힘을 더하랴고 나의한숨을 기다리고 섯
습니다

『님의 沈黙』 72-73면

---

1 천화(天花). 천상계에 피는 영묘한 꽃.
2 가늘다.
3 드리우다. 아래로 늘이다.
4 얽다.
5 싸라기. 잘게 부서진 쌀알.
6 부수다.
7 애. 창자.

정천한해情天恨海

가을 하늘이 높다기로
정 하늘을 따를쏘냐
봄 바다가 깊다기로
한 바다만 못하리라

높고 높은 정 하늘이
싫은 것은 아니지만
손이 낮아서
오르지 못하고
깊고 깊은 한 바다가

병될 것은 없지마는
다리가 짤라서
건너지 못한다

손이 자라서 오를 수만 있으면

정 하늘은 높을수록 아름답고
다리가 길어서 건널 수만 있으면
한 바다는 깊을수록 묘하니라

만일 정 하늘이 무너지고 한 바다가 마른다면
차라리 정천에 떨어지고 한해에 빠지리라

아아 정 하늘이 높은 줄만 알았더니
님의 이마보다는 낮다
아아 한 바다가 깊은 줄만 알았더니
님의 무릎보다는 옅다

손이야 낮든지 다리야 짜르든지
정 하늘에 오르고 한 바다를 건너려면
님에게만 안기리라

情天恨海

가을하늘이 놉다기로
情하늘을 짜를소냐
봄바다가 깁다기로
恨바다만 못하리라

놉고놉흔 情하늘이
시른¹것은 아니지만
손이 나저서
오르지 못하고
깁고깁흔 恨바다가

병될것은 업지마는
다리가 썰너서²
건느지 못한다

손이 자래서 오를수만 잇스면
情하늘은 놉흘수록 아름답고
다리가 기러서 건늘수만 잇스면

恨바다는 깁흘수록 묘하니라

만일 情하늘이 무너지고 恨바다가 마른다면
차라리 情天에 써러지고 恨海에 쌔지리라

아〻 情하늘이 놉흔줄만 아럿더니
님의이마보다는 낫다
아〻 恨바다가 깁흔줄만 아럿더니
님의무릅보다는 엿다

손이야 낫든지 다리야 쩌르든지
情하늘에 오르고 恨바다를 건느랴면
님에게만 안기리라

『님의 沈默』74-76면

---

1 싫다.
2 짧다.

첫 「키스」

마셔요 제발 마셔요

보면서 못 보는 체 마셔요

마셔요 제발 마셔요

입술을 다물고 눈으로 말하지 마셔요

마셔요 제발 마셔요

뜨거운 사랑에 웃으면서 차디찬 잔부끄럼에 울지 마셔요

마셔요 제발 마셔요

세계의 꽃을 혼자 따면서 항분에 넘쳐서 떨지 마셔요

마셔요 제발 마셔요

미소는 나의 운명의 가슴에서 춤을 춥니다 새삼스럽게 스스러워 마셔요

첫 「키쓰」

마서요 제발마서요

보면서 못보는체마서요

마서요 제발마서요

입설을다물고 눈으로말하지마서요

마서요 제발마서요

쓰거온사랑에 우스면서 차듸찬잔부스럼에 울지마서요

마서요 제발마서요

世界의꼿을 혼저싸면서 亢奮[1]에넘처서 썰지마서요

마서요 제발마서요

微笑는 나의運命의가슴에서 춤을춤니다 새삼스럽게 스스러워[2]마시요

『님의 沈默』77면

---

1 항분(亢奮). 끓어오르는 흥분.
2 스스럽다. 정분이 두텁지 못해 조심스럽다. 수줍고 부끄러운 느낌이 있다.

선사禪師의 설법說法

나는 선사의 설법을 들었습니다

「너는 사랑의 쇠사슬에 묶여서 고통을 받지 말고 사랑의 줄을 끊어라 그러면 너의 마음이 즐거우리라」고 선사는 큰 소리로 말하였습니다

그 선사는 어지간히 어리석습니다

사랑의 줄에 묶인 것이 아프기는 아프지만 사랑의 줄을 끊으면 죽는 것보다도 더 아픈 줄을 모르는 말입니다

사랑의 속박은 단단히 얽어매는 것이 풀어 주는 것입니다

그러므로 대해탈은 속박에서 얻는 것입니다

님이여 나를 얽은 님의 사랑의 줄이 약할까 봐서 나의 님을 사랑하는 줄을 곱드렸습니다

禪師의說法

나는 禪師의說法을 드럿슴니다

「너는 사랑의쇠사실에 묵겨서 苦痛을밧지말고 사랑의줄을쓴어라 그러면 너의마음이 질거우리라」고 禪師는 큰소리로 말하얏슴니다

그禪師는 어지간히 어리석슴니다

사랑의줄에 묵기운것이 압흐기는 압흐지만 사랑의줄을쓴으면 죽는것보다도 더압흔줄을 모르는말임니다

사랑의 束縛은 단々히 얼거매는것이 푸러주는것임니다

그럼으로 大解脫[1]은 束縛에서 엇는것임니다

님이어 나를얽은 님의사랑의줄이 약할가며서 나의 님을사랑히는줄을 곱드럿슴니다[2]

『님의 沈默』78면

---

1 대해탈(大解脫). 번뇌·속박에서 크게 벗어나서 속세간의 근심이 없는 편안한 심경에 이름. 열반(涅槃).
2 곱들이다. 재료나 비용을 갑절 들이다.

그를 보내며

그는 간다 그가 가고 싶어서 가는 것도 아니요 내가 보내고 싶어서 보내는 것도 아니지만 그는 간다

그의 붉은 입술 흰 이 가는 눈썹이 어여쁜 줄만 알았더니 구름 같은 뒷머리 실버들 같은 허리 구슬 같은 발꿈치가 보다도 아름답습니다

걸음이 걸음보다 멀어지더니 보이려다 말고 말려다 보인다

사람이 멀어질수록 마음은 가까워지고 마음이 가까워질수록 사람은 멀어진다

보이는 듯한 것이 그의 흔드는 수건인가 하였더니 갈매기보다도 적은 조각구름이 난다

그를보내며

그는간다 그가가고십허서 가는것도 아니오 내가보내고십허서 보내는것도 아니지만 그는간다

그의 붉은입설 흰니 간은눈ㅅ섭이 어엽분줄만 아럿더니 구름가튼 뒷ㅅ머리 실버들가튼허리 구슬가튼발꿈치가 보다도 아름답슴니다

거름이 거름보다 머러지더니 보이랴다말고 말랴다보인다

사람이머러질수록 마음은가싸워지고 마음이가싸워질수록 사람은머러진다

보이는듯한것이 그의 흔드는수건인가 하얏더니 갈마기보다도적은 쪼각구름이난다

『님의 沈黙』80면

금강산

만이천봉! 무양하냐 금강산아

너는 너의 님이 어디서 무엇을 하는지 아느냐

너의 님은 너 때문에 가슴에서 타오르는 불꽃에 온갖 종교, 철학, 명예, 재산 그 외에도 있으면 있는 대로 태워 버리는 줄을 너는 모르리라

너는 꽃에 붉은 것이 너냐

너는 잎에 푸른 것이 너냐

너는 단풍에 취한 것이 너냐

너는 백설에 깨인 것이 너냐

나는 너의 침묵을 잘 안다

너는 철모르는 아이들에게 종작없는 찬미를 받으면서 시쁜 웃음을 참고 고요히 있는 줄을 나는 잘 안다

그러나 너는 천당이나 지옥이나 하나만 가지고 있으려무나

꿈 없는 잠처럼 깨끗하고 단순하란 말이다

나도 짜른 갈궁이로 강 건너의 꽃을 꺾는다고 큰 말하는 미친 사람
은 아니다 그래서 침착하고 단순하려고 한다
　나는 너의 입김에 불려오는 조각구름에 키스한다

만이천봉! 무양하냐 금강산아
너는 너의 님이 어디서 무엇을 하는지 모르지

金剛山 ·········· 원문

萬二千峰! 無恙[1]하냐 金剛山아

너는 너의님이 어데서무엇을하는지 아너냐

너의님은 너째문에 가슴에서타오르는 불꽃에 왼갓 宗敎, 哲學, 名譽, 財産
그외에도 잇스면잇는대로 태여버리는줄을 너는모를니라

너는 꽃에붉은것이 너냐

너는 입혜푸른것이 너냐

너는 丹楓에醉한것이 너냐

너는 白雪에째인것이 너냐

나는 너의沈默을 잘안다

너는 철모르는아해들에게 종작업는[2]讚美를바드면서 싯분[3]우슴을참고 고요
히잇는줄을 나는잘안다

그러나 너는 天堂이나 地獄이나 하나만가지고 잇스렴으나

꿈업는잠처럼 깨끗하고 單純하란말이다

나도 쩌른갈궁이[4]로 江건너꼿을 썩는다고 큰말[5]하는 미친사람은 아니다 그
레서 沈着하고單純하랴고한다

나는 너의입김에 불녀오는 쪼각구름에 키쓰한다

萬二千峰! 無恙하냐 金剛山아

너는 너의님이 어데서무엇을하는지 모르지

『님의 沈默』 81-82면

1 무양(無恙). 몸에 탈이 없음.
2 종작없다. 일정한 주견이 없다.
3 시쁘다. 마음에 차지 않아 시틋하다. 대수롭지 않다.
4 짧은 갈고랑이.
5 큰소리.

님의 얼굴

님의 얼굴을 「어여쁘다」고 하는 말은 적당한 말이 아닙니다

어여쁘다는 말은 인간 사람의 얼굴에 대한 말이요 님은 인간의 것이라고 할 수가 없을 만치 어여쁜 까닭입니다

자연은 어찌하여 그렇게 어여쁜 님을 인간으로 보냈는지 아무리 생각하여도 알 수가 없습니다

알겠습니다 자연의 가운데에는 님의 짝이 될 만한 무엇이 없는 까닭입니다

님의 입술 같은 연꽃이 어디 있어요 님의 살빛 같은 백옥이 어디 있어요

봄 호수에서 님의 눈결 같은 잔물결을 보았습니까 아침볕에서 님의 미소 같은 방향을 들었습니까

천국의 음악은 님의 노래의 반향입니다 아름다운 별들은 님의 눈빛의 화현입니다

아아 나는 님의 그림자여요

님은 님의 그림자밖에는 비길 만한 것이 없습니다

님의 얼굴을 어여쁘다고 하는 말은 적당한 말이 아닙니다

님의얼골 원문

님의얼골을 「어엽부다」고 하는말은 適當한말이아님니다

　어엽부다는말은 人間사람의얼골에 대한말이오 님은 人間의것이라고할수
가 업슬만치 어엽분까닭임니다

　自然은 엇지하야 그러케어엽분님을 人間으로보낸는지 아모리생각하야도
알수가업슴니다

　알것슴니다 自然의가온대에는 님의짝이될만한무엇이 업는까닭임니다

　님의입설가튼 蓮꽃이 어데잇서요 님의살빗가튼 白玉이 어데잇서요

　봄湖水에서 님의눈ㅅ결가튼 잔물ㅅ결을 보앗슴닛가 아츰볏에서 님의 微笑
가튼 芳香을 드럿슴닛가

　天國의音樂은 님의노래의反響임니다 아름다은별들은 님의눈빗의化現[1]임

니다

> 아々 나는 님의그림자어요
>
> 님은 님의그림자밧게는 비길만한것이 업슴니다
>
> 님의얼골을 어엽부다고하는말은 適當한말이아님니다

『님의 沈黙』 83-84면

---

1 화현(化現). 신불 등이 형체를 바꾸어 세상에 나타남.

심은 버들

뜰 앞에 버들을 심어
님의 말을 매렸더니
님은 가실 때에
버들을 꺾어 말채찍을 하였습니다

버들마다 채찍이 되어서
님을 따르는 나의 말도 채칠까 하였더니
남은 가지 천만사는
해마다 해마다 보낸 한을 잡아맵니다

심은버들

쓸압헤 버들을심어

님의말을 매럇드니

님은 가실째에

버들을썩어 말체칙을 하얏슴니다

버들마다 채칙이되야서

님을짜르는 나의말도 채칠까[1]하얏드니

남은가지 千萬絲는

해마다 해마다 보낸恨을 잡어맴니다

『님의 沈默』85면

---

1 채치다. 채찍 따위로 후려 때리다.

낙원은 가시덤불에서

죽은 줄 알았던 매화나무 가지에 구슬 같은 꽃방울을 맺혀 주는 쇠잔한 눈 위에 가만히 오는 봄기운은 아름답기도 합니다

그러나 그밖에 다른 하늘에서 오는 알 수 없는 향기는 모든 꽃의 죽음을 가지고 다니는 쇠잔한 눈이 주는 줄을 아십니까

구름은 가늘고 시냇물은 옅고 가을 산은 비었는데 파리한 바위 사이에 실컷 붉은 단풍은 곱기도 합니다

그러나 단풍은 노래도 부르고 울음도 웁니다 그러한 「자연의 인생」은, 가을바람의 꿈을 따라 사라지고 기억에만 남아 있는 지난여름의 무르녹은 녹음이 주는 줄을 아십니까

일경초가 장육금신이 되고 장육금신이 일경초가 됩니다

천지는 한 보금자리요 만유는 같은 소조입니다

나는 자연의 거울에 인생을 비춰 보았습니다

고통의 가시덤불 뒤에 환희의 낙원을 건설하기 위하여 님을 떠난 나는 아아 행복입니다

樂園은가시덤풀에서

죽은줄아럿든 매화나무가지에 구슬가튼꼿방울을 매처주는 쇠잔한눈위에 가만히오는 봄긔운은 아름답기도함니다

그러나 그밧게 다른하늘에서오는 알수업는향긔는, 모든꼿의죽엄을 가지고다니는 쇠잔한눈이 주는줄을 아심닛가

구름은가늘고 시내물은엿고 가을산은 비엇는데 파리한바위새이에 실컷붉은단풍은 곱기도함니다

그러나 당풍은 노래도부르고 우름도움니다 그러한 「自然의人生」은, 가을바람의숨을짜러 사러지고 記憶에만남어잇는 지난여름의 무르녹은 綠陰이 주는줄을 아심닛가

一莖草가 丈六金身[1]이되고 丈六金身이 一莖草가됨니다

天地는 한보금자리오 萬有는 가튼小鳥임니다

나는 自然의거울에 人生을비처보앗슴니다

苦痛의가시덤풀뒤에 歡喜의樂園을 建設하기위하야 님을써난 나는 아아 幸福임니다

『님의 沈黙』 86-87면

---

1 장육금신(丈六金身). 부처님의 몸. 부처의 키가 육 척(六尺)이며, '금신(金身)'은 불상을 뜻함.

참말인가요

그것이 참말인가요 님이여 속임 없이 말씀하여 주셔요

당신을 나에게서 빼앗아 간 사람들이 당신을 보고 「그대는 님이 없다」고 하였다지요

그래서 당신은 남모르는 곳에서 울다가 남이 보면 울음을 웃음으로 변한다지요

사람의 우는 것은 견딜 수가 없는 것인데 울기조차 마음대로 못하고 웃음으로 변하는 것은 죽음의 맛보다도 더 쓴 것입니다

그러면 나는 그것을 변명하지 않고는 견딜 수가 없습니다

나의 생명의 꽃가지를 있는 대로 꺾어서 화환을 만들어 당신의 목에 걸고 「이것이 님의 님이라」고 소리쳐 말하겠습니다

그것이 참말인가요 님이여 속임 없이 말씀하여 주셔요

당신을 나에게서 빼앗아 간 사람들이 당신을 보고 「그대의 님은 우리가 구하여 준다」고 하였다지요

그래서 당신은 「독신생활을 하겠다」고 하였다지요

그러면 나는 그들에게 분풀이를 하지 않고는 견딜 수가 없습니다

많지 않은 나의 피를 더운 눈물에 섞어서 피에 목마른 그들의 칼에
뿌리고 「이것이 님의 님이라」고 울음 섞어서 말하겠습니다

참말인가요

그것이참말인가요 님이어 속임업시 말슴하야주서요

당신을 나에게셔 쌔아서간 사람들이 당신을보고 「그대는 님이업다」고 하
얏다지오

그레서 당신은 남모르는곳에서 울다가 남이보면 우름을 우슴으로 변한다
지오

사람의 우는것은 견딀수가업는것인데 울기조처 마음대로못하고 우슴으로
변하는것은 죽엄의맛보다도 더쓴것입니다

그러면 나는 그것을변명하지안코는 견딀수가업슴니다

나의 生命의쏫가지를 잇는대로쩍거서 花環을만드러 당신의목에걸고 「이
것이 님의님이라」고 소리처말하것슴니다

그것이참말인가요 님이어 속임업시 말슴하야주서요

당신을 나에게서 쌔아서간 사람들이 당신을보고 「그대의 님은 우리가 구

하야준다」고 하얏다지오

그레서 당신은 「獨身生活을하것다」고 하얏다지오

그러면 나는 그들에게 분푸리를하지안코는 견딀수가업슴니다

만치안한 나의피를 더운눈물에 석거서 피에목마른 그들의칼에쏙리고 「이것이 님의님이라」고 우름석거서 말하것슴니다

『님의 沈黙』 88-89면

꽃이 먼저 알아

옛집을 떠나서 다른 시골에 봄을 만났습니다
꿈은 이따금 봄바람을 따라서 아득한 옛터에 이릅니다
지팡이는 푸르고 푸른 풀빛에 묻혀서 그림자와 서로 따릅니다

길가에서 이름도 모르는 꽃을 보고서 행여 근심을 잊을까 하고 앉았
습니다
꽃송이에는 아침 이슬이 아직 마르지 아니한가 하였더니 아아 나의
눈물이 떨어진 줄이야 꽃이 먼저 알았습니다

쏫이먼저아러

옛집을써나서 다른시골에 봄을맛낫슴니다

꿈은 잇다금[1] 봄바람을짜러서 아늑한옛터에 이름니다

지팽이는 푸르고푸른 풀빗에 무처서[2] 그림자와 서로짜름니다

길가에서 이름도모르는쏫을 보고서 행혀 근심을이질ㅅ가하고 안젓슴니다

쏫송이에는 아츰이슬이 아즉마르지아니한가 하얏더니 아〻 나의눈물이 써
러진줄이야 쏫이먼저아럿슴니다

『님의 沈默』 90면

---

1 이따금.
2 묻히다.

찬송

님이여 당신은 백 번이나 단련한 금 결입니다
뽕나무 뿌리가 산호가 되도록 천국의 사랑을 받읍소서
님이여 사랑이여 아침볕의 첫걸음이여

님이여 당신은 의가 무겁고 황금이 가벼운 것을 잘 아십니다
거지의 거친 밭에 복의 씨를 뿌리옵소서
님이여 사랑이여 옛 오동의 숨은 소리여

님이여 당신은 봄과 광명과 평화를 좋아하십니다
약자의 가슴에 눈물을 뿌리는 자비의 보살이 되옵소서
님이여 사랑이여 얼음 바다에 봄바람이여

讚頌

님이어 당신은 百番이나 鍛鍊한 金결[1]임니다

쏭나무샏리가 珊瑚가되도록 天國의사랑을 바듭소서

님이어 사랑이어 아츰볏의 첫거름이어

님이어 당신은 義가무거읍고 黃金이가벼은것을 잘아심니다

거지의 거친밧헤 福의씨를 샏리옵소서

님이어 사랑이어 옛梧桐의 숨은소리여

님이어 당신은 봄과光明과平和를 조아하심니다

弱者의가슴에 눈물을샏리는 慈悲의菩薩이 되옵소서

님이어 사랑이어 어름바다에 봄바람이어

『님의 沈黙』91-92면

---

1 금의 무늬.

논개論介의 애인이 되어서 그의 묘에

날과 밤으로 흐르고 흐르는 남강은 가지 않습니다

바람과 비에 우두커니 섰는 촉석루는 살 같은 광음을 따라서 달음질 칩니다

논개여 나에게 울음과 웃음을 동시에 주는 사랑하는 논개여

그대는 조선의 무덤 가운데 피었던 좋은 꽃의 하나이다 그래서 그 향기는 썩지 않는다

나는 시인으로 그대의 애인이 되었노라

그대는 어디 있느뇨 죽지 않은 그대가 이 세상에는 없구나

나는 황금의 칼에 베어진 꽃과 같이 향기롭고 애처로운 그대의 당년을 회상한다

술 향기에 목마친 고요한 노래는 옥에 묻힌 썩은 칼을 울렸다

춤추는 소매를 안고 도는 무서운 찬바람은 귀신 나라의 꽃수풀을 거쳐서 떨어지는 해를 얼렸다

가냘픈 그대의 마음은 비록 침착하였지만 떨리는 것보다도 더욱 무서웠다

아름답고 무독한 그대의 눈은 비록 웃었지만 우는 것보다도 더욱 슬

폈다

붉은 듯하다가 푸르고 푸른 듯하다가 희어지며 가늘게 떨리는 그대
의 입술은 웃음의 조운이냐 울음의 모우이냐 새벽달의 비밀이냐 이슬
꽃의 상징이냐

삐비 같은 그대의 손에 꺾이우지 못한 낙화대의 남은 꽃은 부끄럼에
취하여 얼굴이 붉었다

옥 같은 그대의 발꿈치에 밟히운 강 언덕의 묵은 이끼는 교궁에 넘
쳐서 푸른 사롱으로 자기의 제명을 가리었다

아아 나는 그대도 없는 빈 무덤 같은 집을 그대의 집이라고 부릅니다

만일 이름뿐이나마 그대의 집도 없으면 그대의 이름을 불러 볼 기회
가 없는 까닭입니다

나는 꽃을 사랑합니다마는 그대의 집에 피어 있는 꽃을 꺾을 수는
없습니다

그대의 집에 피어 있는 꽃을 꺾으려면 나의 창자가 먼저 꺾어지는
까닭입니다

나는 꽃을 사랑합니다마는 그대의 집에 꽃을 심을 수는 없습니다

그대의 집에 꽃을 심으려면 나의 가슴에 가시가 먼저 심어지는 까닭
입니다

용서하여요 논개여 금석 같은 굳은 언약을 저버린 것은 그대가 아니
요 나입니다

용서하여요 논개여 쓸쓸하고 호젓한 잠자리에 외로이 누워서 끼친 한에 울고 있는 것은 내가 아니요 그대입니다

나의 가슴에 「사랑」의 글자를 황금으로 새겨서 그대의 사당에 기념비를 세운들 그대에게 무슨 위로가 되오리까

나의 노래에 「눈물」의 곡조를 낙인으로 찍어서 그대의 사당에 제종을 울린대도 나에게 무슨 속죄가 되오리까

나는 다만 그대의 유언대로 그대에게 다하지 못한 사랑을 영원히 다른 여자에게 주지 아니할 뿐입니다 그것은 그대의 얼굴과 같이 잊을 수가 없는 맹서입니다

용서하여요 논개여 그대가 용서하면 나의 죄는 신에게 참회를 아니한대도 사라지겠습니다

천추에 죽지 않는 논개여
하루도 살 수 없는 논개여
그대를 사랑하는 나의 마음이 얼마나 즐거우며 얼마나 슬프겠는가
나는 웃음이 겨워서 눈물이 되고 눈물이 겨워서 웃음이 됩니다
용서하여요 사랑하는 오오 논개여

論介의 愛人이되야서 그의 廟에

날[1]과밤으로 흐르고흐르는 南江은 가지안슴니다

바람과비에 우두커니섯는 矗石樓는 살가튼光陰을싸러서 다름질침니다

論介여 나에게 우름과우슴을 同時에주는 사랑하는論介여

그대는 朝鮮의무덤가온대 피엿든 조흔꼿의하나이다 그레서 그향긔는 썩지안는다

나는 詩人으로 그대의愛人이되얏노라

그대는어데잇너뇨 죽지안한그대가 이세상에는업고나

나는 黃金의칼에베혀진 꼿과가티 향긔롭고 애처로은 그대의當年을 回想한다

술향긔에목마친[2] 고요한노래는 獄에무친 썩은칼을 울넛다

춤추는소매를 안고도는 무서은찬바람은 鬼神나라의꼿숩풀을 거처서 써러지는해를 얼넛다

간얄핀[3] 그대의마음은 비록沈着하얏지만 썰니는것보다도 더욱무서웟다

아름답고無毒한 그대의눈은 비록우섯지만 우는것보다도 더욱슯엇다

붉은듯하다가 푸르고 푸른듯하다가 희여지며 가늘게썰니는 그대의 입설은 우슴의朝雲이냐 우름의暮雨이냐 새벽달의秘密이냐 이슬꼿의象徵이냐

쌔비[4]가튼 그대의손에 꺽기우지못한 落花臺의남은꼿은 부스럼에醉하야 얼골이붉엇다

玉가튼 그대의발쑴치에 밟히운 江언덕의 묵은이끼는 驕矜[5]에넘처서 푸른 紗籠[6]으로 自己의題名을 가리엇다

아々 나는 그대도업는 빈무덤가튼집을 그대의집이라고 부름니다

만일 이름쑌이나마 그대의집도업스면 그대의이름을 불너볼機會가업는 까닭임니다

나는 쏫을사랑함니다 마는 그대의집에 피어잇는쏫을 썩글수는 업슴니다

그대의집에 픠여잇는쏫을 썩그라면 나의창자가 먼저썩거지는 까닭임니다

나는 쏫을사랑함니다 마는 그대의집에 쏫을심을수는 업슴니다

그대의집에 쏫을심으랴면 나의가슴에 가지가 먼저심어지는 까닭임니다

容恕하여요 論介여 金石가튼 굿은언약을 저바린것은 그대가아니오 나임니다

容恕하여요 論介여 쓸々하고호짓한 짐ㅅ자리에 외로히누어서 씨친 恨에 울고잇는것은 내가아니오 그대임니다

나의가슴에 「사랑」의글ㅅ자를 黃金으로색여서 그대의祠堂에 記念碑를세운들 그대에게 무슨위로가 되오릿가

나의노래에 「눈물」의曲調를 烙印으로찍어서 그대의祠堂에 祭鐘[7]을울닌대도 나에게 무슨 贖罪가 되오릿가

나는 다만 그대의遺言대로 그대에게다 하지못한사랑을 永遠히 다른 女子에게 주지아니할쑌임니다 그것은 그대의얼골과가티 이즐수가업는 盟誓임니다

容恕하여요 論介여 그대가容恕하면 나의罪는 神에게 懺悔를아니한대도 사

러지것슴니다

千秋에 죽지안는 論介여

하루도 살ㅅ수업는 論介여

그대를사랑하는 나의마음이 얼마나 질거으며 얼마나 슯흐것는가

나는 우슴이제워서[8] 눈물이되고 눈물이제워서 우슴이됨니다

容恕하여요 사랑하는 오々 論介여

『님의 沈默』93-97면

1 낫.
2 목이 메다.
3 가냘프다.
4 '삐비'는 '삘기'의 충청도 방언. 띠풀의 어린 꽃순. 아이들이 뽑아 먹음. 여기서는 '가늘고 연약한 손'을
  비유적으로 표현함. 대다수의 판본들이 '빠비' 또는 '파리'의 오식으로 보고 있으나 설득력이 없음.
5 교긍(驕矜). 교만하고 자부심이 강함.
6 사롱(紗籠). 현판에 먼지가 앉지 못하게 덮어씌우는 사포(紗布).
7 제종(祭鐘). 제사 때 쓰는 종.
8 겨워서.

후회

당신이 계실 때에 알뜰한 사랑을 못하였습니다

사랑보다 믿음이 많고 즐거움보다 조심이 더하였습니다

게다가 나의 성격이 냉담하고 더구나 가난에 쫓겨서 병들어 누운 당신에게 도리어 소활하였습니다

그러므로 당신이 가신 뒤에 떠난 근심보다 뉘우치는 눈물이 많습니다

後悔

당신이게실째에 알뜰한사랑을 못하얏슴니다

사랑보다 밋음이만코 질거움보다 조심이더하얏슴니다

게다가 나의性格이冷淡하고 더구나 가난에쪼겨서 병드러누은 당신에게 도로혀 疏濶[1]하얏슴니다

그럼으로 당신이가신뒤에 써난근심보다 뉘우치는눈물이 만슴니다

『님의 沈黙』98면

---

1 소활(疏濶). 소원(疏遠). 서먹서먹하여 가깝지 않음.

사랑하는 까닭

내가 당신을 사랑하는 것은 까닭이 없는 것이 아닙니다

다른 사람들은 나의 홍안만을 사랑하지마는 당신은 나의 백발도 사랑하는 까닭입니다

내가 당신을 기루어하는 것은 까닭이 없는 것이 아닙니다

다른 사람들은 나의 미소만을 사랑하지마는 당신은 나의 눈물도 사랑하는 까닭입니다

내가 당신을 기다리는 것은 까닭이 없는 것이 아닙니다

다른 사람들은 나의 건강만을 사랑하지마는 당신은 나의 죽음도 사랑하는 까닭입니다

사랑하는까닭

내가 당신을사랑하는것은 까닭이업는것이 아님니다

다른사람들은 나의紅顔만을 사랑하지마는 당신은 나의白髮도 사랑하는 까닭임니다

내가 당신을긔루어하는것은 까닭이업는것이 아님이다

다른사람들은 나의微笑만을 사랑하지마는 당신은 나의눈물도 사랑하는 까닭임니다

내가 당신을기다리는것은 까닭이업는것이 아님니다

다른사람들은 나의健康만을 사랑하지마는 당신은 나의죽엄도 사랑하는 까닭임니다

『님의 沈默』99-100면

당신의 편지

당신의 편지가 왔다기에 꽃밭 매던 호미를 놓고 떼어 보았습니다
그 편지는 글씨는 가늘고 글줄은 많으나 사연은 간단합니다
만일 님이 쓰신 편지이면 글은 짜를지라도 사연은 길 터인데

당신의 편지가 왔다기에 바느질 그릇을 치워 놓고 떼어 보았습니다
그 편지는 나에게 잘 있느냐고만 묻고 언제 오신다는 말은 조금도
없습니다
만일 님이 쓰신 편지이면 나의 일은 묻지 않더라도 언제 오신다는
말을 먼저 썼을 터인데

당신의 편지가 왔다기에 약을 달이다 말고 떼어 보았습니다
그 편지는 당신의 주소는 다른 나라의 군함입니다
만일 님이 쓰신 편지이면 남의 군함에 있는 것이 사실이라 할지라도
편지에는 군함에서 떠났다고 하였을 터인데

당신의편지

당신의편지가 왓다기에 꽃밧매든호미[1]를노코 쩨여보왓슴니다

그편지는 글ㅅ시는 가늘고 글줄은 만하나[2] 사연은 간단함니다

만일 님이쓰신편지이면 글은 써를지라도 사연은 길터인데

당신의편지가 왓다기에 바느질그릇을 치어노코[3] 쩨여보앗슴니다

그편지는 나에게 잘잇너냐고만 뭇고 언제오신다는말은 조금도업슴니다

만일 님이쓰신편지이면 나의일은 뭇지안터래도 언제오신다는말을 먼저썻
슬터인데

당신의편지가 왓다기에 약을다리다말고 쩨여보앗슴니다

그편지는 당신의住所는 다른나라의軍艦임니다

만일 님이쓰신편지이면 남의軍艦에잇는것이 事實이라할지라도 편지에는
軍艦에서써낫다고 하얏슬터인데

『님의 沈黙』101-102면

1 호미.
2 많으나.
3 치워놓다.

거짓 이별

　당신과 나와 이별한 때가 언제인지 아십니까

　가령 우리가 좋을 대로 말하는 것과 같이 거짓 이별이라 할지라도
나의 입술이 당신의 입술에 닿지 못하는 것은 사실입니다

　이 거짓 이별은 언제나 우리에게서 떠날 것인가요

　한 해 두 해 가는 것이 얼마 아니 된다고 할 수가 없습니다

　시들어가는 두 볼의 도화가 무정한 봄바람에 몇 번이나 스쳐서 낙화
가 될까요

　회색이 되어가는 두 귀 밑의 푸른 구름이 쪼이는 가을 볕에 얼마나
바래서 백설이 될까요

　머리는 희어 가도 마음은 붉어 갑니다

　피는 식어 가도 눈물은 더워 갑니다

　사랑의 언덕엔 사태가 나도 희망의 바다엔 물결이 뛰놀아요

　이른바 거짓 이별이 언제든지 우리에게서 떠날 줄만은 알아요

　그러나 한 손으로 이별을 가지고 가는 날은 또 한 손으로 죽음을 가

거짓리별

당신과나와 리별한째가 언제인지 아심닛가

가령 우리가 조흘째로말하는것과가티 거짓리별이라할지라도 나의입설이 당신의입설에 다치못하는것은 事實임니다

이거짓리별은 언제나 우리에게서 써날것인가요

한해두해 가는것이 얼마아니된다고 할수가업슴니다

시드러가는 두볼의桃花가 無情한봄바람에 멋번이나슬처서 落花가될가요

灰色이되여가는 두귀밋의 푸른구름이 쏘이는가을볏에 얼마나바래서[1] 白雪이될가요

머리는 희여가도 마음은 붉어감니다

피는 식어가도 눈물은 더워감니다

사랑의언덕엔 사태[2]가나도 希望의바다엔 물ㅅ결이쒸노러요

이른바 거짓리별이 언제든지 우리에게서 써날줄만은 아러요

　그러나 한손으로 리별을가지고가는 날(日)은 쏘한손으로 죽엄을가지고

와요

『님의 沈默』 103-104면

---

1 바래다. 볕이나 습기를 받아 빛이 변하다. 오래되어 변색하다.
2 사태(沙汰). 언덕이나 산비탈이 비로 말미암아 한목에 무너지는 일.

꿈이라면

사랑의 속박이 꿈이라면
출세의 해탈도 꿈입니다
웃음과 눈물이 꿈이라면
무심의 광명도 꿈입니다
일체만법이 꿈이라면
사랑의 꿈에서 불멸을 얻겠습니다

쑴이라면

사랑의 束縛이 쑴이라면

出世[1]의 解脫도 쑴임니다

우슴과 눈물이 쑴이라면

無心의 光明도 쑴임니다

一切萬法[2]이 쑴이라면

사랑의 쑴에서 不滅을 엇것슴니다

『님의 沈默』105면

---

1 출세(出世). 세상을 버리고 불도(佛道)로 들어감. 출가(出家).
2 일체만법(一切萬法). 세상의 모든 진리.

달을 보며

달은 밝고 당신이 하도 기루었습니다

자던 옷을 고쳐 입고 뜰에 나와 퍼지르고 앉아서 달을 한참 보았습니다

달은 차차차 당신의 얼굴이 되더니 넓은 이마 둥근 코 아름다운 수염이 역력히 보입니다

간 해에는 당신의 얼굴이 달로 보이더니 오늘 밤에는 달이 당신의 얼굴이 됩니다

당신의 얼굴이 달이기에 나의 얼굴도 달이 되었습니다

나의 얼굴은 그믐달이 된 줄을 당신이 아십니까

아아 당신의 얼굴이 달이기에 나의 얼굴도 달이 되었습니다

달을보며

달은밝고 당신이 하도긔루엇슴니다

자던옷을 고처입고 쓸에나와 퍼지르고[1]안저서 달을한참보앗슴니다

달은 차々々 당신의얼골이 되더니 넓은이마 둥근코 아름다은수염이 녁々히[2]보임니다

간해[3]에는 당신의얼골이 달로보이더니 오날밤에는 달이 당신의얼골이됨니다

당신의얼골이 달이기에 나의얼골도 달이되얏슴니다

나의얼골은 금음날이된줄을 당신이아심닛가

아々 당신의얼골이 달이기에 나의얼골도 달이되얏슴니다

『님의 沈默』106면

---

1 퍼지르다. 퍼더버리다. 팔다리를 아무렇게나 뻗고 편히 앉아버리다.
2 역력하다. 또렷하다. 분명하다.
3 지나간 날.

인과율

당신은 옛 맹서를 깨치고 가십니다

당신의 맹서는 얼마나 참되었습니까 그 맹서를 깨치고 가는 이별은 믿을 수가 없습니다

참 맹서를 깨치고 가는 이별은 옛 맹서로 돌아올 줄을 압니다 그것은 엄숙한 인과율입니다

나는 당신과 떠날 때에 입 맞춘 입술이 마르기 전에 당신이 돌아와서 다시 입 맞추기를 기다립니다

그러나 당신의 가시는 것은 옛 맹서를 깨치려는 고의가 아닌 줄을 나는 압니다

비겨 당신이 지금의 이별을 영원히 깨치지 않는다 하여도 당신의 최후의 접촉을 받은 나의 입술을 다른 남자의 입술에 대일 수는 없습니다

因果律

당신은 옛盟誓를쌔치고 가심니다

당신의盟誓는 얼마나참되얏슴닛가 그盟誓를쌔치고가는 리별은 미들수가 업슴니다

참盟誓를쌔치고가는 리별은 옛盟誓로 도러올줄을 암니다 그것은 嚴肅한因果律임니다

나는 당신과써날째에 입마춘입설이 마르기전에 당신이도러와서 다시입마추기를 기다림니다

그러나 당신의가시는것은 옛盟誓를쌔치랴는故意가 아닌줄을 나는암니다

비겨[1] 당신이 지금의리별을 永遠히 쌔치지안는다하야도 당신의 最後의接觸을바든 나의입설을 다른男子의입설에 대일수는 업슴니다

『님의 沈默』108-109면

---

1 비기다. 서로 견주어 보다.

잠꼬대

「사랑이라는 것은 다 무엇이냐 진정한 사람에게는 눈물도 없고 웃음도 없는 것이다

사랑의 뒤웅박을 발길로 차서 깨뜨려 버리고 눈물과 웃음을 티끌 속에 합장을 하여라

이지와 감정을 두드려 깨쳐서 가루를 만들어 버려라

그리고 허무의 절정에 올라가서 어지럽게 춤추고 미치게 노래하여라

그리고 애인과 악마를 똑같이 술을 먹여라

그리고 천치가 되든지 미치광이가 되든지 산송장이 되든지 하여 버려라

그래 너는 죽어도 사랑이라는 것은 버릴 수가 없단 말이냐

그렇거든 사랑의 꽁무니에 도롱태를 달아라

그래서 네 멋대로 끌고 돌아다니다가 쉬고 싶거든 쉬고 자고 싶거든 자고 살고 싶거든 살고 죽고 싶거든 죽어라

사랑의 발바닥에 말목을 쳐 놓고 붙들고 서서 엉엉 우는 것은 우스운 일이다

이 세상에는 이마빡에다 「님」이라고 새기고 다니는 사람은 하나도 없다

연애는 절대자유요 정조는 유동이요 결혼식장은 임간이다」

나는 잠결에 큰 소리로 이렇게 부르짖었다

아아 혹성같이 빛나는 님의 미소는 흑암의 광선에서 채 사라지지 아니하였습니다

잠의 나라에서 몸부림치던 사랑의 눈물은 어느덧 베개를 적셨습니다

용서하셔요 님이여 아무리 잠이 지은 허물이라도 님이 벌을 주신다면 그 벌을 잠을 주기는 싫습니다

잠ㅅ고대

　「사랑이라는것은 다무엇이냐 진정한사람에게는 눈물도업고 우슴도업는
것이다

　사랑의뒤움박[1]을 발씰로차서 깨트려버리고 눈물과우슴을 씌씃속에 合葬을
하여라

　理智와感情을 두듸려깨처서 가루를만드러버려라

　그러고 虛無의絶頂에 올너가서 어지럽게춤추고 미치게노래하여라

　그러고 愛人과惡魔를 쏙가티 술을먹여라

　그러고 天癡가되던지 미치광이가되던지 산송장이되던지 하야버려라

　그레 너는 죽어도 사랑이라는것은 버릴수가업단말이냐

　그러커든 사랑의쏭문이에 도롱태[2]를다러라

　그래서 네멋대로 씰고도러다니다가 쉬고십흐거든 쉬고 자고십흐거든 자고
살고십흐거든 살고 죽고십흐거든 죽어라

　사랑의발바닥에 말목을처노코 붓들고서ㅅ 엉ㅅ우는것은 우수은일이다

　이세상에는 이마쌕에다 「님」이라고 색이고다니는 사람은 하나도업다

　戀愛는 絶對自由요 貞操는 流動이요 結婚式場은 林間이다」

　나는 잠ㅅ결에 큰소리로 이러케 부르지젓다

아 々 惑星가티빗나는 님의微笑는 黑闇의光線에서 채 사러지지아니하얏슴니다

잠의나라에서 몸부림치든 사랑의눈물은 어늬덧 벼개를적섯슴니다

容恕하서요 님이어 아모리 잠이지은허물이라도 님이 罰을주신다면 그罰을 잠을주기는 실슴니다

『님의 沈黙』 110-112면

<hr>

1 뒤웅박. 쪼개지 않고 꼭지 근처에 구멍만 뚫고 속을 파낸 바가지. 뒤웅.
2 도롱태. 나무로 된 간단한 수레.

계월향桂月香에게

계월향이여 그대는 아리따웁고 무서운 최후의 미소를 거두지 아니한 채로 대지의 침대에 잠들었습니다
나는 그대의 다정을 슬퍼하고 그대의 무정을 사랑합니다

대동강에 낚시질하는 사람은 그대의 노래를 듣고 모란봉에 밤놀이하는 사람은 그대의 얼굴을 봅니다
아이들은 그대의 산 이름을 외우고 시인은 그대의 죽은 그림자를 노래합니다

사람은 반드시 다하지 못한 한을 끼치고 가게 되는 것이다
그대는 남은 한이 있는가 없는가 있다면 그 한은 무엇인가
그대는 하고 싶은 말을 하지 않습니다

그대의 붉은 한은 현란한 저녁놀이 되어서 하늘길을 가로막고 황량한 떨어지는 날을 돌이키고자 합니다
그대의 푸른 근심은 드리고 드린 버들실이 되어서 꽃다운 무리를 뒤

에 두고 운명의 길을 떠나는 저문 봄을 잡아매려 합니다

　나는 황금의 소반에 아침볕을 받치고 매화 가지에 새봄을 걸어서 그
대의 잠자는 곁에 가만히 놓아드리겠습니다
　자 그러면 속하면 하룻밤 더 되면 한겨울 사랑하는 계월향이어

桂月香에게

　桂月香[1]이어 그대는 아릿다옵고 무서은 最後의微笑를 거두지아니한채로
大地의寢臺에 잠드럿습니다
　나는 그대의多情을 슯어하고 그대의無情을 사랑합니다

　大洞江에 낙시질하는사람은 그대의노래를듯고 牧丹峯에 밤노리하는 사람
은 그대의얼골을봄니다
　아해들은 그대의산이름을 외우고 詩人은 그대의죽은그림자를 노래합니다

　사람은 반듯이 다하지못한恨을 끼치고[2] 가게되는것이다
　그대는 남은恨이 잇는가업는가 잇다면 그恨은무엇인가

그대는 하고십혼말을 하지안슴니다

　그대의 붉은恨은 絢爛한저녁놀이되야서 하늘길을 가로막고 荒凉한 써러지는날을 도리키고자함니다

　그대의 푸른근심은 드리고드린3 버들실이 되야서 솟다은무리를 뒤에두고 運命의길을써나는 저문봄을 잡어매랴함니다

　나는 黃金의소반에 아츰볏을바치고 梅花가지에 새봄을걸어서 그대의 잠자는겻헤 가만히 노아드리것슴니다

　자 그러면 속하면4 하루ㅅ밤 더듸면5 한겨울 사랑하는桂月香이어

『님의 沈默』 113-114면

---

1 계월향(桂月香). 조선 시대 평양의 의기(義妓). 임진왜란 당시 왜장을 유인하여 죽이고 자신도 목숨을 잃음.
2 끼치다. 어떠한 일을 뒷세상에 남아 있게 하다. 후세에 전하다.
3 드리다. 여러 가닥의 실이나 끈을 하나로 꼬거나 땋다.
4 속(速)하다. 빠르다.
5 더디다. 움직이는 시간이 오래다. 느리다.

만족

세상에 만족이 있느냐 인생에게 만족이 있느냐
있다면 나에게도 있으리라

세상에 만족이 있기는 있지마는 사람의 앞에만 있다
거리는 사람의 팔 길이와 같고 속력은 사람의 걸음과 비례가 된다
만족은 잡을래야 잡을 수도 없고 버릴래야 버릴 수도 없다

만족을 얻고 보면 얻은 것은 불만족이요 만족은 의연히 앞에 있다
만족은 우자나 성자의 주관적 소유가 아니면 약자의 기대뿐이다
만족은 언제든지 인생과 수적 평행이다
나는 차라리 발꿈치를 돌려서 만족의 묵은 자취를 밟을까 하노라

아아 나는 만족을 얻었노라
아지랑이 같은 꿈과 금실 같은 환상이 님 계신 꽃동산에 둘릴 때에
아아 나는 만족을 얻었노라

滿足

세상에 滿足이잇너냐 人生에게 滿足이잇너냐

잇다면 나에게도 잇스리라

세상에 滿足이 잇기는잇지마는 사람의압헤만잇다

距離는 사람의팔기리와갓고 速力은 사람의거름과 比例가된다

滿足은 잡을내야 잡을수도업고 버릴내야 버릴수도업다

滿足을 엇고보면 어든것은 不滿足이오 滿足은 依然히 압헤잇다

滿足은 愚者나聖者의 主觀的所有가아니면 弱者의期待뿐이다

滿足은 언제든지 人生의 竪的平行[1]이다

나는 차라리 발쏨치를돌녀서 滿足의묵은자최를 밟을까하노라

아々 나는 滿足을어덧노라

아즈랑이[2]가튼쑴과 金실가튼幻想이 님기신[3]쏫동산에 둘닐째에 아々 나는
滿足을어덧노라

『님의 沈黙』 115-116면

---

1 수적(竪的) 평행(平行). 마주 서서 나란히 감.
2 아지랑이.　**3** 님 계신.

반비례

당신의 소리는 「침묵」인가요

당신이 노래를 부르지 아니하는 때에 당신의 노랫가락은 역력히 들립니다그려

당신의 소리는 침묵이어요

당신의 얼굴은 「흑암」인가요

내가 눈을 감은 때에 당신의 얼굴은 분명히 보입니다그려

당신의 얼굴은 흑암이어요

당신의 그림자는 「광명」인가요

당신의 그림자는 달이 넘어간 뒤에 어두운 창에 비칩니다그려

당신의 그림자는 광명이어요

反比例

당신의소리는 「沈黙」인가요

당신이 노래를부르지 아니하는째에 당신의노래가락은 역々히들닙니다 그려

당신의소리는 沈黙이여요

당신의얼골은 「黑闇」인가요

내가 눈을감은째에 당신의얼골은 분명히보임니다 그려

당신의얼골은 黑闇이여요

당신의그림자는 「光明」인가요

당신의그림자는 달이너머간뒤에 어두은창에 비침니다 그려

당신의그림자는 光明이여요

『님의 沈黙』 117-118면

눈물

내가 본 사람 가운데는 눈물을 진주라고 하는 사람처럼 미친 사람은 없습니다

그 사람은 피를 홍보석이라고 하는 사람보다도 더 미친 사람입니다

그것은 연애에 실패하고 흑암의 기로에서 헤매는 늙은 처녀가 아니면 신경이 기형적으로 된 시인의 말입니다

만일 눈물이 진주라면 님이 신물로 주신 반지를 내놓고는 세상의 진주라는 진주는 다 티끌 속에 묻어 버리겠습니다

나는 눈물로 장식한 옥패를 보지 못하였습니다

나는 평화의 잔치에 눈물의 술을 마시는 것을 보지 못하였습니다

내가 본 사람 가운데는 눈물을 진주라고 하는 사람처럼 어리석은 사람은 없습니다

아니어요 님의 주신 눈물은 진주 눈물이어요

나는 나의 그림자가 나의 몸을 떠날 때까지 님을 위하여 진주 눈물을 흘리겠습니다

아아 나는 날마다 날마다 눈물의 선경에서 한숨의 옥적을 듣습니다
나의 눈물은 백천 줄기라도 방울방울이 창조입니다

눈물의 구슬이여 한숨의 봄바람이여 사랑의 성전을 장엄하는 무등
등의 보물이여
아아 언제나 공간과 시간을 눈물로 채워서 사랑의 세계를 완성할까요

눈물

내가본사람가온대는 눈물을眞珠라고하는사람처럼 미친사람은 업습니다
그사람은 피를紅寶石이라고하는사람보다도 더미친사람임니다
그것은 戀愛에失敗하고 黑闇의岐路에서 헤매는 늙은處女가아니면 神經이
畸形的으로된 詩人의 말임니다
만일 눈물이 眞珠라면 나는 님이信物[1]로주신반지를 내노코는 세상의 眞珠
라는眞珠는 다씩끌속에 무더버리것슴니다

나는 눈물로裝飾한玉珮[2]를 보지못하얏슴니다
나는 平和의잔치에 눈물의술을 마시는것을 보지못하얏슴니다

내가본사람가온대는 눈물을眞珠라고하는사람처럼 어리석은사람은 업습
니다

아니여요 님의주신눈물은 眞珠눈물이여요
나는 나의그림자가 나의몸을 써날째까지 님을위하야 眞珠눈물을 흘니것습
니다
아々 나는 날마다々々々 눈물의仙境에서 한숨의玉笛을 듯습니다
나의눈물은 百千줄기라도 방울々々이 創造임니다

눈물의구슬이어 한숨의봄바람이어 사랑의聖殿을莊嚴하는 無等々[3]의 寶物
이어
아々 언제나 空間과時間을 눈물로채워서 사랑의世界를 完成할ㅅ가요

『님의 沈黙』 119-120면

---

1 신물(信物). 약속의 징표로 주고 받는 물건.
2 옥패(玉佩). 옥으로 만든 패물.
3 무등등(無等等). 그 이상 더할 수 없을 정도로.

어디라도

아침에 일어나서 세수하려고 대야에 물을 떠다 놓으면 당신은 대야 안의 가는 물결이 되어서 나의 얼굴 그림자를 불쌍한 아기처럼 얼러 줍니다

근심을 잊을까 하고 꽃동산에 거닐 때에 당신은 꽃 사이를 스쳐 오는 봄바람이 되어서 시름없는 나의 마음에 꽃향기를 묻혀 주고 갑니다

당신을 기다리다 못하여 잠자리에 누웠더니 당신은 고요한 어둔 빛이 되어서 나의 잔부끄럼을 살뜰히도 덮어줍니다

어디라도 눈에 보이는 데마다 당신이 계시기에 눈을 감고 구름 위와 바다 밑을 찾아보았습니다

당신은 미소가 되어서 나의 마음에 숨었다가 나의 감은 눈에 입맞추고 「네가 나를 보느냐」고 조롱합니다

어디라도

아츰에 이러나서 세수하랴고 대야에 물을써다 노으면 당신은 대야안의 간은물ㅅ결이 되야서 나의얼골그림자를 불상한아기처럼 얼너줍니다[1]

근심을이즐ㅅ가하고 꼿동산에거닐째에 당신은 꼿새이를슬처오는 봄바람이 되야서 시름업는 나의마음에 꼿향긔를 무처주고[2] 감니다

당신을 기다리다못하야 잠ㅅ자리에 누엇더니 당신은 고요한어둔빗이되야서 나의잔부스럼을 살쓸이도[3] 덥허줍니다

어데라도 눈에보이는데마다 당신이게시기에 눈을감고 구름위와 바다밋을 차저보앗슴니다

당신은 微笑가되어서 나의마음에 숨엇다기 니의감은눈에 입마추고 「네가 나를보너냐」고 嘲弄함니다

『님의 沈默』121-122면

---

1 얼러주다. 어린아이나 짐승을 귀엽게 다루어 기쁘게 해주다.
2 묻혀주다.
3 살뜰하다. 남을 위하는 마음이 자상하고 지극하다.

떠날 때의 님의 얼굴

꽃은 떨어지는 향기가 아름답습니다
해는 지는 빛이 곱습니다
노래는 목마친 가락이 묘합니다
님은 떠날 때의 얼굴이 더욱 어여쁩니다

떠나신 뒤에 나의 환상의 눈에 비치는 님의 얼굴은 눈물이 없는 눈으로는 바라볼 수가 없을 만치 어여쁠 것입니다
님의 떠날 때의 어여쁜 얼굴을 나의 눈에 새기겠습니다
님의 얼굴은 나를 울리기에는 너무도 야속한 듯하지마는 님을 사랑하기 위하여는 나의 마음을 즐겁게 할 수가 없습니다
만일 그 어여쁜 얼굴이 영원히 나의 눈을 떠난다면 그때의 슬픔은 우는 것보다도 아프겠습니다

써날째의님의얼골

꼿은 써러지는향기가 아름답슴니다

해는 지는빗이 곱슴니다

노래는 목마친[1]가락이 묘함니다

님은 써날째의얼골이 더욱어엽븜니다

써나신뒤에 나의 幻想의눈에비치는 님의얼골은 눈물이업는눈으로는 바로 볼수가업슬만치 어엽불것임니다

님의 써날째의 어엽분얼골을 나의눈에 색이것슴니다

님의얼골은 나를울니기에는 너머도 야속한듯하지마는 님을사랑하기위하야는 나의마음을 질거웁게할수가 업슴니다

만일 그어엽분얼골이 永遠히 나의눈을써난다면 그째의슯음은 우는 것보다도 압흐것슴니다

『님의 沈默』 123-124면

---

1 목메다.

최초의 님

맨 첨에 만난 님과 님은 누구이며 어느 때인가요

맨 첨에 이별한 님과 님은 누구이며 어느 때인가요

맨 첨에 만난 님과 님이 맨 첨으로 이별하였습니까 다른 님과 님이 맨 첨으로 이별하였습니까

나는 맨 첨에 만난 님과 님이 맨 첨으로 이별한 줄로 압니다

만나고 이별이 없는 것은 님이 아니라 나입니다

이별하고 만나지 않는 것은 님이 아니라 길 가는 사람입니다

우리들은 님에 대하여 만날 때에 이별을 염려하고 이별할 때에 만남을 기약합니다

그것은 맨 첨에 만난 님과 님이 다시 이별한 유전성의 흔적입니다

그러므로 만나지 않는 것도 님이 아니요 이별이 없는 것도 님이 아닙니다

님은 만날 때에 웃음을 주고 떠날 때에 눈물을 줍니다

만날 때의 웃음보다 떠날 때의 눈물이 좋고 떠날 때의 눈물보다 다

시 만나는 웃음이 좋습니다

아아 님이여 우리의 다시 만나는 웃음은 어느 때에 있습니까

最初의님 원문

맨츰[1]에맛난 님과님은 누구이며 어늬째인가요

맨츰에리별한 님과님은 누구이며 어늬째인가요

맨츰에맛난 님과님이 맨츰으로 리별하얏슴닛가 다른님과님이 맨츰으로 리별하얏슴닛가

나는 맨츰에맛난 님과님이 맨츰으로 리별한줄로 암니다

맛나고 리별이업는것은 님이아니라 나임니다

리별하고 맛나지안는것은 님이아니라 길가는사람임니다

우리들은 님에대하야 맛날째에 리별을넘녀하고 리별할째에 맛남을 긔약함니다

그것은 맨츰에만난 님과님이 다시리별한 遺傳性의痕跡임니다

그럼으로 맛나지안는것고 님이아니오 리별이업는것도 님이아님니다

191

님은 맛날째에 우슴을주고 써날째에 눈물을줌니다

맛날째의우슴보다 써날째의눈물이 조코 써날째의눈물보다 다시맛나는우슴이 좃슴니다

아〃 님이어 우리의 다시맛나는우슴은 어듸째에 잇슴닛가

『님의 沈默』125-126면

1 맨 처음.

두견새

두견새는 실컷 운다
울다가 못다 울면
피를 흘려 운다

이별한 한이야 너뿐이랴마는
울래야 울지도 못하는 나는
두견새 못 된 한을 또다시 어찌하리

야속한 두견새는
돌아갈 곳도 없는 나를 보고도
「불여귀 불여귀」

두견새

두견새는 실컷운다

울다가 못다울면

피를흘녀 운다

리별한恨이냐 너쑨이랴마는

울내야 울지도못하는 나는

두견새못된恨을 쏘다시 엇지하리

야속한 두견새는

도러갈곳도업는 나를 보고도

「不如歸[1]々々々」

『님의 沈默』127-128면

---

1 불여귀(不如歸). '돌아가는 것만 못하다'는 뜻을 지님. 여기서는 두견새의 울음소리를 흉내 낸 것임.

나의 꿈

　당신이 맑은 새벽에 나무 그늘 사이에서 산보할 때에 나의 꿈은 적은 별이 되어서 당신의 머리 위에 지키고 있겠습니다

　당신이 여름날에 더위를 못 이기어 낮잠을 자거든 나의 꿈은 맑은 바람이 되어서 당신의 주위에 떠돌겠습니다

　당신이 고요한 가을밤에 그윽히 앉아서 글을 볼 때에 나의 꿈은 귀뚜라미가 되어서 책상 밑에서 「귀뚤귀뚤」 울겠습니다

나의쑴

당신이 맑은새벽에 나무그늘새이에서 산보할째에 나의꿈은 적은별이되야서 당신의머리위에 지키고잇것습니다

당신이 여름날에 더위를못이기여 낫잠을자거든 나의꿈은 맑은바람이되야서 당신의周圍에 써돌것습니다

당신이 고요한가을밤에 그윽히안저서 글을볼째에 나의쑴은 귀쌰람이[1]가되야서 책상밋헤서 「귀쏠々々」울것습니다

『님의 沈默』129면

---

1 귀뚜라미.

우는 때

꽃 핀 아침 달 밝은 저녁 비 오는 밤 그때가 가장 님 기룬 때라고 남들은 말합니다

나도 같은 고요한 때로는 그때에 많이 울었습니다

그러나 나는 여러 사람이 모여서 말하고 노는 때에 더 울게 됩니다

님 있는 여러 사람들은 나를 위로하여 좋은 말을 합니다마는 나는 그들의 위로하는 말을 조소로 듣습니다

그때에는 울음을 심키시 눈물을 속으로 창지를 향하여 흘립니다

우는째

꼿퓐아츰 달밝은저녁 비오는밤 그째가 가장님긔루은[1]째라고 남들은 말함
니다

나도 가튼고요한째로는 그째에 만히우럿슴니다

그러나 나는 여러사람이모혀서 말하고노는째에 더울게됨니다

님잇는 여러사람들은 나를위로하야 조흔말을함니다마는 나는 그들의 위로
하는말을 조소[2]로듯슴니다

그째에는 우름을삼켜서 눈물을 속으로 창자를향하야 흘님니다

『님의 沈默』130면

---

1 기루다. 그립다.
2 조소(嘲笑).

타고르의 시(GARDENISTO)를 읽고

벗이여 나의 벗이여 애인의 무덤 위에 피어 있는 꽃처럼 나를 울리는 벗이여

작은 새의 자취도 없는 사막의 밤에 문득 만난 님처럼 나를 기쁘게 하는 벗이여

그대는 옛 무덤을 깨치고 하늘까지 사무치는 백골의 향기입니다

그대는 화환을 만들려고 떨어진 꽃을 줍다가 다른 가지에 걸려서 주운 꽃을 헤치고 부르는 절망인 희망의 노래입니다

벗이여 깨어진 사랑에 우는 벗이여

눈물이 능히 떨어진 꽃을 옛 가지에 도로 피게 할 수는 없습니다

눈물을 떨어진 꽃에 뿌리지 말고 꽃나무 밑의 티끌에 뿌리셔요

벗이여 나의 벗이여

죽음의 향기가 아무리 좋다 하여도 백골의 입술에 입맞출 수는 없습니다

그의 무덤을 황금의 노래로 그물 치지 마셔요 무덤 위에 피 묻은 깃

대를 세우셔요

  그러나 죽은 대지가 시인의 노래를 거쳐서 움직이는 것을 봄바람은 말합니다

  벗이여 부끄럽습니다 나는 그대의 노래를 들을 때에 어떻게 부끄럽고 떨리는지 모르겠습니다

  그것은 내가 나의 님을 떠나서 홀로 그 노래를 듣는 까닭입니다

타골의詩(GARDENTSTO)[1]를읽고

원문

  벗이어 나의벗이어 愛人의무덤위의 픠여잇는 꽂처럼 나를울니는 벗이어

  적은새의자최도업는 沙漠의밤에 문득맛난님처럼 나를깃부게하는 벗이어

  그대는 옛무덤을깨치고 하늘까지사못치는[2] 白骨의香氣임니다

  그대는 花環을만들냐고 쎠러진꽂을줏다가 다른가지에걸녀서 주슨꽂을헤치고 부르는 絶望인希望의노래임니다

  벗이어 째여진사랑에우는 벗이어

  눈물이 능히 쎠러진꽂을 옛가지에 도로픠게할수는 업슴니다

눈물을 써러진곳에 쌕리지말고 쏫나무밋희쎅쓸에 쌕리서요

벗이어 나의벗이어

죽엄의香氣가 아모리조타하야도 白骨의입설에 입맛출수는 업슴니다

그의무덤을 黃金의노래로 그물치지마서요 무덤위에 피무든旗대를 세우서요

그러나 죽은大地가 詩人의노래를거처서 움직이는것을 봄바람은 말함니다

벗이어 부끄럽슴니다 나는 그대의노래를 드를째에 엇더케 부끄럽고 썰니
는지 모르것슴니다

그것은 내가 나의님을써나서 홀로 그노래를 듯는까닭임니다

『님의 沈黙』131-132면

<hr>

1 GARDENTSTO. 타고르의 대표시 「원정(園丁)」을 에스페란토어로 표기한 말.
2 사무치다.

201

수繡의 비밀

나는 당신의 옷을 다 지어 놓았습니다
심의도 짓고 도포도 짓고 자리옷도 지었습니다
짓지 아니한 것은 적은 주머니에 수놓는 것뿐입니다

그 주머니는 나의 손때가 많이 묻었습니다
짓다가 놓아두고 짓다가 놓아두고 한 까닭입니다
다른 사람들은 나의 바느질 솜씨가 없는 줄로 알지마는 그러한 비밀은 나밖에는 아는 사람이 없습니다
나는 마음이 아프고 쓰린 때에 주머니에 수를 놓으려면 나의 마음은 수놓은 금실을 따라서 바늘구멍으로 들어가고 주머니 속에서 맑은 노래가 나와서 나의 마음이 됩니다
그리고 아직 이 세상에는 그 주머니에 널 만한 무슨 보물이 없습니다
이 적은 주머니는 짓기 싫어서 짓지 못하는 것이 아니라 짓고 싶어서 다 짓지 않는 것입니다

繡의秘密

나는 당신의옷을 다지어노앗슴니다

심의[1]도지코 도포[2]도지코 자리옷[3]도지엇슴니다

지치아니한것은 적은주머니에 수놋는것쑨임니다

그주머니는 나의손째가 만히무덧슴니다

짓다가노아두고 짓다가노아두고한 싸닭임니다

다른사람들은 나의바느질솜씨가 업는줄로 알지마는 그러한비밀은 나밧게는 아는사람이 업슴니다

나는 마음이 압흐고쓰린째에 주머니에 수를노흐랴면 나의마음은 수놋는금실을짜러서 바늘구녕으로 드러가고 주머니속에서 맑은노래기 나와서 나의마음이됨니다

그리고 아즉 이세상에는 그주니[4]에널만한 무슨보물이 업슴니다

이적은주머니는 지키시려셔[5] 지치못하는것이 아니라 지코십허서 다지치안는것임니다

『님의 沈默』 133-134면

---

1 심의(深衣). 예전에, 신분이 높은 선비들이 입던 웃옷.
2 도포(道袍). 옛날에, 남자가 통상 예복으로 입던 겉옷.
3 잠옷.　**4** '주머니'의 오식.　**5** 짓기 싫어서.

사랑의 불

산천초목에 붙는 불은 수인씨가 내셨습니다

청춘의 음악에 무도하는 나의 가슴을 태우는 불은 가는 님이 내셨습니다

촉석루를 안고 돌며 푸른 물결의 그윽한 품에 논개의 청춘을 잠재우는 남강의 흐르는 물아

모란봉의 키스를 받고 계월향의 무정을 저주하면서 능라도를 감돌아 흐르는 실연자인 대동강아

그대들의 권위로도 애태우는 불은 끄지 못할 줄을 번연히 알지마는 입버릇으로 불러 보았다

만일 그대네가 쓰리고 아픈 슬픔으로 졸이다가 폭발되는 가슴 가운데의 불을 끌 수가 있다면 그대들이 님 기룬 사람을 위하여 노래를 부를 때에 이따금 이따금 목이 메어 소리를 이루지 못함은 무슨 까닭인가

남들이 볼 수 없는 그대네의 가슴속에도 애태우는 불꽃 거꾸로 타들어 가는 것을 나는 본다

오오 님의 정열의 눈물과 나의 감격의 눈물이 마주 닿아서 합류가 되는 때에 그 눈물의 첫 방울로 나의 가슴의 불을 끄고 그 다음 방울을 그대네의 가슴에 뿌려 주리라

사랑의불

山川草木에 붓는불은 燧人氏[1]가 내섯슴니다
靑春의音樂에 舞蹈하는 나의가슴을 태우는불은 가는님이 내섯슴니다

矗石樓를안고돌며 푸른물ㅅ결의 그윽한품에 論介의靑春을 짐제우는 南江의흐르는물아
牧丹峯의키쓰를밧고 桂月香의無情을咀呪하면서 綾羅島를감도러흐르는[2] 失戀者인大洞江아
그대들의 權威로도 애태우는불은 끄지못할줄을 번연히아지마는 입버릇으로 불너보앗다
만일 그대네가 쓰리고압흔슯음으로 조리다가 爆發되는 가슴가온데의불을 쓸수가잇다면 그대들이 님그루은사람을위하야 노래를부를째에 잇다감잇다감[3] 목이메어 소리를이르지못함은 무슨까닭인가

남들이 볼수업는 대네의가슴속에도 애태우는불꼿이 거꾸로타드러가는것
을 나는본다

오오 님의情熱의눈물과 나의感激의눈물이 마조다서[4] 合流가되는째에 그눈
물의 첫방울로 나의가슴의불을쯰고 그다음방울을 그대네의가슴에 쌕려주리라

『님의 沈默』 135-136면

1 수인씨(燧人氏). 중국 고대 전설상의 삼황제(三皇帝)의 하나로 처음 불을 써서 음식을 만드는 법을 전
  했다 함.
2 감돌아 흐르는.
3 이따금이따금.
4 마주 닿아서.

「사랑」을 사랑하여요

당신의 얼굴은 봄 하늘의 고요한 별이어요

그러나 찢어진 구름 사이로 돋아 오는 반달 같은 얼굴이 없는 것이 아닙니다

만일 어여쁜 얼굴만을 사랑한다면 왜 나의 베갯모에 달을 수놓지 않고 별을 수놓아요

당신의 마음은 티 없는 숫옥이어요 그러나 곱기도 밝기도 굳기도 보석 같은 마음이 없는 것이 아닙니다

만일 아름다운 마음만을 사랑한다면 왜 나의 반지를 보석으로 아니 하고 옥으로 만들어요

당신의 시는 봄비에 새로 눈트는 금 결 같은 버들이어요

그러나 기름 같은 바다에 피어오르는 백합꽃 같은 시가 없는 것이 아닙니다

만일 좋은 문장만을 사랑한다면 왜 내가 꽃을 노래하지 않고 버들을 찬미하여요

온 세상 사람이 나를 사랑하지 아니할 때에 당신만이 나를 사랑하였습니다
나는 당신을 사랑하여요 나는 당신의 「사랑」을 사랑하여요

「사랑」을사랑하야요 원문

당신의얼골은 봄하늘의 고요한별이여요
그러나 씨저진구름새이로 돗어오는 반달가튼 얼골이 업는것이아님니다
만일 어엽분얼골만을 사랑한다면 웨 나의벼개ㅅ모에 달을수노치안코 별을수노아요

당신의마음은 틔업는 숫玉[1]이여요 그러나 곱기도 밝기도 굿기도 보석가튼 마음이 업는것이아님니다
만일 아름다온마음만을 사랑한다면 웨 나의반지를 보석으로아니하고 옥으로만드러요

당신의詩는 봄비에 새로눈트는 金결가튼 버들이여요

그러나 기름가튼 검은바다에 피여오르는百合꼿가튼 詩가 업는것이 아님니다

만일 조흔文章만을 사랑한다면 웨 내가 꼿을노래하지안코 버들을 讚美하여요

왼세상사람이 나를사랑하지아니할째에 당신만이 나를사랑하얏슴니다

나는 당신을사랑하야요 나는 당신의 「사랑」을 사랑하야요

『님의 沈默』137–138면

---

1 숫옥. 가공하지 않은 옥.

버리지 아니하면

나는 잠자리에 누워서 자다가 깨고 깨다가 잘 때에 외로운 등잔불은 각근한 파수꾼처럼 온 밤을 지킵니다

당신이 나를 버리지 아니하면 나는 일생의 등잔불이 되어서 당신의 백 년을 지키겠습니다

나는 책상 앞에 앉아서 여러 가지 글을 볼 때에 내가 요구만 하면 글은 좋은 이야기도 하고 맑은 노래도 부르고 엄숙한 교훈도 줍니다

당신이 나를 버리지 아니하면 나는 복종의 백과전서가 되어서 당신의 요구를 수응하겠습니다

나는 거울을 대하여 당신의 키스를 기다리는 입술을 볼 때에 속임 없는 거울은 내가 웃으면 거울도 웃고 내가 찡그리면 거울도 찡그립니다

당신이 나를 버리지 아니하면 나는 마음의 거울이 되어서 속임 없이 당신의 고락을 같이하겠습니다

버리지아니하면

　나는 잠ㅅ자리에누어서 자다가깨고 깨다가잘째에 외로은등잔불은 恪勤한[1]
派守軍처럼 왼밤을 지킴니다
　당신이 나를버리지아니하면 나는 一生의등잔불이되야서 당신의百年을 지
키것슴니다

　나는 책상압헤안저서 여러가지글을볼째에 내가要求만하면 글은 조흔이야
기도하고 맑은노래도부르고 嚴肅한敎訓도줌니다
　당신이 나를버리지아니하면 나는 服從의百科全書가되야서 당신의 要求를
酬應하것슴니다

　나는 거울을대하야 당신의키쓰를 기다리는 입설을 볼째에 속임업는거울은
내가우스면 거울도웃고 내가씽그리면 거울도씽그림니다
　당신이 나를버리지아니하면 나는 마음의거울이되야서 속임업시 당신의苦
樂을 가치하것슴니다

『님의 沈黙』139-140면

---

1 각근(恪勤)하다. 정성을 다하여 부지런히 애쓰다.

당신 가신 때

당신이 가실 때에 나는 다른 시골에 병들어 누워서 이별의 키스도 못 하였습니다

그때는 가을바람이 첨으로 나서 단풍이 한 가지에 두서너 잎이 붉었습니다

나는 영원의 시간에서 당신 가신 때를 끊어 내겠습니다 그러면 시간은 두 도막이 납니다

시간의 한 끝은 당신이 가지고 한 끝은 내가 가졌다가 당신의 손과 나의 손과 마주잡을 때에 가만히 이어 놓겠습니다

그러면 붓대를 잡고 나의 불행한 일만을 쓰려고 기다리는 사람들도 당신의 가신 때는 쓰지 못할 것입니다

나는 영원의 시간에서 당신 가신 때를 끊어 내겠습니다

당신이가신째

당신이가실째에 나는 다른시골에 병드러누어서 리별의키쓰도 못하얏습니다

그째는 가을바람이 츰[1]으로나서 단풍이 한가지에 두서너닙이 붉엇습니다

나는 永遠의時間에서 당신가신째를 끈어내것습니다 그러면 時間은 두도막이 남니다

時間의한끗은 당신이가지고 한끗은 내가가젓다가 당신의손과 나의 손과 마조잡을째에 가만히 이어노컷습니다

그러면 붓대를잡고 남의不幸한일만을 쓰랴고 기다리는사람들도 당신의가신째는 쓰지못할것임니다

나는 永遠의時間에서 당신가신째를 끈어내것습니다

『님의 沈黙』 141-142면

---

1 처음.

213

요술

가을 홍수가 작은 시내의 쌓인 낙엽을 휩쓸어 가듯이 당신은 나의 환락의 마음을 빼앗아 갔습니다 나에게 남은 마음은 고통뿐입니다

그러나 나는 당신을 원망할 수는 없습니다 당신이 가기 전에 나의 고통의 마음을 빼앗아 간 까닭입니다

만일 당신이 환락의 마음과 고통의 마음을 동시에 빼앗아 간다 하면 나에게는 아무 마음도 없겠습니다

나는 하늘의 별이 되어서 구름의 면사로 낯을 가리고 숨어 있겠습니다

나는 바다의 진주가 되었다가 당신의 구두에 단추가 되겠습니다

당신이 만일 별과 진주를 따서 게다가 마음을 넣어서 다시 당신의 님을 만든다면 그때에는 환락의 마음을 넣어 주셔요

부득이 고통의 마음도 넣어야 하겠거든 당신의 고통을 빼어다가 넣어 주셔요

그러고 마음을 빼앗아 가는 요술은 나에게는 가르쳐 주지 마셔요

그러면 지금의 이별이 사랑의 최후는 아닙니다

妖術

　가을洪水가 적은시내의 싸인落葉을 휩쓰러가듯이 당신은 나의歡樂의마음을 쌔아서갓슴니다 나에게 남은마음은 苦痛쑨임니다

　그러나 나는 당신을원망할수는 업슴니다 당신이 가기전에는 나의 苦痛의마음을 쌔아서간 까닭임니다

　만일 당신이 歡樂의마음과 苦痛의마음을 同時에쌔아서간다하면 나에게는 아모마음도 업것슴니다

　나는 하늘의별이되야서 구름의面紗로 낫을가리고 숨어잇것슴니다

　나는 바다의眞珠가되얏다가 당신의구쓰[1]에 단추가되것슴니다

　낭신이 만일 별과眞珠를짜시 게다기 미음을너서[2] 다시 당신의님을 만든다면 그쌔에는 歡樂의마음을 너주서요

　부득이 苦痛의마음도 너야하것거든 당신의苦痛을쌔어다가 너주서요

　그러고 마음을쌔아서가는 妖術은 나에게는 가러처주지마서요

　그러면 지금의리별이 사랑의最後는 아님니다

『님의 沈黙』143-144면

1 구두.
2 마음을 넣어서.

당신의 마음

나는 당신의 눈썹이 검고 귀가 갸름한 것도 보았습니다

그러나 당신의 마음을 보지 못하였습니다

당신이 사과를 따서 나를 주려고 크고 붉은 사과를 따로 쌀 때에 당신의 마음이 그 사과 속으로 들어가는 것을 분명히 보았습니다

나는 당신의 둥근 배와 잔나비 같은 허리를 보았습니다

그러나 당신의 마음을 보지 못하였습니다

당신이 나의 사진과 어떤 여자의 사진을 같이 들고 볼 때에 당신의 마음이 두 사진의 사이에서 초록빛이 되는 것을 분명히 보았습니다

나는 당신의 발톱이 희고 발꿈치가 둥근 것도 보았습니다

그러나 당신의 마음을 보지 못하였습니다

당신이 떠나시려고 나의 큰 보석 반지를 주머니에 넣으실 때에 당신의 마음이 보석 반지 너머로 얼굴을 가리고 숨는 것을 분명히 보았습니다

당신의마음

　나는 당신의 눈섭이검ㅅ고 귀가갸름한것도 보앗슴니다

　그러나 당신의마음을 보지못하얏슴니다

　당신이 사과를짜서 나를주랴고 크고붉은사과를 짜로쌀째에 당신의 마음이 그사과속으로 드러가는것을 분명히보앗슴니다

　나는 당신의 둥근배와 잔나비가튼허리와를 보앗슴니다

　그러나 당신의마음을 보지못하얏슴니다

　당신이 나의사진과 엇든녀자의사진을 가티들고볼째에 당신의마음이 두사진의새이에서 초록빗이되는것을 분명히보앗슴니다

　나는 당신의 발톱이희고 발꿈치가둥근것도 보앗슴니다

　그러나 당신의마음을 보지못하얏슴니다

　당신이 써나시랴고 나의큰보석반지를 주머니에너실째에 당신의마음이 보석반지넘어로 얼골을가리고 숨는것을 분명히보앗슴니다

『님의 沈黙』 145-146면

217

여름밤이 길어요

당신이 계실 때에는 겨울밤이 짧더니 당신이 가신 뒤에는 여름밤이 길어요

책력의 내용이 그릇되었나 하였더니 개똥불이 흐르고 벌레가 웁니다

긴 밤은 어디서 오고 어디로 가는 줄을 분명히 알았습니다

긴 밤은 근심 바다의 첫 물결에서 나와서 슬픈 음악이 되고 아득한 사막이 되더니 필경 절망의 성 너머로 가서 악마의 웃음 속으로 들어갑니다

그러나 당신이 오시면 나는 사랑의 칼을 가지고 긴 밤을 베어서 일천 도막을 내겠습니다

당신이 계실 때는 겨울밤이 짧더니 당신이 가신 뒤는 여름밤이 길어요

여름밤이기러요

당신이기실째에는 겨울밤이쩌르더니 당신이가신뒤에는 여름밤이기러요

책녁[1]의內容이 그릇되얏나 하얏더니 개쏭불[2]이흐르고 버레[3]가움니다

긴밤은 어데서오고 어데로가는줄을 분명히아럿슴니다

긴밤은 근심바다의첫물ㅅ결에서 나와서 슯은音樂이되고 아득한沙漠이되더니 필경 絶望의城넘어로가서 惡魔의우슴속으로 드러감니다

그러나 당신이오시면 나는 사랑의칼을가지고 긴밤을베혀서 一千도막을 내 것슴니다

당신이기실째는 겨울밤이쩌르더니 당신이가신뒤는 여름밤이기러요

『님의 沈黙』147면

---

1 달력.
2 '반딧불'의 충청도 방언.
3 벌레.

명상

아득한 명상의 작은 배는 가이없이 출렁거리는 달빛의 물결에 표류되어 멀고 먼 별나라를 넘고 또 넘어서 이름도 모르는 나라에 이르렀습니다

이 나라에는 어린 아기의 미소와 봄 아침과 바다 소리가 합하여 사람이 되었습니다

이 나라 사람은 옥새의 귀한 줄도 모르고 황금을 밟고 다니고 미인의 청춘을 사랑할 줄도 모릅니다

이 나라 사람은 웃음을 좋아하고 푸른 하늘을 좋아합니다

명상의 배를 이 나라의 궁전에 매었더니 이 나라 사람들은 나의 손을 잡고 같이 살자고 합니다

그러나 나는 님이 오시면 그의 가슴에 천국을 꾸미려고 돌아왔습니다

달빛의 물결은 흰 구슬을 머리에 이고 춤추는 어린 풀의 장단을 맞추어 우줄거립니다

冥想

아득한 冥想의적은배는 갓이업시출넝거리는 달빗의물ㅅ결에 *漂流*되야 멀고먼 별나라를 넘고또넘어서 이름도모르는나라에 이르럿슴니다

이나라에는 어린아기의微笑와 봄아츰과 바다소리가 合하야 사람이되얏슴니다

이나라사람은 玉璽[1]의 귀한줄도모르고 黃金을밟고다니고 美人의靑春을 사랑할줄도 모릅니다

이나라사람은 우슴을조아하고 푸른하늘을조아함니다

冥想의배를 이나라의宮殿에 매엿더니 이나라사람들은 나의손을잡고 가티 살자고함니다

그러나 나는 님이오시면 그의가슴에 天國을꾸미랴고 도러왓슴니다

달빗의물ㅅ결은 흰구슬을 머리에이고 춤추는 어린풀의장단을 마추어 우줄거림니다[2]

『님의 沈默』148-149면

---

1 옥새(玉璽). 임금의 도장. 국새(國璽).
2 우줄거리다. 몸이 큰 사람이나 짐승이 가볍게 몸 전체를 율동적으로 자꾸 움직이다.

칠석

「차라리 님이 없이 스스로 님이 되고 살지언정 하늘 위의 직녀성은 되지 않겠어요 네 네」 나는 언제인지 님의 눈을 쳐다보며 조금 아양스런 소리로 이렇게 말하였습니다

이 말은 견우의 님을 그리우는 직녀가 일년에 한 번씩 만나는 칠석을 어찌 기다리나 하는 동정의 저주였습니다

이 말에는 나는 모란꽃에 취한 나비처럼 일생을 님의 키스에 바쁘게 지나겠다는 교만한 맹서가 숨어 있습니다

아아 알 수 없는 것은 운명이요 지키기 어려운 것은 맹서입니다

나의 머리가 당신의 팔위에 도리질을 한 지가 칠석을 열 번이나 지나고 또 몇 번을 지내었습니다

그러나 그들은 나를 용서하고 불쌍히 여길 뿐이요 무슨 복수적 저주를 아니하였습니다

그들은 밤마다 밤마다 은하수를 사이에 두고 마주 건너다보며 이야기하고 놉니다

그들은 해쭉해쭉 웃는 은하수의 강안에서 물을 한 줌씩 쥐어서 서로 던지고 다시 뉘우쳐합니다

그들은 물에다 발을 잠그고 반비식이 누워서 서로 안 보는 체하고 무슨 노래를 부릅니다

그들은 갈잎으로 배를 만들고 그 배에다 무슨 글을 써서 물에 띄우고 입김으로 불어서 서로 보냅니다 그리고 서로 글을 보고 이해하지 못하는 것처럼 잠자코 있습니다

그들은 돌아갈 때에는 서로 보고 웃기만 하고 아무 말도 아니합니다

지금은 칠월 칠석날 밤입니다

그들은 난초 실로 주름을 접은 연꽃의 웃옷을 입었습니다

그들은 한 구슬에 일곱 빛나는 계수나무 열매의 노리개를 찼습니다

키스의 술에 취할 것을 상상하는 그들의 뺨은 먼저 기쁨을 못 이기는 자기의 열정에 취하여 반이나 붉었습니다

그들은 오작교를 건너갈 때에 걸음을 멈추고 웃옷의 뒷자락을 검사합니다

그들은 오작교를 건너서 서로 포옹하는 동안에 눈물과 웃음이 순서를 잃더니 다시금 공경하는 얼굴을 보입니다

아아 알 수 없는 것은 운명이요 지키기 어려운 것은 맹서입니다

나는 그들의 사랑이 표현인 것을 보았습니다

진정한 사랑은 표현할 수가 없습니다

그들은 나의 사랑을 볼 수는 없습니다

사랑의 신성은 표현에 있지 않고 비밀에 있습니다

그들이 나를 하늘로 오라고 손짓을 한대도 나는 가지 않겠습니다

지금은 칠월 칠석날 밤입니다

七夕

「차라리 님이업시 스々로님이되고 살지언정 하늘위의織女星은 되지안컷서요 네 네」나는 언제인지 님의눈을처다보며 조금아양스런소리로 이러케 말하얏습니다

이말은 牽牛의님을그리우는 織女가 一年에한번식맛나는七夕을 엇지기다리나하는 同情의咀呪엿습니다

이말에는 나는 모란꽃에취한 나븨처럼 一生을 님의키쓰에 밧부게 지나것다는 교만한盟誓가 숨어잇슴니다

아々 알수업는것은 運命이오 지키기어려운것은 盟誓입니다

나의머리가 당신의팔위에 도리질[1]을한지가 七夕을 열번이나 지나고 또 멋

번을 지내엇습니다

　그러나 그들은 나를용서하고불상히여길쏸이오 무슨 復讐的咀呪를 아니하얏습니다

　그들은 밤마다밤마다 銀河水를새에두고 마조건너다보며 이야기하고놉니다
　그들은 햇죽々々웃는 銀河水의 江岸에서 물을한줌ㅅ식쥐어서 서로던지고 다시뉘웃처함니다
　그들은 물에다 발을잠그고 반비식이[2]누어서 서로안보는체하고 무슨 노래를 부름니다
　그들은 갈닙으로 배를만들고 그배에다 무슨글을써서 물에씌우고 입김으로 부러서 서로보냄니다 그리고 서로글을보고 理解하지못하는것처럼 잠자코잇습니다
　그들은도러갈째에는 서로보고 웃기반하고 아모밀도아니함니디

　지금은 七月七夕날밤임니다
　그들은 蘭草실로 주름을접은 蓮꼿의위ㅅ옷을 입엇습니다
　그들은 한구슬에 일곱빗나는 桂樹나무열매의 노르개[3]를 찾습니다
　키쓰의술에醉할것을 想像하는 그들의쌤은 먼저 깃븜을못이기는 自己의熱情에醉하야 반이나붉엇습니다
　그들은 烏鵲橋를건너갈째에 거름을멈추고 위ㅅ옷의뒤ㅅ자락을 檢査함니다
　그들은 烏鵲橋를건너서 서로 抱擁하는동안에 눈물과우슴이 順序를일더니

다시금 恭敬하는얼골을 보임니다

　아々 알수업는것은 運命이오 지키기어려운것은 盟誓임니다

　나는 그들의사랑이 表現인것을 보앗슴니다

　진정한사랑은 表現할수가 업슴니다

　그들은 나의사랑을볼수는 업슴니다

　사랑의神聖은 表現에잇지안코 秘密에잇슴니다

　그들이 나를 하늘로오라고 손짓을한대도 나는가지안컷슴니다

　지금은 七月七夕날밤임니다

『님의 沈黙』150-153면

---

1 도리질. 말귀를 겨우 알아듣는 어린아이가 어른이 시키는 대로 머리를 흔드는 짓.
2 반쯤 비스듬하게.
3 노리개.

생의 예술

모르는 결에 쉬어지는 한숨은 봄바람이 되어서 야윈 얼굴을 비추는 거울에 이슬꽃을 핍니다

나의 주위에는 화기라고는 한숨의 봄바람밖에는 아무것도 없습니다

하염없이 흐르는 눈물은 수정이 되어서 깨끗한 슬픔의 성경을 비춥니다

나는 눈물의 수정이 아니면 이 세상에 보물이라고는 하나도 없습니다

한숨의 봄바람과 눈물의 수정은 떠난 님을 기우어하는 징의 추수입니다

저리고 쓰린 슬픔은 힘이 되고 열이 되어서 어린 양과 같은 작은 목숨을 살아 움직이게 합니다

님이 주시는 한숨과 눈물은 아름다운 생의 예술입니다

生의藝術

몰난결에쉬어지는 한숨은 봄바람이되야서 야윈얼골을비치는 거울에 이슬 꼿을핌니다

　나의周圍에는 和氣라고는 한숨의봄바람밧게는 아모것도업슴니다

　하염업시흐르는 눈물은 水晶이되야서 깨끗한슲음의聖境을 비침니다

　나는 눈물의水晶이아니면 이세상에 寶物이라고는 하나도업슴니다

　한숨의봄바람과 눈물의水晶은 써난님을긔루어하는 情의 秋收임니다

　저리고쓰린 슲음은 힘이되고 熱이되야서 어린羊과가튼 적은목숨을 사러움 지기게함니다

　님이주시는 한숨과눈물은 아름다운 生의藝術임니다

『님의 沈黙』154면

꽃싸움

당신은 두견화를 심으실 때에 「꽃이 피거든 꽃 싸움하자」고 나에게 말하였습니다

꽃은 피어서 시들어 가는데 당신은 옛 맹서를 잊으시고 아니 오십니까

나는 한 손에 붉은 꽃수염을 가지고 한 손에 흰 꽃수염을 가지고 꽃싸움을 하여서 이기는 것은 당신이라 하고 지는 것은 내가 됩니다

그러나 정말로 당신을 만나서 꽃싸움을 하게 되면 나는 붉은 꽃수염을 가지고 당신은 흰 꽃수염을 가지게 합니다

그러면 당신은 나에게 번번이 지십니다

그것은 내가 이기기를 좋아하는 것이 아니라 당신이 나에게 지기를 기뻐하는 까닭입니다

번번이 이긴 나는 당신에게 우승의 상을 달라고 조르겠습니다

그러면 당신은 빙긋이 웃으며 나의 뺨에 입맞추겠습니다

꽃은 피어서 시들어 가는데 당신은 옛 맹서를 잊으시고 아니 오십니까

꽃싸옴

　당신은 두견화를 심으실째에 「꽃이픠거든 꽃사옴하자」고 나에게말하얏습니다

　꽃은픠여서 시드러가는대 당신은 옛맹서를이즈시고 아니오심닛가

　나는 한손에 붉은꽃수염을가지고 한손에 흰꽃수염을가지고 꽃싸옴을하야서 이기는것은 당신이라하고 지는것은 내가됨니다

　그러나 정말로 당신을맛나서 꽃싸옴을하게되면 나는 붉은꽃수염을 가지고 당신은 흰꽃수염을 가지게함니다

　그러면 당신은 나에게 번ﾉ히지심니다

　그것은 내가 이기기를 조아하는것이아니라 당신이 나에게 지기를 깃버하는 까닭임니다

　번ﾉ히이긴나는 당신에게 우승의상을달나고 조르것슴니다

　그러면 당신은 빙긋이우스며 나의쌤에 입맛추것슴니다

　꽃은픠여서 시드러가는대 당신은 옛맹서를이지시고[1] 아니오심닛가

『님의 沈默』 155-156면

---

[1] 잊으시고

거문고 탈 때

달 아래에서 거문고를 타기는 근심을 잊을까 함이러니 츰 곡조가 끝나기 전에 눈물이 앞을 가려서 밤은 바다가 되고 거문고 줄은 무지개가 됩니다

거문고 소리가 높았다가 가늘고 가늘다가 높을 때에 당신은 거문고 줄에서 그네를 뜁니다

마지막 소리가 바람을 따라서 느티나무 그늘로 사라질 때에 당신은 나를 힘없이 보면서 아득한 눈을 감습니다

아아 당신은 사라지는 거문고 소리를 따라서 아득한 눈을 김습니다

거문고탈째

　달아레에서 거문고를타기는 근심을이즐ㅅ가 함이러니 츰[1]곡조가긋나기전에 눈물이압흘가려서 밤은 바다가되고 거문고줄은 무지개가됨니다

　거문고소리가 놉헛다 가가늘고 가늘다가 놉흘째에 당신은 거문고줄에서 그늬[2]를쒭니다

　마즈막소리가 바람을짜러서 느투나무[3]그늘로 사러질째에 당신은 나를힘업시보면서 아득한눈을감슴니다

　아々 당신은 사러지는 거문고소리를 짜러서 아득한눈을감슴니다

『님의 沈默』157면

1 처음.
2 그네.
3 느티나무.

오셔요

오셔요 당신은 오실 때가 되었어요 어서 오셔요

당신은 당신의 오실 때가 언제인지 아십니까 당신의 오실 때는 나의 기다리는 때입니다

당신은 나의 꽃밭으로 오셔요 나의 꽃밭에는 꽃들이 피어 있습니다

만일 당신을 쫓아오는 사람이 있으면 당신은 꽃 속으로 들어가서 숨으십시오

나는 나비가 되어서 당신 숨은 꽃 위에 가서 앉겠습니다

그러면 쫓아오는 사람이 당신을 찾을 수는 없습니다

오셔요 당신은 오실 때가 되었습니다 어서 오셔요

당신은 나의 품에로 오셔요 나의 품에는 보드라운 가슴이 있습니다

만일 당신을 쫓아오는 사람이 있으면 당신은 머리를 숙여서 나의 가슴에 대십시오

나의 가슴은 당신이 만질 때에는 물같이 보드라웁지마는 당신의 위험을 위하여는 황금의 칼도 되고 강철의 방패도 됩니다

나의 가슴은 말굽에 밟힌 낙화가 될지언정 당신의 머리가 나의 가슴
에서 떨어질 수는 없습니다
　그러면 쫓아오는 사람이 당신에게 손을 대일 수는 없습니다
　오셔요 당신은 오실 때가 되었습니다 어서 오셔요

　당신은 나의 죽음 속으로 오셔요 죽음은 당신을 위하여의 준비가 언
제든지 되어 있습니다
　만일 당신을 쫓아오는 사람이 있으면 당신은 나의 죽음의 뒤에 서십
시오
　죽음은 허무와 만능이 하나입니다
　죽음의 사랑은 무한인 동시에 무궁입니다
　죽음의 앞에는 군함과 포대가 티끌이 됩니다
　죽음의 앞에는 강자와 약자가 벗이 됩니다
　그러면 쫓아오는 사람이 당신을 잡을 수는 없습니다
　오셔요 당신은 오실 때가 되었습니다 어서 오셔요

오서요

오서요 당신은 오실째가되얏서요 어서오서요

당신은 당신의오실째가 언제인지 아심닛가 당신의오실째는 나의기다리는 째임니다

당신은 나의쏫밧헤로오서요 나의쏫밧헤는 쏫들이픠여잇슴니다

만일 당신을조처오는사람이 잇스면 당신은 쏫속으로드러가서 숨으십시오[1]

나는 나븨가되야서 당신숨은쏫위에가서 안것슴니다

그러면 조처오는사람이 당신을차질수는 업슴니다

오서요 당신은 오실째가되얏슴니다 어서오서요

당신은 나의품에로오서요 나의품에는 보드러은가슴이 잇슴니다

만일 당신을조처오는사람이 잇스면 당신은 머리를숙여서 나의가슴에 대입시오

나의가슴은 당신이만질째에는 물가티보드러웁지마는 당신의危險을위하야는 黃金의칼도되고 鋼鐵의방패도됨니다

나의가슴은 말ㅅ굽에밟힌落花가 될지언정 당신의머리가 나의가슴에서 써러질수는 업슴니다

그러면조처오는사람이 당신에게 손을대일수는 업슴니다

오서요 당신은 오실째가되얏슴니다 어서오서요

당신은 나의죽엄속으로오서요 죽엄은 당신을위하야의準備가 언제든지 되야잇슴니다

만일 당신을조처오는사람이 잇스면 당신은 나의죽엄의뒤에 서십시오

죽엄은 虛無와萬能이 하나임니다

죽엄의사랑은 無限인同時에 無窮임니다

죽엄의압헤는 軍艦과砲臺가 씩끌이됨이다

죽엄의압헤는 强者와弱者가 벗이됨니다

그러면 조처오는사람이 당신을잡을수는 업슴니다

오서요 당신은 오실째가되얏슴니다 어서오서요

『님의 沈黙』158-160면

1 숨으십시오.

쾌락

님이여 당신은 나를 당신 계신 때처럼 잘 있는 줄로 아십니까
그러면 당신은 나를 아신다고 할 수가 없습니다

당신이 나를 두고 멀리 가신 뒤로는 나는 기쁨이라고는 달도 없는
가을 하늘에 외기러기의 발자취만치도 없습니다

거울을 볼 때에 절로 오던 웃음도 오지 않습니다
꽃나무를 심고 물 주고 북돋우던 일도 아니 합니다
고요한 달그림자가 소리 없이 걸어와서 엷은 창에 소곤거리는 소리
도 듣기 싫습니다

가물고 더운 여름 하늘에 소낙비가 지나간 뒤에 산모롱이의 적은 숲
에서 나는 서늘한 맛도 달지 않습니다
동무도 없고 노리개도 없습니다

나는 당신 가신 뒤에 이 세상에서 얻기 어려운 쾌락이 있습니다

그것은 다른 것이 아니라 이따금 실컷 우는 것입니다

快樂

님이어 당신은 나를 당신기신째처럼 잘잇는줄로 아심닛가
그럼면 당신은 나를아신다고할수가 업슴니다

당신이 나를두고 멀니가신뒤로는 나는 깃붐이라고는 달도업는 가을하늘에 외기력이[1]의 발자최만치도 업슴니다

거울을볼째에 절로오든우슴도 오지안슴니다
쏫나무를심으고 물주고붓도드든[2]일도 아니함니다
고요한달그림자가 소리업시거러와서 엷은창에 소군거리는 소리도 듯기실슴니다

감을고[3] 더운 여름하늘에 소낙비가지나간뒤에 산모롱이의 적은숩에서나는 서늘한맛도 달지안슴니다
동무도업고 노르개[4]도업슴니다

나는 당신가신뒤에 이세상에서 엇기어려은 快樂이 잇슴니다

그것은 다른것이아니라 잇다금 실컷우는것임니다

『님의 沈黙』161-162면

1 외기러기.
2 북돋우다. 식물의 뿌리를 흙으로 덮어주다.
3 가물다.
4 노리개.

고대苦待

당신은 나로 하여금 날마다 날마다 당신을 기다리게 합니다

해가 저물어 산 그림자가 촌집을 덮을 때에 나는 기약 없는 기대를 가지고 마을 숲 밖에 가서 기다리고 있습니다

소를 몰고 오는 아이들의 풀잎피리는 제 소리에 목마칩니다

먼 나무로 돌아가는 새들은 저녁연기에 헤엄칩니다

숲들은 바람과의 유희를 그치고 잠잠히 섰습니다 그것은 나에게 동정하는 표상입니다

시내를 따라 굽이친 모랫길이 어둠의 품에 안겨서 잠들 때에 나는 고요하고 아득한 하늘에 긴 한숨의 사라진 자취를 남기고 게으른 걸음으로 돌아옵니다

당신은 나로 하여금 날마다 날마다 당신을 기다리게 합니다

어둠의 입이 황혼의 엷은 빛을 삼킬 때에 나는 시름없이 문 밖에 서서 당신을 기다립니다

다시 오는 별들은 고운 눈으로 반가운 표정을 빛내면서 머리를 조아 다투어 인사합니다

풀 사이의 벌레들은 이상한 노래로 백주의 모든 생명의 전쟁을 쉬게 하는 평화의 밤을 공양합니다

네모진 적은 못의 연잎 위에 발자취 소리를 내는 실없는 바람이 나를 조롱할 때에 나는 아득한 생각이 날카로운 원망으로 화합니다

당신은 나로 하여금 날마다 날마다 당신을 기다리게 합니다

일정한 보조로 걸어가는 사정없는 시간이 모든 희망을 채찍질하여 밤과 함께 몰아갈 때에 나는 쓸쓸한 잠자리에 누워서 당신을 기다립니다

가슴 가운데의 저기압은 인생의 해안에 폭풍우를 지어서 삼천세계는 유실되었습니다

벗을 잃고 견디지 못하는 가엾은 잔나비는 정의 삼림에서 저의 숨에 질식되었습니다

우주와 인생의 근본문제를 해결하는 대철학은 눈물의 삼매에 입정되었습니다

나의 「기다림」은 나를 찾다가 못 찾고 저의 자신까지 잃어버렸습니다

苦待

당신은 나로하야금 날마다날마다 당신을기다리게합니다

해가저무러 산그림자가 촌집을덥흘째에 나는 期約업는期待를가지고 마을 숩밧게가서 기다리고잇습니다

소를몰고오는 아해들의 풀입피리는 제소리에 목마칩니다[1]

먼나무로도러가는 새들은 저녁연긔에 헤엄칩니다

숩들은 바람과의遊戲를 그치고 잠々히섯습니다 그것은 나에게同情하는 表象임니다

시내를싸러구뷔친 모래ㅅ길이 어둠의품에안겨서 잠들째에 나는 고요하고 아득한 하늘에 긴한숨의 사러진자최를 남기고 게으른거름으로 도러옵니다

당신은 나로하여금 날마다날마다 당신을기다리게합니다

어둠의입이 黃昏의엷은빗을 삼킬째에 나는 시름업시 문밧게서々 당신을기다림니다

다시오는 별들은 고흔눈으로 반가은表情을 빗내면서 머리를조아 다투어 인사함니다

풀새이의 버레들은 이상한노래로 白晝의 모든生命의戰爭을 쉬게하는 平和 의밤을 供養함니다

네모진적은못의 蓮닙위에 발자최소리를내는 시럽슨[2]바람이 나를 嘲弄할째

에 나는 아득한생각이 날카로은怨望으로 化합니다

　당신은 나로하야금 날마다날마다 당신을기다리게합니다

　一定한 步調로거러가는 私情없는時間이 모든希望을 채찍질하야 밤과함께
모러갈째에 나는 쓸々한잠자리에 누어서 당신을기다림니다

　가슴가온대의低氣壓은 人生의海岸에 暴風雨를지어서 三千世界[3]는 流失되
얏슴니다

　벗을일코 견듸지못하는 가엽슨잔나비는 情의森林에서 저의숨에 窒息되얏
슴니다

　宇宙와人生의根本問題를 解決하는 大哲學은 눈물의三昧에 入定[4]되얏슴
니다

　나의「기다림」은 나를찻다가 못찻고 저의自身까지 이러버렷슴니다

『님의 沈默』 163-165면

---

1 목멥니다.
2 실없다.
3 삼천세계. '삼천 대천세계'의 준말. 광대무변의 세계.
4 입정(入定). 선정(禪定)에 들어감. 수행하기 위해 방 안에 들어감.

사랑의 끝판

네 네 가요 지금 곧 가요

에그 등불을 켜려다가 초를 거꾸로 꽂았습니다그려 저를 어쩌나 저 사람들이 숭보겠네

님이여 나는 이렇게 바쁩니다 님은 나를 게으르다고 꾸짖습니다 에그 저것 좀 보아 「바쁜 것이 게으른 것이다」 하시네

내가 님의 꾸지람을 듣기로 무엇이 싫겠습니까 다만 님의 거문고 줄이 완급을 잃을까 저허합니다

님이여 하늘도 없는 바다를 거쳐서 느릅나무 그늘을 지어 버리는 것은 달빛이 아니라 새는 빛입니다

홰를 탄 닭은 날개를 움직입니다

마구에 매인 말은 굽을 칩니다

네 네 가요 이제 곧 가요

사랑의끗판

네 네 가요 지금곳가요

에그 등ㅅ불을켜랴다가 초를 거꾸로쏘젓슴니다 그려 저를 엇저나 저사람들이 숭보것네[1]

님이어 나는 이러케밧붐니다 님은 나를 게으르다고 꾸짓슴니다 에그 저것 좀보아 「밧분것이 게으른것이다」하시네

내가 님의꾸지럼을듯기로 무엇이실컷슴닛가 다만 님의거문고줄이 *緩急*을 이를까 접허함니다[2]

님이어 하늘도업는바다를 거처서 느릅나무그늘을 지어버리는것은 달빗이 아니라 새는빗[3]임니다

홰를탄 닭은 날개를움직임니다

마구에매인 말은 굽을침니다

네 네 가요 이제곳가요

『님의 沈黙』166-167면

---

1 흉보겠네.
2 저어하다. 두려워하다.
3 날이 새어 훤한 빛.

독자에게

독자여 나는 시인으로 여러분의 앞에 보이는 것을 부끄러워합니다

여러분이 나의 시를 읽을 때에 나를 슬퍼하고 스스로 슬퍼할 줄을 압니다

나는 나의 시를 독자의 자손에게까지 읽히고 싶은 마음은 없습니다

그때에는 나의 시를 읽는 것이 늦은 봄의 꽃수풀에 앉아서 마른 국화를 비벼서 코에 대는 것과 같을는지 모르겠습니다

밤은 얼마나 되었는지 모르겠습니다

설악산의 무거운 그림자는 엷어갑니다

새벽종을 기다리면서 붓을 던집니다

(을축 팔월 이십구일 밤 끝)

讀者에게

讀者여 나는 詩人으로 여러분의압헤 보이는것을 부끄러함니다

여러분이 나의詩를읽을째에 나를슱어하고 스스로슱어할줄을 암니다

나는 나의詩를 讀者의子孫에게까지 읽히고십흔 마음은 업슴니다

그째에는 나의詩를읽는것이 느진봄의꼿숩풀에 안저서 마른菊花를비벼서
코에대히는것과 가틀는지 모르것슴니다

밤은얼마나되얏는지 모르것슴니다

雪嶽山의 무거은그림자는 엷어감니다

새벽종을 기다리면서 붓을던짐니다.

(乙丑八月二十九日밤 씃)

『님의 沈黙』168면

심우장 산시 외

1

심우장 산시 尋牛莊散詩

산거山居

티끌세상을 떠나면
모든 것을 잊는다 하기에
산을 깎아 집을 짓고
돌을 뚫어 새암을 팠다.
구름은 손인 양하여
스스로 왔다 스스로 가고
달은 파수꾼도 아니언만
밤을 새워 문을 지킨다.
새소리를 노래라 하고
솔-바람을 거문고라 하는 것은
옛사람의 두고 쓰는 말이다.

　　　×　×　×

님 기루어 잠 못 이루는
오고 가지 않는 근심은

오직 작은 베개가 알 뿐이다.

× × ×

공산空山의 적막이여.
어디서 한거한 근심을 가져오는가.
차라리 두견성杜鵑聲도 없이
고요히 근심을 가져오는
오오, 공산의 적막이여.

山居

원문

띠끌세상을 떠나면
모든것을 잇는다하기에
산을깍거 집을짓고
돌을뚫어 새암을팟다.
구름은 손인양하야
스스로 왓다 스스로가고

달은 파수꾼도 아니언만

밤을새워 문을 지킨다

새소리를 노래라하고

솔-바람을 거문고라 하는것은

옛사람의 두고쓰는 말이다.

　　　×　×　×

님기루어 잠못니루는

오고 가지안는 근심은

오직 적은 벼개가 알뿐이다.

　　　×　×　×

空山의 寂寞이어

어대서 한거한 근심을 가져오는가

차라리 杜鵑聲도 업시

고요히 근심을 가져오는

오오 空山의 寂寞이여.

『조선일보』 1936년 3월 27일

산골 물

산골 물아
어디서 나서 어디를 가는가.
무슨 일로 그리 쉬지 않고 가는가.
가면 다시 오려는가, 아니 오려는가.

    ×　×　×

물은 아무 말이 없이
수없이 엉클어진 등 댕댕이 칡넝쿨 속으로
작은 돌은 넘어가고
큰 돌은 돌아가면서
쫄쫄 꼴꼴 쇄 소리가
양안 청산에 반향한다.

    ×　×　×

그러면
산에서 나서 바다에 이르는 성공의 비결이
이렇다는 말인가.
물이야 무슨 마음이 있으랴마는
세간의 열패자인 나는
이렇게 설법을 듣노라.

산골 물 원문

산골물아
어대서 나서 어대를 가는가
무슨 일로 그리 쉬지안코고 가는가
가면 다시 오랴는가 아니오랴는가

　×　×　×

물은 아무 말이 업시
수업시 얼크러진 등[1] 댕담이[2] 칡던줄[3] 속으로

적은돌은 넘어가고

큰돌은 도라가면서

쫄쫄 꼴꼴 쇄[4] 소리가

兩岸靑山에 反響한다

     ×　×　×

그러면

산에서 나서 바다에 이르는 成功의 祕訣이

이러타는 말인가

물이야 무슨마음이 잇스랴마는

世間의 劣敗者인 나는

이러케 說法을 듯노라

『조선일보』 1936년 3월 27일

---

1 등나무 줄기.
2 댕댕이덩굴. 새모래덩굴과의 여러해살이 덩굴풀. 산기슭 양지나 밭둑에 나는데, 다른 물건에 감겨 벋
  으며, 초여름에 황백색의 작은 꽃이 피고, 둥글고 푸른 핵과가 10월에 익음. 댕댕이덩굴로 엮어서 소쿠
  리나 바구니 등을 만듦.
3 칡넝쿨.
4 '솨' 하는 소리.

모순

좋은 달은 이울기 쉽고
아름다운 꽃엔 풍우가 많다.
그것을 모순이라 하는가.

×　×　×

어진 이는 만월을 경계하고
시인은 낙화를 찬미하나니
그것은 모순의 모순이다.

×　×　×

모순의 모순이라면
모순의 모순은 비모순이다.
모순이냐 비모순이냐.
모순은 존재가 아니고 주관적이다.

×　×　×

모순의 속에서 비모순을 찾는 가련한 인생.
모순은 사람을 모순이라 하나니 아는가.

矛盾

조흔달은 이울기[1] 쉽고
아름다운 꽃엔 風雨가 만타
그것을 矛盾이라 하는가

×　×　×

어진이는 滿月을 경계하고
詩人은 落花를 讚美하나니
그것은 矛盾의 矛盾이다

×　×　×

矛盾의 矛盾이라면

矛盾의矛盾은 非矛盾이다

矛盾이냐 非矛盾이냐

矛盾은 存在가 아니고 주관적이다

× × ×

矛盾의속에서 非矛盾을 찾는 可憐한 人生

矛盾은 사람을 矛盾이라 하나니 아는가

『조선일보』 1936년 3월 28일

---

1 이울다. 꽃이나 잎이 시들다. 점차 기운이 약해지다.

천일淺日

지는 해는
성공한 영웅의 말로같이 아름답기도 하고 슬프기도 하다.

    ×　×　×

창창한 남은 빛이
높은 산과 먼 물을 비춰서 현란한 최후를 장식하더니
홀연히 엷은 구름의 붉은 소매로
두렷한 얼굴을 슬쩍 가리며
결별의 미소를 띄운다.

    ×　×　×

큰 강의 급한 물결은 만가를 부르고
뭇 산의 비낀 그림자는 임종의 역사를 쓴다.

淺日[1]

지는해는

成功한 英雄의 末路가치 아름답기도 하고 슬푸기도하다.

   ×　×　×

蒼蒼한 남은빗이

놉흔산과 먼물을 비처서 絢爛한 最後를 裝飾하더니

忽然히 엷은구름의 붉은소매로

두렷한[2] 얼골을 슬쩍 가리며

訣別의 微笑를 띄운다.

   ×　×　×

큰江의 急한 물결은 輓歌를 부르고

뭇山의 비긴[3] 그림자는 臨終의 歷史를 쓴다.

『조선일보』 1936년 3월 28일

---

1 천일(淺日). 얕은 해. 넘어가는 해.　　**2** 두렷하다. 엉클어지거나 흐려지지 않고 똑똑하며 분명하다.
3 비끼다. 비스듬히 비치다. 비스듬히 놓이거나 늘어지다.

쥐

나는 아무리 좋은 뜻으로 너를 말하여도

너는 작고 방정맞고 얄미운 쥐라고밖에 할 수가 없다.

너는 사람의 결혼 의상과 연회복을 낱낱이 쪼아 놓았다.

너는 쌀궤와 팥 먹서리를 다 쪼고 물어내었다.

그 외에 모든 기구를 다 쪼아 놓았다.

나는 쥐덫을 만들고 고양이를 길러서 너를 잡겠다.

이 작고 방정맞고 얄미운 쥐야.

    ×　×　×

그렇다, 나는 작고 방정맞고 얄미운 쥐다.

나는 너희가 만든 쥐덫과 너희가 기른 고양이에게 잡힐 줄을 안다.

만일 내가 너희 의장과 창고를 통거리째 빼앗고,

또 너희 집과 너희 나라를 빼앗으면,

너희는 허리를 굽혀서 절하고 나의 공덕을 찬미할 것이다.

그리고 너희들의 역사에 나의 이 뜻을 크게 쓸 것이다.

그러나 나는 그러한 큰 죄를 지을 만한 힘이 없다.

다만 너희들이 먹고 입고 쓰고 남는 것을 조금씩 얻어먹는다.

그래서 너희는 나를 작고 방정맞고 얄미운 쥐라고 하며,

쥐덫을 만들고 고양이를 길러서 나를 잡으려 한다.

×　×　×

나는 그것이 너희들의 철학이요 도덕인 줄을 안다.

그러나 쥐덫이 나의 덜미에 벼락을 치고 고양이의 발톱이 나의 옆구
리에 샘을 팔 때까지

나는 먹고 마시고 뛰고 놀겠다.

이 크고 점잖고 귀염성 있는 사람들아.

쥐(鼠)

나는 아모리 조흔뜻으로 너를 말하야도

너는 적고 방정맛고 얄미운 쥐라고 박게 할수가업다

너는 사람의 結婚衣裳과 宴會服을 낫낫치 조서[1]노앗다

너는 쌀궤와 팟먹사리[2]를 다 좃고 무러내엇다

그외에 모든 器具를 다 조서노앗다

나는 쥐덧[3]을 만들고 고양이를 길너서 너를 잡것다

이 적고 방정맛고 얄미운 쥐야

    × × ×

그러타 나는 적고 방정맛고 얄미운쥐다

나는 너의가 만든 쥐덧과 너의가 기른 고양이에게 잡힐줄을 안다

만일 내가 너희 衣欌과 倉庫를 통거리[4]채 빼앗고

또 너의집과 너의나라를 빼앗으면

너의는 허리를 굽혀서 절하고 나의 功德을 讚美할것이다

그리고 너의들의 歷史에 나의이뜻을 크게 쓸것이다

그러나 나는 그러한 큰죄를 지을만한 힘이 업다.

다만 너의들이 먹고 입고 쓰고 남는 것을 조금씩 엇어먹는다.

그래서 너의는 나를 적고 방정맞고 얄미운 쥐라고 하며

쥐덧을 만들고 고양이를 길러서 나를 잡으랴한다.

×　×　×

나는 그것이 너의들의 哲學이오 道德인줄을 안다

그러나 쥐덧이 나의 덜미에 벼락을 치고 고양이의 발톱이 나의 엽구리에 새

암을 팔때까지

나는 먹고 마시고 뛰고 놀갯다.

이 크고 점잔하고 귀염성잇는 사람들아

『조선일보』 1936년 3월 31일

---

1 좃다. '조다'의 방언. 날카로운 것으로 새기거나 갉아내다.
2 팥 멱서리. '멱서리'는 곡식을 담아놓는 그릇으로 짚으로 엮어 만듦.
3 쥐덫.
4 통가리. 뜸을 엮어 마당에 둘러치고 그 안에 곡식을 채워 쌓은 더미.

일출

어머니의 품과 같이
대지를 덮어서 단잠 재우든 어둠의 장막이
동으로부터 서로
서로부터 다시 알지 못하는 곳으로 점점 자취를 감춘다.

   ×　×　×

하늘에 비낀 연분홍의 구름은
그를 환영하는 선녀의 치마는 아니다.
가늘게 춤추는 바다 물결은
고요한 가운데 음악을 조절하면서
붉은 구름에 반영되었다.

   ×　×　×

물인지 하늘인지

자연의 예술인지 인생의 꿈인지
도무지 알 수 없는 그 가운데로
솟아오르는 해님의 얼굴은
거룩도 하고 감사도 하다.
그는 숭엄, 신비, 자애의 화현이다.

     ×　×　×

눈도 깜작이지 않고 바라보는 나는
어느 찰나에 해님의 품으로 들어가 버렸다.
어디서인지 우는 꾸궁이 소리가
건너산에 반향된다.

日出

어머니의 품과 가티

大地를 덥허서 단잠 재우든 어둠의 帳幕이

東으로부터 西으로

西으로부터 다시 알지못하는곳으로 점점 자최를 감춘다

×　×　×

하늘에 비낀 연분홍의 구름은

그를 歡迎하는 仙女의 치마는 아니다

가늘게 춤추는 바다물결은

고요한 가온대 音樂을 調節하면서

붉은 구름에 返映되얏다.

×　×　×

물인지 하늘인지

自然의 藝術인지 人生의 꿈인지

도모지 알수업는 그가온대로

소서오르는 해님의 얼골은

거룩도 하고 感謝도하다

그는 崇嚴 神秘 慈愛의 化現[1]이다

×　×　×

눈도 깜작이지 안코 바라보는 나는

어느刹那에 해님의품으로 드러가 버렷다

어대서인지 우는 꾸궁이[2] 소리가

건넌산에 反響된다

『조선일보』 1936년 4월 2일

---

1 화현(化現). 현화. 신불 등이 형체를 바꾸어 세상에 나타남.
2 뻐꾸기.

해촌海村의 석양

석양은 갈대지붕을 비춰서
작은 언덕 잔디밭에 반사되었다.
산기슭 길로 물길러 가는 처녀는
한 손으로 부신 눈을 가리고 동동걸음을 친다.
반쯤 찡그린 그의 이마엔 저녁 늦은 근심이 가늘게 눈썹을 눌렀다.

    × × ×

낚싯대를 메고 돌아오는 어부는
갯가에서 선 노파를 만나서
멀리 오는 돛대를 가리키면서
무슨 말인지 그칠 줄을 모른다.

    × × ×

서천에 지는 해는

바다의 고별 음악을 들으면서
짐짓 머뭇머뭇한다.

海村의 夕陽 원문

夕陽은 갈때집웅[1]을 비처서
적은언덕 잔듸밧에 反射되얏다.
山기슬기 길로 물길너가는 處女는
한손으로 부신눈을 가리고 동동거름[2]을 친다
반쯤 찡그린 그의이마엔 저녁늣인[3] 근심이 가늘게 눈섭을 눌넛다

    × × ×

낙시대를 메고 도라오는 漁父는
개까[4]에서 선 老婆를 맛나서
멀리오는 돗대를 가리치면서
무슨말인지 그칠줄을 모른다

×　×　×

西天에 지는해는

바다의 告別音樂을 드르면서

짐짓 머뭇머뭇 한다

『조선일보』 1936년 4월 2일

1 갈대로 엮는 지붕.
2 동동걸음. 다급하거나 추워서 발을 동동거리며 걷는 걸음.
3 저녁 준비가 늦은.
4 갯가.

강 배

저녁 빛을 배불리 받고
거슬러 오는 작은 배는
온 강의 맑은 바람을
한 돛에 가득히 실었다.
구슬픈 노 젓는 소리는
봄 하늘에 사라지는데
강가의 술집에서
어떤 사람이 손짓을 한다.

江 배

저녁볏을 배불리 밧고

거슬리[1] 오는 적은배는

왼江의 맑은 바람을

한돗에 가득히 실엇다

구슬푼 노젓는 소리는

봄하늘에 사라지는대

江가의 술ㅅ집에서

어떤 사람이 손찟을 한다

『조선일보』1936년 4월 3일

---

1 거슬러서.

낙화

떨어진 꽃이 힘없이 대지의 품에 안길 때
애처로운 남은 향기가 어디로 가는 줄을 나는 안다.
가는 바람이 적은 풀과 속삭이는 곳으로 가는 줄을 안다.

×

떨어진 꽃이 굴러서 알지도 못하는 집의 울타리 사이로 들어갈 때에,
쇠잔한 붉은 빛이 어디로 가는 줄을 나는 안다.

×

떨어진 꽃이 날려서 작은 언덕을 넘어갈 때에,
가엾은 그림자가 어디로 가는 줄을 나는 안다.
봄을 빼앗아 가는 악마의 발밑으로 사라지는 줄을 안다.

落花

떠러진 꼿이 힘업시 大地의품에 안길때

애처로운 남은香氣가 어대로 가는 줄을 나는 안다

가는 바람이 적은 풀과 속삭이는 곳으로 가는 줄을 안다

×

떠러진 꼬시 굴러서 알지도 못하는집의 울타리새이로 드러갈때에

쇠잔한[1] 붉은빗이 어대로 가는줄을 나는안다

×

떠러진 꼬시 날려서 적은 언덕을 넘어갈때에

가엽슨 그림자가 어대로 가는줄을 나는안다

봄을 빼아서가는 惡魔의 발미트로 사러지는줄을 안다

『조선일보』1936년 4월 3일

---

1 쇠잔(衰殘)하다. 쇠하여 잔약해지다.

일경초─一莖草

나는 소나무 아래서 놀다가
지팡이로 한 줄기 풀을 부질렀다.
풀은 아무 반항도 원망도 없다.
나는 부러진 풀을 슬퍼한다.
부러진 풀은 영원히 이어지지 못한다.

×

내가 지팡이로 부질르지 아니 하였으면
풀은 맑은 바람에 춤도 추고 노래도 하며
은 같은 이슬에 잠자고 키스도 하리라.

×

모진 바람과 찬 서리에 꺾이는 것이야 어찌하랴마는
나로 말미암아 꺾어진 풀을 슬퍼한다.

×

사람은 사람의 죽음을 슬퍼한다.

인인지사 영웅호걸의 죽음을 더욱 슬퍼한다.

나는 죽으면서도 아무 반항도 원망도 없는 한 줄기 풀을 슬퍼한다.

一莖草 원문

나는 솔나무 아래서 놀다가

지팽이로 한줄기 풀을 부질럿다[1]

풀은 아모 反抗도 怨望도업다

나는 부러진 풀을 슯어한다

부러진 풀은 永遠히 이어지지 못한다

×

내가 지팽이로 부질느지 아니하얏스면

풀은 맑은바람에 춤도추고 노래도하며

銀같은 이슬에 잠자고 키쓰도 하리라

　　　　×

모진 바람과 찬 서리에 꺽기는 것이야 엇지하랴마는
나로 말매암아[2] 꺽거진풀을 슲어한다

　　　　×

사람은 사람의 죽엄을 슲어한다
仁人志士[3] 英雄豪傑의 죽엄을 더욱 슲어한다
나는 죽으면서도 아모 反抗도 怨望도 업는 한줄기풀을 슲어한다

『조선일보』 1936년 4월 3일

---

1 분지르다. 부러뜨리다.
2 말미암아.
3 인인지사(仁人志士). 어진 사람과 뜻있는 선비.

파리

이 적고 더럽고 밉살스런 파리야.

너는 썩은 쥐인지 만두인지 분간을 못하는 더러운 파리다.

너는 흰옷에는 검은 똥칠을 하고

검은 옷에는 흰 똥칠을 한다.

너는 더위에 시달려서 자는 사람의 단꿈을 깨워 놓는다.

너는 이 세상에 없어도 조금도 불가할 것이 없다.

너는 한 눈 깜짝할 새에 파리채에 피 칠하는 작은 생명이다.

     ×　×　×

그렇다. 나는 작고 더럽고 밉살스런 파리요, 너는 고귀한 사람이다.

그러나 나는 어여쁜 여왕의 입술에 똥칠을 한다.

나는 황금을 짓밟고 탁주에 발을 씻는다.

세상에 보검이 산같이 있어도 나의 털끝도 건드리지 못한다.

나는 설렁탕집으로 궁중연회에까지 상빈이 되어서 술도 먹고 노래
도 부른다.

세상 사람은 나를 위하여 궁전도 짓고 음식도 만든다.

사람은 빈부 귀천을 물론하고 파리를 위하여 생긴 것이다.

× × ×

너희는 나를 더럽다고 하지마는

너희들의 마음이야말로 나보다도 더욱 더러운 것이다.

그리하여 나는 마음이 없는 죽은 사람을 좋아한다.

파리

이 적고 더럽고 밉살스런 파리야

너는 썩은쥐인지 만두인지 분간을 못하는 더러운 파리다

너는 힌옷에는 검은 똥칠을하고

검은옷에는 힌똥칠을한다

너는 더위에 시달려서 자는사람의 단꿈을 깨워놋는다

너는 이세상에 업서도 조금도 不可할것이업다

너는 한 눈 깜작할새에 파리채에 피칠하는[1] 적은 生命이다

×　×　×

그러타 나는 적고 더럽고 밉쌀스런 파리오 너는 高貴한 사람이다

그러나 나는 어엽분 女王의 입술에 똥칠을한다

나는 黃金을 짓밟고 濁酒에 발을 씻는다

世上에 寶劍이 산가치 잇서도 나의 털끗도 건드리지 못한다.

나는 설녕탕집으로 宮中宴會에까지 上賓이되야서 술도먹고 노래도 부른다

세상사람은 나를위하야 宮殿도 짓고 飮食도 만든다

사람은 貧富貴賤을 勿論하고 파리를위하야 생긴것이다

×　×　×

너의는 나를 더럽다고 하지마는

너의들의 마음이야말로 나보다도 더욱 더러운것이다

그리하야 나는 마음이 업는죽은 사람을 조아한다

『조선일보』 1936년 4월 5일

---

1 피를 칠하다.

모기

모기여 그대는 범의 발톱이 없고

코끼리의 코가 없으나 날카로운 입이 있다.

그대는 다리도 길고 부리도 길고 날개도 쩌르지는 아니하다.

그대는 춤도 잘 추고, 노래도 잘하고 피의 술도 잘 먹는다.

　　　×　×　×

사람은 사람의 피를 서로서로 먹는데

그대는 동족의 피를 먹지 아니하고 사람의 피를 먹는다.

　　　×　×　×

아아, 천하만세天下萬世를 위하여 바다같이 흘리는 인인지사仁人志士
의 피도 그대에게 맡겼거든

하물며 구구한 소장부의 쓸데없는 피야 무엇을 아끼리요.

모기

모기여 그대는 범의 발톱이업고

코끼리의 코가 업스나 날카로운 입이 잇다

그대는 다리도 길고 부리도 길고 날개도 쩌르지는[1] 아니하다

그대는 춤도 잘추고 노래도잘하고 피의술도 잘먹는다

×　×　×

사람은 사람의피를 서로서로 먹는데

그대는 同族의피를 먹지아니하고 사람의피를 먹는다

×　×　×

아아 天下萬世를 爲하야 바다가티 흘리는 仁人志士의피도 그대에게 맛겻거든

하물며 區區한[2] 小丈夫의 쓸때업는 피야 무엇을 앗기리오[3]

『조선일보』 1936년 4월 5일

---

1 쩌르다. '짧다'의 방언.　　**2** 구구(區區)하다. 구차하고 떳떳하지 못하다.　　**3** 아끼다.

반월半月과 소녀

산 너머로 돋아오는 반달이
옛 버들의 새 가지에 걸렸다.
옥으로 만든 빗인 줄 아는
어여쁜 소녀
발꿈치를 제겨디디고
고사리 같은 손을 힘 있게 들어서
반달을 따려고 강장강장 뛰다가
눈을 햘끗하고 손을 돌리어
무릇각시의 머리를 쓰다듬으며
「자장자장」하더라.

半月과 少女[1]

산넘어로 돗어오는 반달이

옛버들의 새가지에 걸넛다

玉으로 만든 빗(梳)인줄 아는

어엽분 少女

발꿈치를 적여드듸고

고사리가튼 손을 힘잇게 들어서

반달을 따랴고 강장강장 뛰다가

눈을 핼긋하고 손을 돌리어

무릇각씨의 머리를 씨다듬으며

「자장자장」하다라

『조선일보』 1936년 4월 5일

---

1 '반달과 소녀'라는 제목으로 『불교』(제87호, 1931. 9)에 발표한 시.

2

『님의 침묵』 전후의 시

심心

심은 심이니라.

심만 심이 아니라 비심도 심이니 심 외에는 하물도 무하니라.

생도 심이오 사도 심이니라.

무궁화도 심이오 장미화도 심이니라.

호한도 심이오 천장부도 심이니라.

신루도 심이오 공화도 심이니라.

물질계도 심이오 무형계도 심이니라.

공간도 심이오 시간도 심이니라.

심이 생하면 만유가 기하고 심이 식하면 일공도 무하니라.

심은 무의 실재요, 유의 진공이니라.

심은 인에게 누도 여하고 소도 여하나니라.

심의 허에는 천당의 동량도 유하고 지옥의 기초도 유하니라.

심의 야에는 성공의 송덕비도 입하고 퇴패의 기념품도 진열하나니라.

심은 자연전쟁의 총사령관이며 강화사니라.

금강산의 상봉에는 어하의 화석이 유하고 대서양의 해저에는 분화구가 유하니라.

심은 하시라도 하사하물에라도 심 자체뿐이니라.

심은 절대며 자유며 만능이니라.

心[1]

心은心이니라

心만心이아니라非心도心이니心外에는何物도無ᄒ니라

生도心이오死도心이니라

無窮花도心이오薔薇花도心이니라

好漢도心이오賤丈夫도心이니라

蜃樓[2]도心이오空華[3]도心이니라

物質界도心이오無形界도心이니라

空間도心이오時間도心이니라

心이生ᄒ면萬有가起ᄒ고心이息ᄒ면一空도無하니라

心은無의實在오有의眞空[4]이니라

心은人에淚도與ᄒ고笑도與ᄒ나니라

心의墟에는天堂의棟梁도有ᄒ고地獄의基礎도有ᄒ니라

心의野에는成功의頌德碑도立ᄒ고退敗의紀念品도陣烈ᄒ나니라

心은自然戰爭의總司令官이며講和使니라

金剛山의上峰에는漁鰕의化石이有ᄒ고大西洋의海底에는噴火口가有ᄒ니라

心은何時라도何事何物에라도心自體뿐이니라

心은絶對며自由며萬能이니라

『유심(惟心)』 제1호, 1918년 9월

---

1 심(心). 마음은 만물의 본체로서, 오직 단 하나의 실재(實在)라는 화엄경의 중심 사상. 모든 존재는 마
  음에서 비롯되는 것으로, 마음을 떠나서는 아무것도 존재하지 않는다고 봄.
2 신루(蜃樓). 신기루(蜃氣樓). 실체가 없는 공중누각.
3 공화(空華). 실체가 없음.
4 진공(眞空). 일체의 색상(色相)을 초월한 참으로 공허한 현상.

일경초―莖草의 생명

강상 수봉의 푸른 빛 너머로 백목단화 같은 한 조각 구름이 오른다.

무엇보다도 민속한 나의 뇌가 무엇을 느끼려다가 미처 느끼지 못한 그 찰나 구름은 벌써 솜뭉치같이 피어서 한편 하늘을 덮어온다.

선아야 그 솜뭉치 좀 빌려라. 가벼운 추위를 견디지 못하는 보드러운 싹을 싸주자.

선아는 침묵이다. 그러나 넘칠 듯한 애교 나를 향하여 동정을 들어붓는 듯하다.

어느 겨를에 그리 청명하던 청공, 수묵색의 장막을 편 듯히디.

베개 위에 오려는 낮 졸음을 쫓는 패연한 소리, 대한의 야에 활수가 났도다.

아아, 나의 감사를 표하는 시선 새삼스럽게 벌써 개인 강상의 수봉에 대인다.

제 아모리 악마라도 어찌 막으랴, 초토의 중에서도 금석을 뚫을 듯한 진생명을 가졌든 그 풀의 발연을.

사랑스럽다, 혼의 부로도 마의 아로도 어찌지 못할 일경초의 생명.

一莖草의 생명

江上 數峰의 푸른 빛 너머로 白牧丹花 같은 한 쪼각 구름이 오른다.

무엇보다도 敏速한 나의 腦가 무엇을 느끼랴다가 미쳐 느끼지 못한 그 刹那 구름은 벌써 솜뭉치같이 피여서 한편 하늘을 덮어온다.

仙娥[1]야 그 솜뭉치 좀 빌려라. 가벼운 추위를건디지 못하는 보드러운 싹을 싸주자.

仙娥는 沈默이다. 그러나 넘칠 듯한 愛嬌 나를 向하야 同情을 드러붓는 듯하다.

어느 겨를에 그리 晴明하든 蒼空, 水墨色의 帳幕을 편 듯하다.

벼개위에 오라는 낮 졸음을 쫒는 沛然한[2] 소리, 大旱의 野에 活水가 낫도다.

아아, 나의 感謝를 表하는 親線[3] 새삼스럽게 벌써 개인 江上의 數峰에 대인다.

제 아모리 惡魔라도 어찌 막으랴, 焦土의 中에서도 金石을 뚫을 듯한 眞生命을 가졌든 그 풀의 勃然을.

사랑스럽다, 鬼의 斧로도 魔의 牙로도 어쩌지 못할 一莖草의 生命.

『유심』 제2호, 1918년 10월

---

1 선아(仙娥). 선녀.
2 패연하다. 비가 억수로 쏟아지다.
3 '시선(視線)'의 오식.

가갸날

아아 가갸날
참되고 어질고 아름다워요.
「축일」 「제일」
「데이-」 「시즌」이 위에
가갸날이 났어요, 가갸날.
끝없는 바다에 쑥 솟아오르는 해처럼
힘있고 빛나고 두렷한 가갸날.

「데-」보다 읽기 좋고 「씨즌」보다 알기 쉬워요.
입으로 젖꼭지를 물고 손으로 다른 젖꼭지를 만지는 어여쁜 아기도
일러줄 수 있어요.
아무것도 배우지 못한 계집 사내도 아르켜줄 수 있어요.
「가갸」로 말을 하고 글을 써서요.
혀끝에서 물결이 솟고 붓 아래에 꽃이 피어요.

그 속엔 우리의 향기로운 목숨이 살아 움직입니다.

그 속엔 낯익은 사랑의 실마리가 풀리면서 감겨 있어요.

굳세게 생각하고 아름답게 노래하여요.

검이어, 우리는 서슴지 않고 소리쳐 「가갸날」을 자랑하겠습니다.

검이여, 가갸날로 검의 가장 좋은 날을 삼아 주세요.

온 누리의 모든 사람으로 「가갸날」을 노래하게 하여 주세요.

가갸날, 오오, 가갸날이여.

가갸날[1]

아아 가갸날

참되고어질고 아름다워요

「축일(祝日)」「제일(祭日)」

「데-」[2] 「씨슨」[3] 이위에

가갸날이낫서요 가갸날

씃업는바다에 쑥소서오르는해처럼

힘잇고빗나고두렷한[4]가갸날

「데-」보다 읽기조코 「씨슨」보다알기쉬워요

입으로젓꼭지를물고 손으로다른젓꼭지를 만지는 어엽분 아기도 일너줄수
잇서요

아모것도 배우지못한 계집사내도 아르켜줄수 잇서요
「가갸」로말을하고글을써서요
혀끗에서 물ㅅ길이솟고 붓아래에곳이피여요

그속엔 우리의 향기로운목숨이 사러움직임니다
그속엔 낫익은 사랑의실마리가 풀니면서감겨잇서요
굿세게생각하고 아름답게 노래하야요
검⁵이어 우리는 서슴지안코 소리쳐 「가갸날」을 자랑하겟슴니다.
검이여 가갸날로 검의가장조흔날을 삼어주서요
온 누리의 모든 사람으로 「가갸날」을 노래하게 하여 주서요
가갸날 오오 가갸날이여

— 觀音窟에서

『동아일보』 1926년 12월 7일

1 이 시는 만해가 『동아일보』에 투고한 「가갸날에 對하야」라는 다음과 같은 글 속에 포함되어 있다. 그 내용을 소개하면 다음과 같다. "나는 新聞紙를 通하야 가갸날에 대한 記事를 보게 되엿는데 그 記事를 보고 무엇이라고 表現하기 어려울만치 이상한 印象을 바덧슴니다. 〈가갸〉와 〈날〉이라는 말을 짜로 쩨여노면 누구든지 흔히 말하고 듯는것이라 너무도 심상하야 아모 刺戟을 주지못함니다. 그러나 그러케 쉽고흔한 말을 모아서 〈가갸날〉이라고 한 이름을 지어노은 것이 그리 새롭고 반가워서 이상한

印象을 주게됩니다. 가갸날에 대한 印象을 구태여 말하자면 오래간만에 문득 맛난 님처럼 익숙하면서도 새롭고 깃부면서도 諳흐고자하야 그 衝動은 아름답고 그 感激은 곱슴니다 또한편으로는 바야흐로 장여노은 砲臺처럼 무서운 힘이 잇서보임니다. 이것은 조금도 加減과 裝飾이 업는 나의 가갸날에 대한 솔직한 印象임니다. 이 印象은 무론 흔히 聯想하기쉬운 民族觀念이니 祖國觀念이니 하는 것을 써나서도 또는 무슨 까닭만한 理論을 써나서 直感的 거의 無意識的으로 바든바 印象임니다. 그러나 그러케 단순한 直感的 印象 그것이 곳 人生의 모든 것인지 모르겟슴니다. 〈가갸날〉이라는 이름도 매우 잘 지어진듯함니다. 무론 〈가갸날〉이라고 아니하고도 얼마든지 달리 일흠을 지을 수가 잇슴니다. 그러나 아모리 지어도 〈가갸날〉가치 써르고 쉽고 반갑고 힘잇고 또한 여러가지로 조키가 어려우리라고 생각됨니다. 전에도 우리말을 연구하자느니 우리글을 만히 쓰자느니 하는 말이 만히 잇서서 그러한 말들이 多少의 效果를 내엿고 또 압흐로그러한 일에 대하야 아모리 조흔말과 아름다운 글을 만히 낸다하여도 〈가갸날〉과가치 쉽게 알고 길게 잇치지 아니할 수가 업슬듯하외다. 이러한 의미에 잇서서 가갸날의 紀念을 創業한 이는 우리 무리중의 큰일을 한사람의 하나이 될것이외다. 가갸날에 대하야는 누구든지 스스로 힘쓸일이지마는 특히 言論機關은 責任을 지고 宣傳하며 스스로 그 뜻을 體認하야 말과글에 맛도록 힘써야만 할 줄로 암니다. 天涯淪落 바다언덕의 적은 절에서 스스로 게으름 속에 장사지낸 나라도 〈가갸날〉에 힘을 입어 먹을 갈고 붓을 드는 큰 勇氣를 내여 아래와 가튼 詩를 쓰게 되얏사외다." 1926년 11월 4일(음력 9월 29일), 당시 민족주의 국어학자들의 단체인 조선어연구회(朝鮮語研究會)가 주동이 되어 세종대왕의 훈민정음(訓民正音) 반포 480주년을 맞이하여 기념식을 갖고 이날을 '가갸날'로 정했다. 이듬해인 1927년 조선어연구회 기관지 『한글』을 창간하면서 명칭을 '한글날'로 고치게 되었으며, 훈민정음 해례본이 발견된 후 날짜를 다시 환산하여 1940년 이후부터 10월 9일로 고정했다.

2 영어의 'day'.

3 영어의 'season'.

4 두렷하다. 뚜렷하다.

5 귀신. 신.

바다

쪽같이 푸른 바다는
잔잔하면서 움직인다.
돌아오는 돛대들은
개인 빛을 배불리 받아서
젖은 돛폭을 쬐면서
가벼웁게 돌아온다.

걷히는 구름을 따라서
여기저기 나타나는
조그만씩한 바다하늘은
어찌도 그리 푸르냐.
멀고 가깝고 작고 큰 섬들은
어디로 날아가려느냐.
발 제겨디디고 오똑 서서
쫓아 잡을 수가 없구나.

바다

원문

쪽[1]가티푸른바다는

잔잔하면서 움직인다

도라오는 돗대들은

개인빗을 배불리바더서

저진돗폭을쪼이면서

가벼웁게 도라온다

거치는구름을 짜러서

여긔저긔 나타나는

조그만씩한 바다하늘은

엇지도그리 푸르냐

멀고가갑고적고큰섬(島)들은

어데로 나러가랴느냐

발적여드듸고[2] 웃독서서

쏫처잡을수가 업고나

『조선일보』 1929년 8월 18일, 명사십리행 5

1 쪽. 여뀟과의 한해살이풀. 잎은 남(藍)빛의 물감으로 씀.
2 발을 제겨디디다. 발끝이나 뒤꿈치로 땅을 제기어서 디디다.

모래를 파서

모래를 파서 새암을 만드니
새암 위에는 뫼가 된다.
어여쁜 물결은
소리도 없이
가만히 와서
한 손으로 새암을 메고
또 한 손으로 뫼를 짓는다.

    ×

모래를 모아 뫼를 만드니
뫼 아래에 새암이 된다.
짓궂은 물결은
해쭉해쭉 웃으면서
한 발로 뫼를 차고
한 발로 새암을 짓는다.

모래를 파서

모래를파서 새암[1]을만드니

새암위에는 뫼가된다

어엽븐 물결은

ʻ소리도업시 가만히와서

한손으로 새암을메고[2]

쏘한손으로 뫼를짓는다

×

모래를모아 뫼를만드니

뫼아래에 새암이된다

짓구진 물결은

햇죽햇죽 우스면서

한발로 뫼를차고

한발로 새암을짓는다

『조선일보』 1929년 8월 18일, 명사십리행 5

1 샘.　**2** 메우다. 채우다.

성탄

부처님의 나심은
온 누리의 빛이오
뭇 삶의 목숨이라.

빛에 있어서 밝이 없고
목숨은 때를 넘나니,
이곳과 저 땅에
밝고 어둠이 없고,
너와 나에
살고 죽음이 없어라.

거룩한 부처님
나신 날이 왔도다.
향을 태워 받들고
기를 들어 외치세.

꽃머리와 풀 위에
부처님 계셔라.
공경하여 공양하니
산 높고 물 푸르도다.

聖誕 원문

부처님의 나심은
온 누리의 빛이오
뭇삶의 목숨이라

빛에있어서 밖(外)이없고
목숨은 때(時)를넘나니
이곳과 저따에
밝고어둠이 없고
너와 나에
살고죽음이 없서라

거룩한 부처님

나신날이 왓도다

향을태워 밧을고

기(旗)를들어 외치세

꽃머리와 풀우에

부처님 게서라

공경하야 공양(供養)하니

산놉고 물푸르도다

『불교』 제84·85합호, 1931년 7월

비바람

밤에 온 비바람은
구슬 같은 꽃 수풀을
가엾이도 짓쳐 놓았다.

꽃이 피는 대로 핀들
봄이 몇 날이나 되랴마는.

비바람은 무슨 마음이냐.
아름다운 꽃밭이 아니면
바람 불고 비 올 데가 없더냐.

비바람

밤에온 비바람은

구슬같은 꽃숩풀을

가엽시도 짖처[1]노았다

꽃이 피는대로 핀들

봄이 몇날이나 되랴만은

비바람은 뭇은마음이냐

아름답은 꽃빛이 안이면

바람불고 비올데가 없더냐

『불교』 제86호, 1931년 8월

---

1 짓치다. 함부로 들이치다.

반달과 소녀

옛 버들의 새 가지에
흔들려 비치는 부서진 빛은
구름 사이의 반달이었다.

뜰에서 놀던 어여쁜 소녀는
「저게 내 빗이여」 하고 소리쳤다.
발꿈치를 제겨드디고
고사리 같은 손을 힘 있게 들어
반달을 따려고 강장강장 뛰었다.

따려다 따지 못하고
눈을 할끗 흘기며 손을 놀렸다.
무릇각시의 머리를 쓰다듬으며
「자장자장」 하더라.

반달과 少女(舊稿)

옛버들의 새가지에

흔들녀비치는 부서진빛은

구름새이의 반달이엇다

뜰에서놀든 어엽분少女는

「저게내빗(梳)[1]이여」하고 소리첫다

발꿈치를 제겨드듸고[2]

고사리같은손을 힘있게들어

반달을따랴고 강장々々뛰엇다

따랴도 따지못하고

눈을 할끗흘기며 손을놀럿다

무릇각시[3]의머리를 씨다듬으며

「자장々々」하더라

『불교』 제87호, 1931년 9월

1 빗. 머리를 빗는 도구. 여기서는 빗의 모양을 둥근 반달에 견주어 비유적으로 표현한 말임.
2 제겨디디다. 발끝이나 뒤꿈치로 땅을 제기어서 디디다.
3 '무릇'은 파·마늘과 비슷한 백합과의 여러해살이풀. '무릇각시'는 무릇 모양의 각시 인형.

산촌의 여름 저녁

산 그림자는 집과 집을 덮고
풀밭에는 이슬 기운이 난다.
질동이를 이고 물 긷는 처녀는
걸음걸음 넘치는 물에 귀밑을 적신다.

올감자를 캐어 지고 오는 사람은
서쪽 하늘을 자주 보면서 바쁜 걸음을 친다.
살진 풀에 배부른 송아지는
게을리 누워서 일어나지 않는다.

등거리만 입은 아이들은
서로 다투어 나무를 안아 들인다.

하나씩 둘씩 돌아가는 가마귀는
어데로 가는지 알 수가 없다.

山村의 여름 저녁

산ㅅ그림자는 집과집을덥고

풀밭에는 이슬기운이 난다

질동의[1]를 이고 물짓는[2]處女는

걸음ㅅㅅ 넘치는물에 귀밑을 적신다

올감자[3]를 캐여지고오는 사람은

서쪽한울을 자주보면서 밧분거름을친다

살진풀에 배불은 송아지는

게을니누어서 일어나지 않는다

등거리[4]만 입은 아이들은

서로다투어 나무를 안어들인다

한아씩 둘씩 돌아가는 가마귀는

어데로 가는지 알수가없다

『불교』제88호, 1931년 10월

---

1 질동이. 질그릇으로 된 물동이.　　**2** 물 긷다.

3 봄에 심어서 여름에 수확하는 이른 감자.　　**4** 등만 덮을 만하게 걸쳐 입는 속옷의 하나.

세모歲暮

산 밑 작은 집에
두어 나무의 매화가 있고
주인은 참선하는 중이다.

그들을 둘러싼 첫 겹은
흰 눈 찬바람 혹은 따스한 벗이다.

그다음의 겹과 겹은
생활고, 전쟁, 주의, 혁명 등
가장 힘있게 진전되는 것은
강자와 채권자의 권리 행사다.

해는 저물었다.
모든 것을 자취로 남겨두고
올해는 저물었다.

歲暮

산밑 적은집에

두어나무의 매화가있고

주인은 참선하는중이다

그들을 둘너싼 첫겹은

흰 눈 찬바람 혹은따스한벗이다[1]

그다음의 겹과겹은

生活苦 戰爭 主義 革命 等

가장힘있게 進展되는것은

强者와債權者의 權利行使다

해는 점을엇다

모든것을 자최로남겨두고

올해는 점을엇다

『불교』 제90호, 1931년 12월

---

1 대부분의 판본이 원문의 표기를 '따스한빛이다'로 오기하고 있다.

지는 해

지는 해는
성공한 영웅의 말로같이
아름답기도 하고 슬프기도 하다.

창창한 남은 빛이
높은 산과 먼 강을 비춰서
현란한 최후를 장식한다.

홀연히 엷은 구름의 붉은 소매로
뚜렷한 얼굴을 슬쩍 가리며
결별의 미소를 띄운다.

큰 강의 급한 물결은 만가를 부르고
뭇 산의 비낀 그림자는 임종의 역사를 쓴다.

지는해[1]

지는해는

成功한 英雄의 末路갓치

아름답기도하고 슬프기도 하다

蒼蒼한 남은빗치

놉흔山과 먼江을빗치여서

絢爛한最後를裝飾한다

忽然히 열븐구름의 붉은소매로

쑤렷한얼골을 슬쩍가리며

訣別의 微笑를 씌운다

큰江의急한물ㅅ결은 輓歌[2]를불으고

뭇山의 비씬[3]그림자는 臨終의歷史를쓴다

『삼천리』 1931년 5월

---

1 1932년 3월 28일 『조선일보』의 '심우장 산시'에서는 '천일(淺日)'이라는 제목으로 개제하여 발표함.

2 만가(輓歌). 상여를 메고 갈 때에 하는 상엿소리. 죽은 사람을 애도하는 가사.

3 비끼다. 비스듬히 놓이거나 늘어지다.

산 너머 언니

저기 저기 저 산 넘어
우리 언니 사신단다.
낮이면은 나물 캐고
밤이면은 길쌈하여
나물 팔고 베를 팔아
닷 냥 두 냥 모아다가
우리 동생 학교 갈 때
공책 사고 연필 사서
책가방에 넣어 주신다.
우리 동생 좋아라고
까치걸음 뛰어가서
선생님께 자랑하면
선생님이 예쁘다고
곱게 곱게 빗은 머리
쓰다듬어 주신단다.

산넘어언니

저기저기 저산넘어

우리언니 사신단다

낮이며는 나물캐고

밤이며는 질쌈하야

나물팔고 베를팔어

닷냥두냥 모아다가

우리동생 학교갈째

공책사고 연필사서

책가방에 너주신다

우리동생 조아라고

싸치거름 뛰어가서

선생님께 자랑하면

선생님이 엡부다고

곱게곱게 비슨머리

쓰다듬어 주신단다

『동아일보』 1933년 3월 26일

농籠의 소조小鳥

1
어여쁜 작은 새야
너는 언니도 없고나.
자꾸만 혼자 울고
밤엔 혼자 자는고나.
예쁘고 불쌍하다.
너는 언니도 없고나.

2
어여쁜 작은 새야
자꾸 울지를 말아요.
어여쁜 우리 아기
잠을 깨우지 말아요.
언니도 없는 새야
너는 가엾기도 하다.

3

잠자는 우리 아기

깨면 너에게 주리라.

잘 때는 우리 아기

깨면 너의 언니란다.

자꾸만 울지 마라.

너는 언니가 있단다.

籠[1]의 小鳥 원문

1

어엽분 적은새야

너는 언니도업고나

작구만 혼저울고

밤엔 혼저자는고나

엡부고 불상하다

너는 언니도업고나

2

어엽분 적은새야

작구 울지를말어요

어엽분 우리아기

잠을 깨우지말어요

언니도 업는새야

너는 가엽기도하다

3

잠자는 우리아기

깨면 너에게주리라

잘쌔는 우리아기

쌔면 너의언니란다

작구만 울지마라

너는 언니가잇단다

『동아일보』 1933년 3월 26일

1 농(籠). 새장.

달님

저기 저 저 달 속에
방아 찧는 옥토끼야
무슨 방아 찧어내나.
약방아를 찧어낸다.
고무풍선 타고 가서
그 약 세 봉 얻어다가
한 봉을랑 아버님께
한 봉을랑 어머님께
또 한 봉은 내가 먹고
우리 부모 모시고서
천년 만년 살고지고.

달님

저기저 저달속에

방아찧는 옥톡기야

무슨방아 찌어내나

약방아를 찌어낸다

고무풍선 타고가서

그약세봉 얻어다가

한봉을낭 아버님께

한봉을낭 어머님께

또한봉은 내가먹고

우리부모 모시고서

천년만년 살고지고

『동아일보』 1933년 3월 26일

달님

초승달님 어린 달님
우리 동생 시집가고
그믐달님 늙은 달님
우리 언니 시집가고
보름달님 젊은 달님
누가 누가 시집가나
언년이도 아니 되고
갓난이도 못 간단다
보름달님 젊은 달님
누가 누가 시집가나
쨩게뽀이 아아꼬데쇼

달님

초승달님 어린달님

우리동생 시집가고

금음달님[1] 늙은달님

우리언니 시집가고

보름달님 젊은달님

누가누가 시집가나

언년이도 아니되고

갓난이도 못간단다

보름달님 젊은달님

누가누가 시집가나

짱게뽀이[2] 아아꼬데쇼

『동아일보』 1933년 3월 26일

1 그믐달님.
2 '가위바위보'의 일본말.

달님

달님 달님 저 달님
밝은 달님 예뻐요.
밝은 달님 저 달님
등잔보다 밝아요.
물 떠 놓은 대야에
저 달님이 빠지면
팔을 걷고 건져서
우리 오빠 책상에
걸어놓아 드려요.

달님

달님달님 저달님

밝은달님 엡버요

밝은달님 저달님

등잔보다 밝어요

물써노은 대야에

저달님이 빠지면

팔을것고 건저서

우리옵바 책상에

걸어노아 드려요

『동아일보』 1933년 3월 26일

3

시
조

무궁화를 심으과저
— 옥중시

달아 달아 밝은 달아
옛나라에 비춘 달아
쇠창을 넘어와서
나의 마음 비춘 달아
계수나무 베어 내고
무궁화를 심으과저.

달아 달아 밝은 달아
님의 거울 비춘 달아
쇠창을 넘어와서
나의 품에 안긴 달아
이지러짐 있을 때에
사랑으로 도우고자.

달아 달아 밝은 달아
가이없이 비춘 달아

쇠창을 넘어와서
나의 넋을 쏘는 달아
구름재嶺를 넘어가서
너의 빛을 따르고자.

無窮花를 심으과저
—獄中詩[1]

달아달아 밝은 달아 녯나라에 비춘달아 쇠창을 넘어와서 나의 마음 비춘 달아 桂樹나무 버혀내고[2] 無窮花를 심으과저[3]

달아달아 밝은 달아 님의 거울 비춘 달아 쇠창을 넘어와서 나의 품에 안긴 달아 이지러짐 잇슬 때에 사랑으로 도우과저

달아달아 밝은 달아 가이업시 비춘달아 쇠창을 넘어와서 나의 넉[4]을 쏘는 달아 구름재(嶺)를 넘어가서 너의 빗을 따르과저

『개벽』 제27호, 1922년 9월

---

1 1919년 3·1운동 당시 민족대표로 만세운동을 주도했던 한용운이 일본 경찰에 체포되어 서대문형무소에 수감되었던 시절에 쓴 옥중시.
2 베어 내고.
3 심고 싶구나.
4 넋.

성불成佛과 왕생往生

부처님 되랴거든
중생을 여의지 마라.
극락을 가려거든
지옥을 피치 마라.
성불과 왕생의 길은
중생과 지옥.

成佛[1]과 往生[2]

부처님 되랴거든

衆生[3]을 여의지[4] 마라

極樂[5]을 가려거든

地獄을 避치 마라

成佛과 往生의 길은

衆生과 地獄

『회광(回光)』 창간호, 1928년 12월

---

1 성불(成佛). 모든 번뇌를 해탈하여 불과(佛果)를 얻음. 죽어서 부처가 됨. 사람의 죽음을 비유적으로 이르는 말로도 쓰임.

2 왕생(往生). 이승을 떠나 정토(淨土)에 가서 태어나는 일.

3 중생(衆生). 부처의 구제 대상이 되는 인간, 그 밖의 일체의 생물.

4 여의다. 죽어서 이별하다. 멀리 떠나보내다.

5 극락(極樂). 아미타불이 살고 있는 정토. 지극히 안락하고 걱정이 없는 행복한 세상. 극락세계.

갈매기

어여쁜 바닷새야
너 어디로 날아오나
공중의 어느 곳이
너의 길이 아니련만
길이라 다 못 오리라
잠든 나를 깨워라

갈매기 가는 곳에
나도 같이 가고지고
가다가 못 가거든
달 아래서 자고 가자
둘의 꿈 깊은 때야
너나 나나 다르리

갈매기

어엽분 바닷새야

너어대로 나러오나

공중의 어느곳이

너의길이 아니련만

길이라 다못오리라

잠든나를 쌔워라

×　×

갈마귀[1] 가는곳에

나도가티 가고지고

가다가 못가거든

달아래서 자고가자

둘의꿈 깁흔째야

네나내나 다르리

『조선일보』 1929년 8월 21일, 명사십리행 7

1 갈매기.

명사십리明沙十里

그리운 명사십리

보고 나니 후회로다

첫정이 들자마자

이별이란 무삼이냐

다른 때 다시 만나

남은 회포 풀리라

明沙十里[1]

그립는 明沙十里

보고나니 後悔로다

첫정이 드자마자

리별이란 무삼이냐

다른째 다시만나

남은회포 풀리라

『조선일보』 1929년 8월 22일, 명사십리행 8

---

1 함경남도 원산에 있는 모래톱. 해당화가 많이 피어 있는 해수욕장으로 유명하다.

가신 님 심은 나무

가신 님 심은 나무
옛 등걸에 이끼로다.
당년의 푸른 빛은
상설을 누르더니
견디어 남은 해를
비바람에 맡기리.

가신 님 심은 나무

가신님 심은나무

녯등걸에 이끼로다

當年의 푸른빗은

霜雪[1]을 누르(壓)더니

견듸어 남은해를

비바람에 맥기리[2]

『조선일보』 1929년 8월 23일, 명사십리행 9

---

1 서리와 눈.
2 맡기다.

환가 還家

갔다가 다시 온들
츰 맘이야 변하리까.
가져올 것 다 못 가져와
다시 올 수 없지만은
님께서 주시는 사랑
하 기루어 다시 와요.

還家

갔다가 다시 온들

츰[1] 맘이야 변하리까

가져올 것 다 못 가져와

다시 올 수 없지만은

님께서 주시는 사랑

하[2] 기루어[3] 다시 와요

『불교』 제84·85합호, 1931년 7월

---

1 처음. '츰'은 충청도 방언.
2 하도. 너무나 많이.
3 기루다. 어떤 대상을 그리워하거나 아쉬워하다. 충청도와 전라도 지방의 방언.

무제無題

가면은 못 갈소냐.
물과 뫼가 많기로
건너고 또 넘으면
못 갈 리 없나니라.
사람이 제 아니 가고
길이 멀다 하더라.

無題

가며는 못갈소냐

물과뫼가 많기로

건너고 또넘으면

못갈리 없나니라

사람이 제안이가고

길이멀다 하더라

『불교』 제93호, 1932년 3월

선우禪友

천하의 선지식아
너의 가풍 고준하다.
바위 밑에 할 일할과
구름 새의 통봉이라.
묻노라 고해 중생
누가 제공하리오.

禪友[1]

天下의 善知識[2]아

너의 家風 高峻[3]한다

바위밑에 喝[4] 一喝과

구름새의 痛棒[5]이라

묻노라 苦海衆生

누가 濟空[6]하리오

『선원(禪苑)』 제3호, 1932년 8월

1 선우(禪友). 참선을 같이 한 벗.

2 선지식(善知識). 불도를 잘 알고 덕이 높아 사람들을 교화할 만한 능력이 있는 승려.

3 고준(高峻). 높고 준열함.

4 할(喝). 선승(禪僧)들이 말이나 글로 나타낼 수 없는 도리를 나타내 보일 때에 내는 소리. 사견(邪見), 망상을 꾸짖어 반성하게 하는 소리.

5 통봉(痛棒). 좌선(坐禪)할 때 스승이 마음의 안정을 잡지 못하는 사람을 징벌하는 데 쓰는 방망이. 선가(禪家)에서 방망이로 쳐서 깨달음을 주는 방법을 말할 때는 '통방'이라고 읽는다.

6 제공(濟空). 공(空)의 세계를 건너감. 깊은 깨달음을 얻어 해탈함.

우리 님

대실로 비단 짜고
솔잎으로 바늘 삼아
「만고청청」 수를 놓아
옷을 지어 두었다가
어즈버 해가 차거든
우리 님께 드리리라.

우리님

대실[1]로 비단 짜고

솔닢으로 바눌 삼어

「萬古靑靑」 수를 노아

옷을 지어 두엇다가

어집어[2] 해가 차거든

우리님게 드리리라

『삼천리』 1935년 7월

1 대나무로 만든 실.
2 어즈버. 옛말에 쓰이던 '아' 하는 감탄사.

실제失題

비낀 볕 소 등 위에
피리 부는 저 아해야
너의 소 일 없거든
나의 근심 실어 주렴.
싣기는 어렵지 않으나
부릴 곳이 없노라.

失題

빗긴볏 소등 위에

피리부는 저아해야

너의소 일없거든

나의근심 시러주렴

싯기는 어렵지안하나

부릴곳이 없노라

『삼천리』 1936년 6월

심우장 尋牛莊

잃은 소 없건만은
찾을손 우습도다.
만일 잃을씨 분명타 하면
찾은들 지닐소냐.
차라리 찾지 말면
또 잃지나 않으리라.

尋牛莊[1]

잃은 소 없건만은

찾을손[2] 우습도다

만일 잃을씨[3] 분명타 하면

찾은들 지닐소냐

차라리 찾지 말면

또 잃지나 않으리라

『신불교(新佛敎)』 제9집, 1937년 12호

---

1 1933년 만해가 성북동에 지은 집.
2 찾는 것은.
3 잃을 것이.

어옹漁翁

푸른 산 맑은 물에
고기 낚는 저 늙은이
갈삿갓 숙여 쓰고
무슨 꿈을 꾸었든가.
웃부다 새소리에 놀래어
낚싯대를 드는고녀.

세상 일 잊은 양하고
낚시 드린 저 어옹아
그대게도 무슨 근심 있어
턱을 괴고 한숨짓노.
창파에 백발이 비치기로
그를 슬퍼하노라.

漁翁

푸른 산 맑은 물에

고기 낚는 저 늙은이

갈삿갓[1] 숙여 쓰고

무슨 꿈을 꾸엇든가

웃부다[2] 새소리에 놀래어

낚시대를 드는고녀

세상 일 잊은 양하고

낚시 드린 저 漁翁아

그대게도 무슨 근심 있어

턱을 괴고 한숨짓노

滄波에 白髮이 비치기로

그를 슲어 하노라

『야담(野談)』 1938년 12월

---

1 갈대로 만든 삿갓.
2 '우습다'의 고어로 일부 지방에서 사용함.

추야몽秋夜夢[1]

가을밤 빗소리에
놀라 깨니 꿈이로다.
오셨든 님 간 곳 없고
등잔불만 흐리고나.
그 꿈을 또 꾸라 한들
잠 못 이뤄 하노라.

야속다 그 비소리
공연히 꿈을 깨노.
님의 손길 어디 가고
이불귀[2]만 잡았는가.
베개 위 눈물 흔적
씻어 무삼 하리오.

꿈이어든 깨지 말자
백번이나 별렀건만

꿈 깨자 님 보내니

허망할손 맹서로다.

이후는 꿈은 깰지라도

잡은 손을 안 놓리라.

님의 발자취에

놀라 깨어 내다보니

달그림자 기운 뜰에

오동잎이 떨어졌다.

바람아 어디가 못 불어서

님 없는 집에 부더냐.

1 이 작품부터는 발표 지면을 확인할 수 없는 것으로 『한용운전집』(신구문화사, 1973)에 따름.
2 이불귀. 이불의 네 귀퉁이.

한강에서

술 싣고 계집 싣고

돛 가득히 바람 싣고

물 거슬러 노질하야

가고 갈 줄 알았더니

산 돌고 물 굽은 곳에서

다시 돌처[1] 오더라.

---

1 돌치다. '돌리다'의 방언.

조춘^{早春}

이른 봄 적은 언덕
쌓인 눈을 저어 마소.
제 아무리 차다기로
돋는 엄[1]을 어이하리.
봄옷을 새로 지어
가신 님께 보내고저.

새 봄이 오단말가.
매화야 물어 보자.
눈바람에 막힌 길을
제 어이 오단말가.
매화는 말이 없고
봉오리만 맺더라.

봄동산 눈이 녹아
꽃뿌리를 적시도다.

찬바람에 뭇견대는
어엽분 꽃나무야.
간 겨울 나리든 눈이
봄의 사도使徒이니라.

1 움. 새싹.

사랑

봄물보다 깊으니라
갈산秋山보다 높으니라.
달보다 빛나리라
돌보다 굳으리라.
사랑을 묻는 이 있거든
이대로만 말하리.

춘화春畵

따슨 볕 등에 지고
유마경維摩經[1] 읽노라니
가벼웁게 나는 꽃이
글자를 가리운다.
구태여 꽃 밑 글자를
읽어 무삼 하리오.

봄날이 고요키로
향을 피고 앉았더니
쌉쌀개 꿈을 꾸고
거미는 줄을 친다.
어디서 꾸꿍이[2] 소리
산을 넘어 오더라.

---

1 유마경(維摩經). 유마거사와 문수보살의 대승(大乘)의 깊은 뜻에 대한 문답을 기록한 불경. 정명경(淨名經).
2 뻐꾸기.

선경禪境

가마귀 검다 말고

해오라기 희다 마라.

검은들 모자라며

희다고 남을소냐.

일없는 사람들은

올타글타[1] 하더라.

1 옳다 그르다.

추야단秋夜短

가을밤 기다기에
감긴 회포 풀쟀더니
첫 구비도 못 찾아서
새벽빛이 새로워라.
그럴 줄 알았다면
더 감지나 말 것을.

춘조春朝

간 밤의 가는 비가
그다지도 무겁드냐.
빗방울에 눌리운 채
눕고 못 이는 어린 풀아
아침 볕 가벼운 키쓰
네 받을 줄 왜 모르나.

코스모스

가벼운 갈바람에
나부끼는 코스모스
꽃잎이 날개이냐.
날개가 꽃잎이냐.
아마도 너의 혼魂은
호접蝴蝶[1]인가 하노라.

1 나비.

성공成功

백 리百里를 갈 양이면
구십 리九十里가 반半이라네.
시작始作이 반半이라는
우리들은 그르도다.
뉘라서 열나흘 달을
왼달[1]이라 하든가.

1 보름달. 온전하게 둥근 달.

추화秋花

산山집의 일없는 사람

가을꽃을 어엽비 여겨

지는 햇볕 받으랴고

울타리를 짤넛드니[1]

서풍西風이 넘어 와서

꽃가지를 꺾더라.

남아 男兒

사나이 되얏으니
무슨 일을 하야 볼까.
밭을 팔아 책을 살까.
책을 덮고 칼을 갈까.
아마도 칼 차고 글 읽는 것이
대장분가 하노라.

직업부인職業婦人

첫새벽 굽은 길을
곧게 가는 저 마누라
공장인심工場人心 어떻튼고.
후하든가 박하든가.
말없이 손만 젓고
더욱 빨리 가더라.

표아漂娥[1]

맑은 물 흰 돌 위에
비단 빠는 저 아씨야
그대 치마 무명[2]이오
그대 수건 삼베로다.
묻노니 그 비단은
누를 위해 빠는가.

1 표아(漂娥). '빨래를 하는 아가씨'라는 뜻을 지님.
2 목화에서 나오는 무명실로 짠 피륙. 무명베. 목면(木綿). 면포(綿布). 백목(白木).

무제[1]

이순신李舜臣 사공삼고

을지문덕乙支文德 마부삼아

파사검破邪劍[2] 높이 들고

남선북마南船北馬[3] 하야 볼까.

아마도 님 찾는 길은

그뿐인가 하노라.

1 이 시조부터 '무제'로 소개하는 모든 시조는 발표 지면이 미확인된 것으로 만해의 육필 원고를 전보삼 교수가 정리, 소개한 것임(『한용운전집』에서 재인용).

2 파사검(破邪劍). 사악한 것을 물리치는 위력을 가진 칼.

3 남선북마(南船北馬). 여기저기 돌아다님. 중국의 남쪽은 강이 많아 배를 이용하고 북쪽은 산이 많아 말을 이용한다는 데서 유래됨.

무제

물이 깊다 해도
재이면[1] 밑이 있고
뫼가 높다 해도
헤아리면 위가 있다.
그보다 높고도 깊은 것은
님뿐인가 하노라.

1 재다. 헤아리다.

무제

개구리 우는 소리
비 오실 줄 알았건만
님께서 오실 줄 알고
새 옷 입고 나갔더니
님보다 비 먼저 오시니
그를 슬퍼하노라.

무제

산중에 해가 길고
시내 위에 꽃이 진다.
풀밭에 홀로 누워
만고흥망萬古興亡 잊재더니[1]
어디서 두서너 소리
「벅국벅국」 하더라.

[1] 잊자고 하였더니.

무제

물이 흐르기로

두만강豆滿江이 마를 것가.[1]

뫼가 솟았기로

백두산白頭山이 무너지랴.

그 사이 오가는 사람이야

일러 무엇 하리오.

1 마를 것인가.

무제

이별離別로 죽은 사람
응당히 많으리라.
그 무덤의 풀을 베여
그 풀로 칼 만들어
고적한 긴 그 밤을
도막도막 끊으리라.

무제

밤에 온 비바람이
얼마나 모지든고.[1]
많고 적은 꽃송이가
가엾이도 떨어졌다.
어찌타 비바람은
꽃필 때에 많은고.

1 모질다. 모질던고.

무제

시내의 물소리에
간밤 비를 알리로다.
먼 산의 꽃 소식이
어제와 다르리라.
술 빚고 봄옷 지어
오시는 님을 맞을까.

무제

꽃이 봄이라면
바람도 봄이리라.
꽃 피자 바람 부니
그럴듯도 하다마는.
어찌타 저 바람은
꽃을 지워 가는고.

무제

청산青山이 만고萬古라면
유수流水는 몇 날인고.
물을 좇아 산에 드니
오간 사람 몇이런고.
청산青山은 말이 없고
물만 흘러가더라.

무제

산山에 가 옥玉을 캘까.
바다에 가 진주眞珠 캘까.
하늘에 가 별을 딸까.
잠에 들어 꿈을 꿀까.
두어라 님의 품에서
기룬 회포 풀리라.

무제

저승길 머다 한들
하나밖에 더 있는가.
사람마다 끊어내면
하룻길도 못 되리라.
가다가 길이 없거든
돌아올까 하노라.

제3부

한시

1

산가山家의 시

영호映湖 화상에게 보내 면식이 없는 뜻을
나타내다

고운 여인이 거문고를 타는 버드나무 드리운 집에
봉황이 춤을 추며 신선세계를 내려오다.
대나무 바깥 얕은 담장에 사람이 보이지 않고
창 너머 가을 생각은 아득하다.

贈映湖[1]和尚述未嘗見

玉女彈琴楊柳屋

鳳皇起舞下神仙

竹外短墻人不見

高窓秋思杳如年

---

1 영호(映湖): 석전(石顚) 박한영(朴漢永, 1870~1948)의 법호. 한국 불교의 근대적 변혁운동에 앞장섰던 대표적인 학승으로 만해와 일제 식민지 시대에 임제종 운동을 주도하여 한국 불교의 법통을 지켰던 인물이다. 중앙불교전문학교 교장을 역임하기도 했다. 저서에는 『석전시초(石顚詩鈔)』와 『석림수필(石林隨筆)』이 있다.

완호玩豪 학사를 이별하며

객지에서 쓸쓸하게 이별을 금할 수 없는데
그대를 보내는 오늘 또 국화가 피었다.
예나 다름없는 역정驛亭에 슬프게 남아 있는데
하늘가 가을 소리 절로 많구나.

별 완 호 학 사
別玩豪學士

평 수 소 소 불 금 별
萍水蕭蕭不禁別
송 군 금 일 우 황 화
送君今日又黃花
의 구 역 정 추 창 재
依舊驛亭惆悵在
천 애 추 성 자 상 다
天涯秋聲自相多

만화萬化 화상을 대신하여 임향장林鄕長의
죽음을 조상하다

그대는 이 세상 버리고 하늘로 갔지만

이 세상에는 아직도 마음 아파하는 사람이 있다.

세정은 백발로 눈물을 금할 수 없고

세사는 국화 필 때 정히 애가 끊어진다.

슬픈 글 지음에 낙엽진 나무에 찬 까마귀 깃들고

통곡함에 쇠락한 산에 물이 질펀하다.

저녁 햇살을 따라 잡을 수 없다고들 하지만

가을바람 가을비에 옷이 다 젖는다.

代萬化和尙[1]挽林鄉長

君棄人間天上去
人間猶有自心傷
世情白髮不禁淚
歲事黃花正斷腸
哀詞落木寒鴉在
痛哭殘山剩水長
公道斜陽莫可追
秋風秋雨滿衣裳

---

1 만화 화상(萬化和尙, 1850~1918): 조선 말기의 스님. 속성은 정(鄭), 본명은 관준(寬俊), 법호가 만화(萬化)다.

선방 후원에 올라

양쪽 기슭 조용하여 만사가 드물고
은자가 절로 완상하며 가벼이 돌아가려 하지 않는다.
원 안에 산들바람 불고 햇살 찌는 듯한데
가을 향기는 무수히 스님의 옷을 스친다.

登禪房後園

등선방후원

兩岸寥寥萬事稀
幽人自賞未輕歸
院裡微風日欲煮
秋香無數撲禪衣

가을 밤비

책상 곁에서 참선에 드니 담담하기가 물과 같고
향불 다시 피어오르며 밤이 깊어간다.
오동잎 잎마다 가을비 소리 급하고
텅 빈 창에 남은 꿈은 한기를 이기지 못한다.

秋夜雨
추 야 우

床頭禪味淡如水
상 두 선 미 담 여 수

吹起香灰夜欲闌
취 기 향 회 야 욕 란

萬葉梧桐秋雨急
만 엽 오 동 추 우 급

虛窓殘夢不勝寒
허 창 잔 몽 불 승 한

피난 도중 비로 머물면서 느낀 바가 있기에

가파른 세밑 풍경은 사람보다 왜소한데
일본 군대 소리 깎아지른 벼랑에 닿아 있다.
강산을 뒤집어 날아가고자 하니
하늘 끝 비바람도 정이 든다.

避亂途中滯雨有感

쟁영세색왜어인
崢嶸歲色矮於人

해국병성접절린
海國兵聲接絕嶙

전도호산비욕거
顚倒湖山飛欲去

천애풍우역상친
天涯風雨亦相親

석왕사에서 영호·유운 화상을 만나 짓다

1

반년 동안 다급하여 형세가 갈리려는데
내 쓸모없는 것 불쌍히 여겨 구름처럼 모이셨다.
하룻밤 등불 밑에서 만나서 반가우니
천고의 흥망이야 듣고 싶지 않다.
밤 누각에서 좌선을 마치고 인기척을 거두고
이역 땅에서 시로써 형제를 보내온다.
게으른 몸 오직 태평성세가 좋음을 알 뿐이니
부처님께 절을 올려 성군이 나시길 축원한다.

2

내가 천하에 공을 세우고자 하는 바를 알아주니
한 마디 말이 곧바로 간담 속에 이른다.
부질없이 영웅을 말하며 긴 밤을 보내고
다시 문구를 논하니 맑은 바람 일어난다.
기러기떼 단풍나무 다리에 꿈처럼 날아가고
외론 등불 물가 집에 시흥이 일어 붉다.
다행이 풍경이 때마다 좋기만 하다면
담소하며 함께 늙어 가리.

釋王寺[1]逢映湖乳雲兩和尚作 二首

其一

半歲蒼黃勢欲分

憐吾無用集如雲

一宵燈火喜相見

千古興亡不願聞

夜樓禪盡收人氣

異域詩來送雁群

疎慵惟識昇平好

禮拜金仙祝聖君

其二

知己世爲天下功

片言直至肝膽中

漫說英雄消永夜

更論文句到淸風

征雁楓橋如夢遠

孤燈水屋感詩紅

幸敎烟月時時好

談笑同歸白髮翁

---

1 석왕사(釋王寺): 강원도 고산군 설봉산에 소재한 조선시대의 사찰.

영호 화상과 함께 유운 화상을 방문하였다가
밤에 함께 돌아오다

서로 만나 서로 아주 아끼니
어느덧 밤이 깊었다.
무심히 나눈 눈 속의 말들이
물과 같아 마음을 비춰준다.

<ruby>與<rt>여</rt></ruby><ruby>映<rt>영</rt></ruby><ruby>湖<rt>호</rt></ruby><ruby>和<rt>화</rt></ruby><ruby>尙<rt>상</rt></ruby><ruby>訪<rt>방</rt></ruby><ruby>乳<rt>유</rt></ruby><ruby>雲<rt>운</rt></ruby><ruby>和<rt>화</rt></ruby><ruby>尙<rt>상</rt></ruby><ruby>乘<rt>승</rt></ruby><ruby>夜<rt>야</rt></ruby><ruby>同<rt>동</rt></ruby><ruby>歸<rt>귀</rt></ruby>

與映湖和尙訪乳雲和尙乘夜同歸

相見甚相愛 상견심상애

無端到夜來 무단도야래

等閒雪裡語 등한설리어

如水照靈臺 여수조영대

산가의 새벽

일어나니 산창에 눈이 막 내리는데
하물며 또다시 온 숲이 동트려고 함에 있어서랴.
어부와 들판의 집들 모두 그림 같고
병 속에서 시를 찾으니 시심도 기이하다.

산 가 효 일
山家曉日

산 창 수 기 설 초 하
山窓睡起雪初下
황 부 천 림 욕 서 시
況復千林欲曙時
어 가 야 호 개 도 화
漁家野戶皆圖畫
병 리 심 시 정 역 기
病裡尋詩情亦奇

본 대로 읊다

산 밑에 햇살이 밝고
산 위에 날리는 눈발.
음양이 제각기 절로 묘하니
시인이 부질없이 혼을 끓다.

卽事

山下日杲杲
山上雪紛紛
陰陽各自妙
詩人空斷魂

한적閑寂

1

추위를 잘 못 견뎌 낮에도 문을 닫아
산 보고 물소리 듣는 것도 많이 하지 못한다.
눈바람에 파묻힌 집에 인상人相이 고요한데
선정禪定은 봄 술에 매화가 흩날리는 것 같다.

2

한가로운 집이 날마다 추위가 심함을 깨닫는데
앉아 있는 곳은 철벽鐵壁에 다시 은산銀山이다.
문득 내 몸이 학과 같지 못한 것이 부끄러우니
선심이 아직 깨지기 전에 공상空相을 본다.

寒寂 二首
한 적 이 수

其一
不善耐寒日閉戶
觀山聽水未能多
雪風埋屋人相¹寂
禪如春酒散梅花

其二
閑屋日日覺深寒
坐中鐵壁²復銀山
却恥吾身不似鶴
禪心未破空相³看

---

1 인상(人相): 사상(四相)의 하나. 오온(五蘊)이 화합하여 생긴 '나'는 사람이니 지옥취나 축생취와 다르
다고 집착하는 견해를 이른다.
2 철벽(鐵壁): 쇠로 된 벽이라는 뜻으로, 잘 무너지거나 깨뜨려지지 않는 대상을 비유적으로 이르는 말.
3 공상(空相): 만물의 실체가 없는 모양.

영호 화상의 시에 차운하다

시와 술에 병 많은 이 몸
문장이 뛰어난 나그네도 늙었다.
눈바람에 글을 부치시니
두 사람의 정이 어지럽기가 적지 않다.

次映湖和尙

차영호화상

詩酒人多病

文章客亦老

風雪來書字

兩情亂不少

고향 생각

천 리 떨어진 강국
삼십 년 일삼은 문장
마음은 건장하지만 머리털은 이미 성근데
눈바람은 하늘가에 날린다.

思鄉

江國一千里
文章三十年
心長髮已短
風雪到天邊

영호 화상의 시에 차운하다

종소리 울린 후 온 숲, 눈 내린 후 하늘
고향 생각에 시심이 절로 먼저 일다.
세색歲色을 침범하는 매화 막 꿈에 들고
친구의 글월에 바로 선에 든다.
불계의 향이 깊은 것이 마치 숙세의 인연 같은데
경안經案은 낮에 고요하여 연꽃이 피려 한다.
이 가운데 경물이 있으니 함께 완상할 만하건만
선생이 인연이 닿지 않은 것을 삼가 위로하다.

<ruby>次映湖和尚<rt>차 영 호 화 상</rt></ruby>

次映湖和尚

<ruby>鐘後千林雪後天<rt>종 후 천 림 설 후 천</rt></ruby>
<ruby>鄕情詩思自相先<rt>향 정 시 사 자 상 선</rt></ruby>
<ruby>侵歲梅花初入夢<rt>침 세 매 화 초 입 몽</rt></ruby>
<ruby>故人書字卽爲禪<rt>고 인 서 자 즉 위 선</rt></ruby>
<ruby>佛界香深如宿世<rt>불 계 향 심 여 숙 세</rt></ruby>
<ruby>經案晝靜欲生蓮<rt>경 안 주 정 욕 생 련</rt></ruby>
<ruby>此中有景可同賞<rt>차 중 유 경 가 동 상</rt></ruby>
<ruby>敬弔先生不及緣<rt>경 조 선 생 불 급 연</rt></ruby>

『염락풍아』[1]를 읽다가 주자가 소동파의 매화 시의 운을 써서 매화를 읊은 시가 있기에

강남에 저녁 눈 내리는데 외론 마을이 있어

하얀 나무 층층마다 시혼詩魂이 내리다.

가지가지마다 변방의 피리 소리가 흩날려 들어오고

가는 달은 싸늘해도 어둠에 물들지 않다.

밤은 아득히 굽이굽이 흘러가는데 돌아가는 꿈 적막하고

십 년 동안 고향으로 돌아가겠다는 맹세 헛되이 저버렸구나.

문득 봄바람에 영욕이 많은 것 부끄럽고

만사가 싸늘할 뿐 따뜻함을 바라지 않는다.

교태를 이기지 못해 저녁 비를 대하니

새로 생긴 뜻에 어찌 아침 해를 견디랴.

왼쪽엔 소나무 오른쪽엔 대나무가 있고

일생토록 지키며 문을 닫지 않는다.

비록 높은 명성을 아껴 쉽게 글을 짓지만

아름다운 곳을 자세히 보면 도리어 말이 없다.

그대와 나 모두 세상을 싫어하니

향기로운 시절 다 가기 전에 함께 술잔을 대하자.

---

1 『염락풍아(濂洛風雅)』: 중국 원나라 때에 김이상이 『모시풍아(毛詩風雅)』를 본떠서 만든 책. 염계(濂溪) 사람 주돈이, 낙양(洛陽) 사람 정호와 정이를 비롯하여 송나라 성리학자 48명의 시를 모았다.

讀風雅朱子用東坡韻賦梅花用其韻賦梅花

江南暮雪有孤村
玉樹層層降詩魂
枝枝散入塞外笛
纖月蒼凉不染昏
夜杳連娟歸夢寂
十年虛盟負故園
却恥春風多榮辱
千寒萬寒不事溫
嬌態不勝對晚雨
新意那堪向朝暾
左有左松右有竹
一世相守不掩門
雖愛高名易成句
深看佳處還無言
君我俱是厭世者
芳年未闌共對尊

또 옛사람이 매화를 두고 오언 고시를 쓴 적이
없기에 내가 호기심이 나서 시험 삼아 읊다

매화가 어디 있는가?

눈 속 강가 마을에 많지.

금생今生은 차가운 얼음같이 뼈대만 있지만

전신前身은 백옥 같은 영혼.

모습은 낮에도 기이하고

정신은 밤에도 혼미하지 않다.

긴 바람에 철적鐵笛 소리 흩어지고

따뜻한 햇살이 선원에 든다.

석 달 봄날에 시 구절이 차갑고

아득한 밤에 술잔이 따뜻하다.

흰 빛은 어찌 밤 달을 두르고 있나?

붉은 빛은 아침 해를 대할 만하다.

은자는 고독한 감상을 품고서

추위를 견디며 문을 닫지 않는 법.

강남의 일이 급박하니

매화에게 말을 걸지 마시게.

세상에 지기가 적으니

매화를 대하며 깊은 술잔을 기울인다.

又古人梅題下不作五古余有好奇心試唫

梅花何處在
雪裡多江村
今生寒氷骨
前身白玉魂
形容畫亦奇
精神夜不昏
長風散鐵笛
暖日入禪園
三春詩句冷
遙夜酒盃溫
白何帶夜月
紅堪對朝暾
幽人抱孤賞
耐寒不掩門
江南事蒼黃
莫向梅友言
人間知己少
相對倒深尊

새벽

먼 숲 안개는 버드나무 같고
고목에는 눈꽃이 피었다.
말 없이도 시구가 절로 얻어지니
천기가 가득한 것을 어이할까.

<ruby>曉<rt>효</rt></ruby><ruby>日<rt>일</rt></ruby>

<ruby>遠<rt>원</rt></ruby><ruby>林<rt>림</rt></ruby><ruby>烟<rt>연</rt></ruby><ruby>似<rt>사</rt></ruby><ruby>柳<rt>류</rt></ruby>
<ruby>古<rt>고</rt></ruby><ruby>木<rt>목</rt></ruby><ruby>雪<rt>설</rt></ruby><ruby>爲<rt>위</rt></ruby><ruby>花<rt>화</rt></ruby>
<ruby>無<rt>무</rt></ruby><ruby>言<rt>언</rt></ruby><ruby>句<rt>구</rt></ruby><ruby>自<rt>자</rt></ruby><ruby>得<rt>득</rt></ruby>
<ruby>不<rt>불</rt></ruby><ruby>奈<rt>내</rt></ruby><ruby>天<rt>천</rt></ruby><ruby>機<rt>기</rt></ruby><ruby>多<rt>다</rt></ruby>

영호 화상의 향적香積 시에 차운하다

온 숲이 싸늘한데 외론 달 밝고
푸른 구름 층층 쌓인 눈 어스름 내리는 밤
십만 보배 구슬을 거둘 수 없으니
이게 귀신인지 단청인지 알지 못하겠다.

次映湖和尚香積韻

萬木森凉孤月明
碧雲層雪夜生溟
十萬珠玉收不得
不知是鬼是丹青

스스로 번민하다

침상에서 꿈이 어찌나 괴로운지
달빛 속에 생각도 끝이 없네.
한 몸에 이 두 적敵을 받았으니
아침이면 머리털이 세겠구나.

<ruby>自問<rt>자 민</rt></ruby>

枕上夢何苦
月中思亦長
一身受二敵
朝來鬢髮蒼

스스로 즐거워하다

명절에 백주白酒를 기울이고
좋은 밤에 새로 시를 읊다.
이 몸과 세상 모두 잊으니
이 세상은 절로 사계절이 유전하다.

<ruby>自<rt>자</rt></ruby><ruby>樂<rt>락</rt></ruby>

自樂

<ruby>佳<rt>가</rt></ruby><ruby>辰<rt>신</rt></ruby><ruby>傾<rt>경</rt></ruby><ruby>白<rt>백</rt></ruby><ruby>酒<rt>주</rt></ruby>
<ruby>良<rt>량</rt></ruby><ruby>夜<rt>야</rt></ruby><ruby>賦<rt>부</rt></ruby><ruby>新<rt>신</rt></ruby><ruby>詩<rt>시</rt></ruby>
<ruby>身<rt>신</rt></ruby><ruby>世<rt>세</rt></ruby><ruby>兩<rt>량</rt></ruby><ruby>忘<rt>망</rt></ruby><ruby>去<rt>거</rt></ruby>
<ruby>人<rt>인</rt></ruby><ruby>間<rt>간</rt></ruby><ruby>自<rt>자</rt></ruby><ruby>四<rt>사</rt></ruby><ruby>時<rt>시</rt></ruby>

달을 완상하다

텅 빈 산에 달빛이 가득한데
혼자 가서 맑은 유람을 다하다.
마음 실마리는 누구를 위하여 멀리 갔는지
밤이 다하도록 아득히 거두지 못한다.

<ruby>玩月<rt>완 월</rt></ruby>

空山多月色 <ruby><rt>공 산 다 월 색</rt></ruby>
孤往極淸遊 <ruby><rt>고 왕 극 청 유</rt></ruby>
情緖爲誰遠 <ruby><rt>정 서 위 수 원</rt></ruby>
夜闌杳不收 <ruby><rt>야 란 묘 불 수</rt></ruby>

세모歲暮에 찬 비 내리기에 느낀 바가 있어

찬 비 하늘가에 내리고

귀밑머리에 세색이 생기다.

근심은 높고 백골은 낮으니

온몸에 술 생각만 나다.

날은 찬데 술은 오지 않고

돌아가 이소離騷[1]를 읽다.

곁에 있는 사람이 어찌나 놀라는지

내가 정행淨行[2]을 어긴 것을 꾸짖는다.

시야 끝까지 이 세상을 보니

땅 끝난 곳에 또 너른 바다가 있다.

---

1 이소(離騷): 중국 초나라의 굴원이 지은 부(賦). 조정에서 쫓겨난 후의 시름을 노래한 것으로 『초사』 가운데에서 으뜸으로 꼽힌다.
2 정행(淨行): 청정한 수행.

暮歲寒雨有感

寒雨過天末
鬢邊暮歲生
愁高白骸低
全身但酒情
歲寒酒不到
歸讀離騷經
傍人亦何怪
罪我違淨行
縱目觀下界
盡地又滄溟

한가로이 노닐며

반평생 풍진 속에 도 닦은 것 없이
하늘가에서 윤락하여 다만 맑게 노닐 뿐.
우연히 새로 지은 시를 얻어 흰 집[1]에 제액하고
또 밝은 달을 따라 푸른 언덕에 이르다.
높은 노래 끊긴 곳에 천고의 역사를 생각하니
그윽한 흥취 일며 온갖 근심 사라졌는데
밤이 다하여 돌아와 흰 구름 속 탑상에 누우니
꿈이 화려하여 절로 거둘 수 없다.

---

1 흰 집(白屋): 단청을 올리지 않은 초라한 집을 지칭한다.

閒遊
_{한 유}

半世風塵無道術
天涯淪落但清遊
偶得新詩題白屋
又隨明月到靑邱
高歌斷處思千古
幽興來時消百愁
夜闌歸臥白雲榻
夢似丹靑自不收

달을 보다

은자가 달빛을 보고
온 밤 내내 아름다운 기약을 맺다.
애오라지 소리 없는 곳에 닿아서
또 뜻이 있는 시를 찾아야지.

見月

幽人見月色
一夜總佳期
聊到無聲處
也尋有意詩

달이 돋으려 하기에

숱한 별들이 막 다투어 빛을 내고
온갖 귀신들은 놀음을 멈추었네.
밤빛이 점점 대지에 떨어지고
온 숲은 각각 스스로를 감추네.

월 욕 생
月欲生

중 성 방 탈 조
衆星方奪照
백 귀 개 정 유
百鬼皆停遊
야 색 점 추 지
夜色漸墜地
천 림 각 자 수
千林各自收

달이 막 떴기에

푸른 산에 하얀 구슬이 솟고
푸른 시내에 황금빛이 떠 있네.
산속 집에서 가난을 한스럽게 여기지 말라.
하늘의 보배를 이루 다 거둘 수가 없으니.

<ruby>月<rt>월</rt>初<rt>초</rt>生<rt>생</rt></ruby>

<ruby>蒼<rt>창</rt>岡<rt>강</rt>白<rt>백</rt>玉<rt>옥</rt>出<rt>출</rt></ruby>
<ruby>碧<rt>벽</rt>澗<rt>간</rt>黃<rt>황</rt>金<rt>금</rt>遊<rt>유</rt></ruby>
<ruby>山<rt>산</rt>家<rt>가</rt>貧<rt>빈</rt>莫<rt>막</rt>恨<rt>한</rt></ruby>
<ruby>天<rt>천</rt>寶<rt>보</rt>不<rt>불</rt>勝<rt>승</rt>收<rt>수</rt></ruby>

달이 막 한가운데 떴기에

온 세상에서 다 똑같이 보는 것이요
모든 사람들도 각각 절로 즐길 바라.
밝고 밝아서 취할 수 없고
멀고 멀어 어찌 거둘 수 있으리요.

<ruby>月<rt>월</rt></ruby> <ruby>方<rt>방</rt></ruby> <ruby>中<rt>중</rt></ruby>
月方中

<ruby>萬<rt>만</rt></ruby><ruby>國<rt>국</rt></ruby><ruby>皆<rt>개</rt></ruby><ruby>同<rt>동</rt></ruby><ruby>觀<rt>관</rt></ruby>
萬國皆同觀
<ruby>千<rt>천</rt></ruby><ruby>人<rt>인</rt></ruby><ruby>各<rt>각</rt></ruby><ruby>自<rt>자</rt></ruby><ruby>遊<rt>유</rt></ruby>
千人各自遊
<ruby>皇<rt>황</rt></ruby><ruby>皇<rt>황</rt></ruby><ruby>不<rt>불</rt></ruby><ruby>可<rt>가</rt></ruby><ruby>取<rt>취</rt></ruby>
皇皇不可取
<ruby>迢<rt>초</rt></ruby><ruby>迢<rt>초</rt></ruby><ruby>那<rt>나</rt></ruby><ruby>堪<rt>감</rt></ruby><ruby>收<rt>수</rt></ruby>
迢迢那堪收

달이 지려 하기에

소나무 아래 어슴푸레 안개가 걷히고
학 주위에 맑은 꿈이 노니네.
산에 깔린 뿔피리 소리 그치고
찬 빛에 온 마음이 거두어지네.

<ruby>月欲落<rt>월 욕 락</rt></ruby>

<ruby>松下蒼烟歇<rt>송 하 창 연 헐</rt></ruby>
<ruby>鶴邊淸夢遊<rt>학 변 청 몽 유</rt></ruby>
<ruby>山橫鼓角罷<rt>산 횡 고 각 파</rt></ruby>
<ruby>寒色盡情收<rt>한 색 진 정 수</rt></ruby>

본 대로 읊다

검은 구름 다 흩어지고 외론 달 걸렸는데
먼 숲에 차가운 빛이 또렷하게 일다.
빈 산에 학은 떠나고 지금은 꿈도 없는데
밤중에 남은 눈 밟으며 돌아가는 사람의 발소리.
붉은 매화 피니 선정禪情과 막 부합하고
거센 비 내리는 때 차가 반나마 맑다.
부질없이 호계를 둔 것 또한 스스로 웃나니
생각을 멈추었는데 도리어 도연명이 그립다.

卽事

烏雲散盡孤月横
遠樹寒光歷歷生
空山鶴去今無夢
殘雪人歸夜有聲
紅梅開處禪初合
白雨[1]過時茶半清
虛設虎溪[2]亦自笑
停思還憶陶淵明[3]

---

1 백우(白雨): 이백(李白)의 시 「하호에 유숙하다(宿鰕湖)」의 "白雨映寒山 森森似銀竹"이라는 구절에서 볼 수 있듯이 백우는 거센 비를 지칭한다.

2 호계(虎溪): 강서성(江西省) 구강시(九江市) 남쪽 여산(廬山) 동림사(東林寺) 앞에 있는 시내 이름이다. 진(晉)나라 때 혜원법사(慧遠法師)가 이곳에 살면서 손님을 전송할 때 이 시내를 건너지 않았다고 한다. 이 시내를 건너면 문득 호랑이가 포효하였기에 호계라 이름하였다고 한다. 역시 이백의 시 「여산 동림사에서 밤에 느낀 회포를 읊다(廬山東林寺夜懷)」에 "霜清東林鐘 水白虎溪月"이라는 구절이 있다.

3 도연명(陶淵明): 중국 동진의 시인(365~427). 이름은 잠(潛), 호는 오류선생(五柳先生), 연명은 자(字). 405년에 팽택현의 현령이 되었으나, 80여 일 뒤에 『귀거래사』를 남기고 관직에서 물러나 귀향했다.

고향을 그리워함

세모의 찬 창문에 바야흐로 밤이 긴데
고개 숙이고 잠 못 이루어 몇 번이나 마음이 놀랐나.
구름을 비키고 나온 맑은 달에 외로운 꿈 꾸니
창주滄洲로 가지 않고 고향을 향하네.

<ruby>思<rt>사</rt></ruby><ruby>鄉<rt>향</rt></ruby>

思鄉

歲暮寒窓方夜永
低頭不寢幾驚魂
抹雲淡月成孤夢
不向滄洲¹向故園

세 모 한 창 방 야 영
저 두 불 침 기 경 혼
말 운 담 월 성 고 몽
불 향 창 주 향 고 원

---

1 창주(滄洲): 사람 사는 곳에서 멀리 떨어진 산수 좋은 땅, 또는 신선이 사는 땅.

시벽詩癖에 대해 스스로 웃다

시 쓰는 병이 너무 좋아서 도리어 사람을 탈진하게 하고
예쁜 얼굴에 살이 빠지고 입맛도 잃었다.
스스로 우리 무리가 세속에서 벗어났다고 말하지만
가련하다, 시벽에 청춘을 잃었으니.

자 소 시 벽
自笑詩癖[1]

시 수 태 감 반 탈 인
詩瘦太酣反奪人
홍 안 감 육 구 무 진
紅顔減肉口無珍
자 설 오 배 출 세 속
自說吾輩出世俗
가 련 성 병 실 청 춘
可憐聲病失靑春

---

1 시벽(詩癖): 시를 짓기 좋아하는 버릇.

청 한淸寒

달을 기다리니 매화는 학일런가
오동나무에 기대니 사람도 봉황이다.
밤새도록 한기가 그치질 않고
집 둘레에 눈이 산봉우리가 되었네.

清寒

待月梅何鶴
依梧人亦鳳
通宵寒不盡
遠屋雪爲峰

바람과 눈에 대비하여 안팎의 문을 닫고
창틈은 흙으로 바르고 장난삼아 짓다

1

바람과 눈이 날려 겹겹이 문을 닫으니
낮에도 서재에서 또렷이 밤빛을 보네.
책을 보고도 몇 글자 구분이 가지 않으니
눈을 감고 시험 삼아 남북을 생각해본다.

2

산가의 문호는 조화옹이 만든 것이니
열고 닫고 하는데 문득 낮과 밤이 새롭다.
자기 집에서도 명암의 이치를 알지 못하는데
도리어 세상의 달력 파는 사람을 비웃네.

備風雪閉內外戶窓黑痣看書戲作 二首

其一

風雪撲飛重閉戶
晝齋歷歷見宵光
對書不辨二三字
闔眼試思南北方

其二

山堂門戶化翁作
開闔便看晝夜新
自家不解明暗理
還笑人間賣曆人

홀로 앉아서

북풍이 불었다 그쳤다 긴 밤을 침노하니

물 건너 종소리에 홀로 문을 닫고 있다.

파란 등불 아래 눈 소리 들으며 추위에 불꽃이 일어나고

붉은 종이 오려 만든 매화는 향기가 글 속에 있네.

석 자 새로 만든 거문고는 학과 짝을 하고

한 칸의 밝은 달은 구름과 함께 한다.

우연히 육조시대 일이 생각나

말을 하고자 고개 돌렸는데 그대가 보이지 않는구나.

<ruby>獨<rt>독</rt></ruby><ruby>坐<rt>좌</rt></ruby>

朔風吹斷侵長夜

隔水鐘聲獨閉門

青燈聞雪寒生火

紅帖剪梅香在文

三尺新琴伴以鶴

一間明月與之雲

偶然思得六朝事[1]

欲說轉頭未見君

1 육조사(六朝事): 중국 육조시대에 널리 유행했던 청담(淸談)와 풍류를 말함.

동지冬至

간밤에 우렛소리 나더니
오늘 아침 마음이 넉넉하다.
궁벽한 산에 한 해가 가고 나면
고향엔 봄빛이 막 생기겠지.
문을 열어 새로운 복을 맞이하고
사람에게 묵은 편지를 보내다.
여러 기미들이 모두 움직이니
고요히 바라보며 내 집을 아끼다.

冬至

昨夜雷聲至
今朝意有餘
窮山歲去後
故國春生初
開戶迓新福
向人送舊書
群機皆鼓動
靜觀愛吾廬[1]

---

[1] 내 집을 아낀다는 이 시구절은 도연명의 시 「산해경을 읽고서(讀山海經)」의 "衆鳥欣有託, 吾亦愛吾廬"에서 온 것이다. 조선시대 홍대용도 자신의 집을 '애오려'라고 명명한 바 있다.

눈 내린 새벽

새벽빛이 판잣집에 들어오니
총총히 노닐 수 없다.
층층 성곽에 외론 구름 흘러가고
어지러운 봉우리에 남은 달이 거둬진다.
한정寒情은 하얀 나무를 감싸는데
새로운 꿈은 창주를 지나다.
바람이 일어 종소리 급한데
하늘과 땅이 또렷이 떠 있다.

雪曉

曉色通板屋
忽忽[1]不可遊
層郭孤雲去
亂峰殘月收
寒情遠玉樹
新夢過滄洲
風起鐘聲急
乾坤歷歷浮

1 총총(忽忽): 바쁘고 황망한 모양.

고의古意

맑은 밤 칼에 기대서 있으니
서릿눈에 천추가 텅 비었다.
꽃과 버들의 뜻을 다칠까 저어하여
고개 돌려 맞이하는 봄바람.

<ruby>古<rt>고</rt></ruby><ruby>意<rt>의</rt></ruby>[1]

<ruby>清<rt>청</rt></ruby><ruby>宵<rt>소</rt></ruby><ruby>依<rt>의</rt></ruby><ruby>劒<rt>검</rt></ruby><ruby>立<rt>립</rt></ruby>
<ruby>霜<rt>상</rt></ruby><ruby>雪<rt>설</rt></ruby><ruby>千<rt>천</rt></ruby><ruby>秋<rt>추</rt></ruby><ruby>空<rt>공</rt></ruby>
<ruby>恐<rt>공</rt></ruby><ruby>傷<rt>상</rt></ruby><ruby>花<rt>화</rt></ruby><ruby>柳<rt>류</rt></ruby><ruby>意<rt>의</rt></ruby>
<ruby>回<rt>회</rt></ruby><ruby>看<rt>간</rt></ruby><ruby>迎<rt>영</rt></ruby><ruby>春<rt>추</rt></ruby><ruby>風<rt>풍</rt></ruby>

[1] 고의(古意): 옛것을 그리워하는 마음.

한가로이 읊다

중년에 공겁空劫을 알아
산에 의지해 따로 집을 두다.
섣달 지나 남은 눈에 시를 쓰고
봄을 맞아 온갖 꽃을 논하니
빌려온다면 바위 열 개도 적고
없앤다면 한 조각 구름도 많다.
마음은 반쯤 학이 되었으니
이 밖에는 또 앉아 있음이 편할 뿐.

閑唫

中歲知空劫[1]
依山別置家
經臘題殘雪
迎春論百花
借來十石少
除去一雲多
將心半化鶴
此外又婆娑[2]

1 공겁(空劫): 사겁(四劫)의 하나. 이 세계가 무너져 사라지고 다음 세계에 이르기까지의 20중겁(中劫)을 이른다.
2 파사(婆娑): 앉아 있는 자세가 편하다.

유운 화상이 병들어 누워 심히 안쓰럽고
또 향수가 더해져서 짓다

친구는 이제 병들어 누워서

봄 기러기도 편지가 없다.

이 시름이 어찌 만 곡斛뿐이겠는가.

등불 아래 온 머리털이 성기어간다.

<ruby>乳<rt>유</rt></ruby><ruby>雲<rt>운</rt></ruby><ruby>和<rt>화</rt></ruby><ruby>尚<rt>상</rt></ruby><ruby>病<rt>병</rt></ruby><ruby>臥<rt>와</rt></ruby><ruby>甚<rt>심</rt></ruby><ruby>悶<rt>민</rt></ruby><ruby>又<rt>우</rt></ruby><ruby>添<rt>첨</rt></ruby><ruby>鄕<rt>향</rt></ruby><ruby>愁<rt>수</rt></ruby>

古人今臥病　고인금와병
春雁又無書　춘안우무서
此愁何萬斛[1]　차수하만곡
燈下千鬢疎　등하천빈소

---

1 곡(斛): 도량형의 단위로서 스무 말에 해당한다.

날은 추운데 옷이 오지 않아 장난삼아 짓다

해가 바뀌어도 옛날 입던 옷이 없으니
이 몸 일이 많다는 것을 절로 깨닫네.
이런 마음을 아는 사람이 거의 없으니
범숙范叔은 요사이 어떠하신지?

歲寒衣不到戲作

歲新無舊着
自覺一身多
少人知此意
范叔[1]近如何

1 범숙(范叔): 전국시대 때 위(魏)의 인물. 범저(范雎) 또는 범수(范睢)라고도 한다. 중대부(中大夫) 수가(須賈)의 고자질로 억울하게 매를 맞고 쫓겨나서 진(秦)에 간 뒤에 상국(相國)이 되었다. 훗날 수가가 진(秦)에 사신으로 왔을 때 범숙은 남루한 옷으로 수가를 찾았다. 그가 보고 가엾게 여겨, "범숙 몹시도 춥겠구나" 하고 자기가 입었던 비단 도포를 벗어 주었다. 『사기(史記)』 「범수열전(范雎列傳)」에 나온다.

본 대로 읊다

남은 눈에 햇살이 일렁이고
먼 숲에 봄기운이 지나다.
산속 집에서 앓다가 막 일어나니
새로 생기는 정을 어찌하지 못하겠네.

卽事

잔 설 일 광 동
殘雪日光動
원 림 춘 의 과
遠林春意過
산 옥 병 초 기
山屋病初起
신 정 불 내 하
新情不奈何

눈 온 뒤 그냥 읊다

은자가 적적하여 매번 마음 가는 대로 시선을 두는데
반가운 눈빛을 할 때에는 뜻이 가볍지 않다.
큰 눈이 막 개이니 속세와 멀어지고
온 산에 해가 지려 하니 웅장한 마음이 생긴다.
세밑을 지난 어부와 나무꾼은 모두 꿈에 들고
겨울을 견딘 매화와 대나무도 또한 마음을 끄는데
만고의 영웅을 한 번 평가한 뒤
다시 천하에 봄 소리가 일렁이는 것을 듣는다.

雪後漫唫

幽人寂寂每縱觀
眼欲靑時[1]意不輕
大雪初晴塵世遠
萬山欲暮壯心生
經歲漁樵皆入夢
忍冬梅竹亦關情
萬古英雄一評後
更聽四海動春聲

---

1 안욕청시(眼欲靑時): 이 구절은 『세설신어』에 나오는 완적(阮籍)의 고사다. 완적은 범속한 사람이 찾아오면 눈을 흘기며 백안시했고 혜강의 형 혜희가 찾아오면 청안으로 반갑게 맞이했다고 한다.

병든 시름

푸른 산 흰 집 하나
사람은 젊은데 병은 어찌나 많은가.
큰 시름은 다할 수 없는데
대낮에 가을꽃이 피었다.

病愁

青山一白屋
人少病何多
浩愁不可極
白日生秋花

한가로움을 읊다

깊은 산속에 그윽한 꿈을 부치고
높은 집에서 먼 상념이 끊이다.
찬 구름은 푸른 시내에서 피어나고
가는 달은 푸른 산봉우리를 건너다.
휑하니 도리어 스스로를 잃으니
이 한 몸을 문득 잊다.

咏閑

窮山寄幽夢
危屋絶遠想
寒雲生碧澗
纖月度蒼岡
曠然還自失
一身却相忘

병들어 읊다

1

병들어 점점 일마다 낭패인데
창 앞에 바람과 눈이 아주 세차구나.
큰 생각 호탕한 마음은 어찌나 또렷한데
거울 속 머리털 센 것을 견디지 못하겠네.

2

몸은 어린 버들 같고 병든 말 같은데
위아래로 서로 얽혀 있으니 정히 너를 어찌하리요.
만약 내 마음이 다시 이러한 고통이 없다면
외론 등불 비바람에 차마 헛되이 지나가게 하겠는가?

病唫 二首

其一

頑病侵尋卽事黃
窓前風雪太顚狂
浩思蕩情何歷歷
不耐鏡中鬢髮蒼

其二

身如弱柳病如馬
上下相繫正爾何
縱使我心無復苦
孤燈風雨忍虛過

홀로 읊다

산은 차고 날도 다해가는데
아득히 누구와 함께하리
언뜻 기이하게 우는 새가 있는 듯하더니
고선枯禪은 완전히 공空이 아니라네.

獨唫
독 음

山寒天亦盡
渺渺與誰同
乍有奇鳴鳥
枯禪¹全未空

---

1 고선(枯禪): 노승을 가리킨다. 육유(陸遊)의 「한가로운 맛(閑味)」이란 시에서 "身似枯禪謝世塵 , 豈容收斂強冠巾"이라고 읊은 데서 알 수 있다.

여행 중의 회포

한 해가 다 가도록 집에 돌아가지 못하고
봄을 만나 멀리 떠나온 나그네 되다.
꽃을 보고서 무심할 수 없어
산 아래에 그윽한 자취를 부치다.

旅懷

竟歲未歸家
逢春爲遠客
看花不可空
山下寄幽跡

새벽 경치

1

달은 아득하고 구름이 나무에서 피어오르고
높은 숲에 남은 밤이 걸려 있다.
나뭇잎 떨어지고 종소리 다하는데
외로운 정은 끊어졌다 다시 이어지고.

2

산창山窓에 밤이 이미 다해가는데
아직도 누워서 낭랑히 시를 읊조리다.
황홀하게 다시 꿈속에 들어
매화 가지 위로 오르다.

3

온 산에 외기러기 그림자 드리우고
숲속에 종소리는 몇 번이나 울렸나?
옛집에 혼자 남아 있는 중
꽃다운 나이에 늙은이의 마음이려니.

曉景 三首

其一

月逈雲生木
高林殘夜懸
撩落鐘聲盡
孤情斷復連

其二

山窓夜已盡
猶臥朗唫詩
栩然[1]更做夢
復上梅花枝

其三

千山一雁影
萬樹幾鐘聲
古屋獨僧在
芳年白首情

---

1 허연(栩然): 기뻐하는 모양 또는 황홀한 모양을 지칭한다.

홀로 지내는 밤

1

하늘가에 티끌 없이 밝은 달이 지는데
홀로 자는 긴 밤에 솔바람 소리 듣다.
한 번도 골짜기 문 밖으로 나갈 것을 생각지 않으니
오직 온 산수에만 마음을 두고 있다.

2

하얀 숲에 이슬 맺어 싸락눈 같은 달빛
물 건너 들리는 다듬이 소리 아낙네 마음은 차갑다.
양쪽 언덕 푸른 산은 모두 예전 그대로인데
매화가 막 피어 정히 승려를 돌아오게 한다.

<ruby>獨夜<rt>독야</rt></ruby> <ruby>二首<rt>이수</rt></ruby>

獨夜 二首

其一

天末無塵明月去
孤枕長夜聽松琴
一念不出洞門外
惟有千山萬水心

其二

玉林垂露月如霰
隔水砧聲江女寒
兩岸靑山皆萬古
梅花初發定僧還

본 대로 읊다

삭풍이 대낮에 부는데

홀로 서서 강가의 성을 대하다.

외론 아지랑이 나무 곁에서 곧게 피어오르고

가벼운 저녁 기운이 뜨락에 내려 깔려 있다.

천 리 산은 물기를 용납하여

한 곳에서 눈이라도 내릴 듯.

시심詩心이 변방에 동하니

기러기와 짝하여 태청太淸을 지나다.

<ruby>卽<rt>즉</rt></ruby><ruby>事<rt>사</rt></ruby>

<ruby>朔<rt>삭</rt></ruby><ruby>風<rt>풍</rt></ruby><ruby>吹<rt>취</rt></ruby><ruby>白<rt>백</rt></ruby><ruby>日<rt>일</rt></ruby>
<ruby>獨<rt>독</rt></ruby><ruby>立<rt>립</rt></ruby><ruby>對<rt>대</rt></ruby><ruby>江<rt>강</rt></ruby><ruby>城<rt>성</rt></ruby>
<ruby>孤<rt>고</rt></ruby><ruby>烟<rt>연</rt></ruby><ruby>接<rt>접</rt></ruby><ruby>樹<rt>수</rt></ruby><ruby>直<rt>직</rt></ruby>
<ruby>輕<rt>경</rt></ruby><ruby>夕<rt>석</rt></ruby><ruby>落<rt>락</rt></ruby><ruby>庭<rt>정</rt></ruby><ruby>橫<rt>횡</rt></ruby>
<ruby>千<rt>천</rt></ruby><ruby>里<rt>리</rt></ruby><ruby>山<rt>산</rt></ruby><ruby>容<rt>용</rt></ruby><ruby>滴<rt>적</rt></ruby>
<ruby>一<rt>일</rt></ruby><ruby>方<rt>방</rt></ruby><ruby>雪<rt>설</rt></ruby><ruby>意<rt>의</rt></ruby><ruby>生<rt>생</rt></ruby>
<ruby>詩<rt>시</rt></ruby><ruby>思<rt>사</rt></ruby><ruby>動<rt>동</rt></ruby><ruby>邊<rt>변</rt></ruby><ruby>塞<rt>새</rt></ruby>
<ruby>侶<rt>려</rt></ruby><ruby>鴻<rt>홍</rt></ruby><ruby>過<rt>과</rt></ruby><ruby>太<rt>태</rt></ruby><ruby>淸<rt>청</rt></ruby>[1]

---

1 태청(太淸): 도교에서, 신선이 산다는 삼청(三淸)의 하나. 하늘을 이른다.

회포를 읊다

이곳은 기러기 떼도 없고
고향 소식은 밤마다 드물다.
텅 빈 숲에 달 그림자 고요하고
추운 변방에 화각 소리 날린다.
늙은 버들에 봄 술이 그리운데
잦아드는 다듬이 소리에 묵은 옷이 슬프다.
세모에 부평초처럼 영락하였으니
떠도는 인생 반나마 희미하다.

회 음
懷唫

此地雁群少
鄕音夜夜稀
空林月影寂
寒戍角聲飛
衰柳思春酒
殘砧悲舊衣
歲色落萍水
浮生半翠微

높은 곳에 오르다

우연히 먼 곳을 끝까지 보고 싶어서
저 동쪽 높은 봉우리에 오르다.
사람은 푸른 산 너머로 가고
배는 장대비 속을 지난다.
긴 강에서 술 먹는 일 적고
큰 눈은 시에 들어 텅 비었다.
메마른 오동잎이 바람에 우수수 떨어지는데
떨어지는 해가 백발을 붉게 비춘다.

登高^{등고}

<ruby>偶<rt>우</rt>思<rt>사</rt>一<rt>일</rt>極<rt>극</rt>目<rt>목</rt></ruby>
偶思一極目
躋彼危岑東
人去青山外
舟行白雨中
長河遇酒少
大雪入詩空
風落枯桐急
殘陽映髮紅

출정 나간 군인 아내의 원망

저는 본디 근심 없었는데 낭군 걱정이 생겼네요.

해마다 일일여삼추一日如三秋 같지 않은 날이 없습니다.

고왔던 얼굴 초췌하게 하도 상했지만

오직 낭군께서 백발이 되셨을까만 걱정합니다.

어젯밤 강남으로 연밥 따러 갔는데

밤 내내 눈물을 강물에 보냈습니다.

구름에는 기러기 없고 물에는 물고기 없어

구름과 물, 물과 구름 모두 보지 않게 되네요.

마음은 떨어진 꽃처럼 봄바람을 사양하고

꿈은 하늘을 나는 달을 따라 옥문관玉門關을 건넙니다.

두 손 모아 간절히 삼가 하늘에 빌기를

낭군께서 봄빛과 함께 말 타고 돌아오게 해주세요.

낭군은 오지 않고 봄은 이미 저물어가는데

비바람 무수히 꽃숲을 때립니다.

제 근심이 얼마나 많은지는 물을 필요 없으니

봄날 밤의 강물은 말 안 해도 깊겠지요.

한 층 그리운 마음에 한 층 시름이 더해지니

꽃을 팔고 달을 팔아 무심함을 배우려 합니다.

征婦怨

妾本無愁郎有愁
年年無日不三秋
紅顏憔悴亦何傷
只恐阿郎又白頭
昨夜江南採蓮去
淚水一夜添江流
雲乎無雁水無魚
雲水水雲共不看
心如落花謝春風
夢隨飛月渡玉關
雙手慇懃敬天祝
郎與春色一馬還
阿郎不到春已暮
風雨無數打花林
妾愁不必問多少
春江夜湖不言深
一層有心一層愁
賣花賣月學無心

산속의 대낮

빽빽한 뭇 봉우리가 창 앞에 보이는데
처연한 눈바람은 작년과 똑같구나.
사람 사는 곳은 적막하여 낮 기운도 싸늘한데
매화 떨어진 곳에 삼생三生이 텅 비었다.

<ruby>山<rt>산</rt></ruby><ruby>晝<rt>주</rt></ruby>

<ruby>群<rt>군</rt></ruby><ruby>峰<rt>봉</rt></ruby><ruby>蝟<rt>위</rt></ruby><ruby>集<rt>집</rt></ruby><ruby>到<rt>도</rt></ruby><ruby>窓<rt>창</rt></ruby><ruby>中<rt>중</rt></ruby>
<ruby>風<rt>풍</rt></ruby><ruby>雪<rt>설</rt></ruby><ruby>凄<rt>처</rt></ruby><ruby>然<rt>연</rt></ruby><ruby>去<rt>거</rt></ruby><ruby>歲<rt>세</rt></ruby><ruby>同<rt>동</rt></ruby>
<ruby>人<rt>인</rt></ruby><ruby>境<rt>경</rt></ruby><ruby>寥<rt>요</rt></ruby><ruby>寥<rt>요</rt></ruby><ruby>晝<rt>주</rt></ruby><ruby>氣<rt>기</rt></ruby><ruby>冷<rt>랭</rt></ruby>
<ruby>梅<rt>매</rt></ruby><ruby>花<rt>화</rt></ruby><ruby>落<rt>락</rt></ruby><ruby>處<rt>처</rt></ruby><ruby>三<rt>삼</rt></ruby><ruby>生<rt>생</rt></ruby>[1]<ruby>空<rt>공</rt></ruby>

---

1 삼생(三生): 전생(前生), 현생(現生), 후생(後生)을 이르는 말.

먼 그리움

남쪽 지방 국화와 북쪽 지방 기러기
안온한 오늘 다만 텅 빈 마음뿐이네.
눈 온 뒤 강산에 달빛이 고운데
바람 앞에 초목은 모두 종소리를 내네.
변방에서 꿈은 천 리 들판을 날아다니고
하늘가에서 이 몸은 한 구름 정자에 누웠네.
아프고 추위 겪은 사람은 대나무처럼 삐쩍 말랐지만
이 마음 본디부터 공명에는 뜻을 두지 않았다네.

원 사
遠思

남 국 황 화 북 지 안
南國黃花北地雁

거 연 금 일 단 공 정
居然今日但空情

설 후 강 산 다 월 색
雪後江山多月色

풍 전 초 목 진 종 성
風前草木盡鐘聲

새 외 몽 비 천 리 야
塞外夢飛千里野

천 애 신 와 일 운 정
天涯身臥一雲亭

력 수 경 한 인 사 죽
歷瘦經寒人似竹

차 심 원 불 도 공 명
此心元不到功名

느끼는 대로 읊다

1

이 암자는 얼마나 적막한지
우두커니 앉아 난간에 기대노니
마른 낙엽은 나쁜 소리를 내고
굶주린 까마귀는 찬 그림자 드리운다.
돌아가는 구름은 고목에 걸렸는데
지는 해는 텅 빈 산에 반쯤 넘어간다.
홀로 천 개 봉우리의 쌓인 눈을 보니
맑은 빛이 천지간에 돌아온다.

2

겨울바람에 기러기 그림자 끊어지고
대낮인데도 나그네 시름이 차다.
차가운 눈으로 천지를 바라보니
한 조각 구름이 만고에 한가롭다.

즉 사 이 수
卽事 二首

기 일
其一
일 암 하 적 막
一庵何寂寞
괴 좌 의 란 간
塊坐依欄干
고 엽 작 성 악
枯葉作聲惡
기 오 위 영 한
飢鳥爲影寒
귀 운 단 고 목
歸雲斷古木
락 일 반 공 산
落日半空山
독 대 천 봉 설
獨對千峰雪
숙 광 천 지 환
淑光天地還

기 이
其二
북 풍 안 영 절
北風雁影絶
백 일 객 수 한
白日客愁寒
랭 안 관 천 지
冷眼觀天地
일 운 만 고 한
一雲萬古閒

홀로 노닐다

1

일생에 영락함이 많으나
이 마음은 천추에 같으리라.
붉은 마음은 달밤에 싸늘하고
백발은 새벽 구름에 텅 비었네.
사람은 강산 너머에 서 있는데
봄은 천지 가운데에 왔네.
기러기는 지는 북두성을 가로지르고
서리는 관하에 두루 내렸구나.

2

반평생 영락하였는데
북쪽 변방에 적막하게 떠도네.
싸늘한 방에 비바람 치니
대낮에 백발로 가을을 돌아보네.

孤遊 二首

其一

一生多歷落

此意千秋同

丹心夜月冷

蒼髮曉雲空

人立江山外

春來天地中

雁橫北斗沒

霜雪關河通

其二

半生遇歷落

窮北寂寥遊

冷齋說風雨

晝回鬂髮秋

내원암內院庵에 오래된 모란 가지가 눈을 맞아 마치 꽃이 핀 듯해서 읊다

눈 내린 달 없는 밤에 산빛이 어른거리는데
메마른 나무에 찬 꽃은 밤 향기를 거두네.
또렷이 가지 위에 청기가 싸늘한데
사람의 깊은 시름 아득하게 들이지 않네.

내원암유목단수고지수설여화인음

內院庵[1]有牧丹樹古枝受雪如花因唫

설염무월잡산광
雪艶無月雜山光

고수한화수야향
枯樹寒花收夜香

분명지상랭정백
分明枝上冷精魄

불입인수만리장
不入人愁萬里長

---

1 내원암(內院庵): 강원도 설악산에 자리 잡은 암자. 신흥사(神興寺)를 기점으로 하여 북쪽에 솟은 울산
바위로 오르는 계곡에 내원암, 계조암(繼祖庵) 등이 있다.

영호·유운 화상과 함께 밤에 시를 짓다

1

가난하고 영락한 우리들 모두 오랜 친구인데
산방에 밤이 깊어가니 조그만 모임이 맑구나.
붉은 등불 아래 말이 없는데 재는 이미 싸늘하고
꿈 같은 시심은 종소리 너머에 격해 있네.

2

한밤중에 문기文氣가 홍교虹橋와 통하여
붓을 들어 시를 쓰니 그래도 교만할 수 있겠는가.
그저 석 달 봄날이 하루 같아
별세계의 풍광이 다시 넘실넘실하네.

與映湖乳雲兩伯夜唫 二首
여 영 호 유 운 량 백 야 음　이 수

其一
기 일

落拓吾人皆古情
락 척 오 인 개 고 정

山房夜闌小遊淸
산 방 야 란 소 유 청

紅燭無言灰已冷
홍 촉 무 언 회 이 랭

詩愁如夢隔鐘聲
시 수 여 몽 격 종 성

其二
기 이

中宵文氣[1]通虹橋[2]
중 소 문 기　통 홍 교

筆下成詩猶敢驕
필 하 성 시 유 감 교

只許三春如一日
지 허 삼 춘 여 일 일

別區烟月復招招[3]
별 구 연 월 부 초 초

---

1 문기(文氣): 문장의 풍기, 글에 대한 영감.

2 홍교(虹橋): 무지개 모양으로 굽은 다리.

3 초초(招招): 요동치며 넘실대는 모양을 나타내는 의태어.

백화암白華庵을 찾다

봄날에 그윽한 길을 찾으니
풍광이 사방 숲에 펼쳐져 있다.
길 끝에서 외로운 흥이 일어나니
한 번 바라보고 맑은 시를 끝까지 읊어보다.

방백화암
訪白華庵¹

춘일심유경
春日尋幽逕
풍광산사림
風光散四林
궁도고흥발
窮途孤興發
일망극청음
一望極淸唫

---

1 백화암(白華庵): 강원도 고성 건봉사(乾鳳寺)에 속해 있는 암자. 1600년(선조 33년) 서산대사가 지어
공부하던 암자로 유명하다.

한강

한강에 와보니 강물이 길고

깊고 깊은 물엔 말없이 가을 빛이 어렸다.

들국화는 어느 곳에 피었는지

가을바람에 때때로 그윽한 향기를 풍긴다.

한 강
漢江

행 도 한 강 강 수 장
行到漢江江水長
심 심 무 어 견 추 광
深深無語見秋光
야 구 부 지 하 처 재
野菊不知何處在
서 풍 시 유 암 전 향
西風時有暗傳香

영호·금봉 두 사백께 드리다
—종무원에서

지난날 일마다 이루 다 소홀하였더니
만겁이 적막하여 하나의 꿈 같았네.
강남의 이른 봄빛을 보지 못한 채
성 동쪽 눈바람에 누워서 책을 읽네.

與映湖錦峰[1] 兩伯作

在宗務院

昔年事事不勝疎
萬劫寥寥一夢餘
不見江南春色早
城東風雪臥看書

---

1 금봉(錦峰): 한국 근대 초기의 승려 병연(秉演, 1869~1915)의 호. 선암사의 주지로 포교당을 열어 후학들을 가르쳤으며, 불교 발전에 힘썼던 선승이다.

경성에서 영호·금봉 두 사백을 만나 함께 읊다

1

쓸쓸히 짧은 머리로 풍진 세상에 들어오니
덧없는 인생이 날로 새롭게 느껴지네.
눈 내린 온 산이 모두 꿈에 들어오니
고개 돌려 그저 육조六朝 사람을 이야기하네.

2

시는 볼품없어지고 취해서 교만함만 느는데
영웅이 하룻밤 새에 모두 나무꾼이 되었구나.
다만 강 위의 달은 어느 곳으로 갔는지
한 꿈에 청산이 쓸쓸해질까 두렵네.

京城逢映湖錦峰兩伯同唫 二首
경 성 봉 영 호 금 봉 양 백 동 음 이 수

其一
기 일

蕭蕭短髮入紅塵
소 소 단 발 입 홍 진

感覺浮生日日新
감 각 부 생 일 일 신

雪後千山皆入夢
설 후 천 산 개 입 몽

回頭漫說六朝人
회 두 만 설 육 조 인

其二
기 이

詩欲疎凉酒欲驕
시 욕 소 량 주 욕 교

英雄一夜盡樵蕘
영 웅 일 야 진 초 요

只恐湖月無何處
지 공 호 월 무 하 처

一夢靑山入寂寥
일 몽 청 산 입 적 료

번민을 풀다

봄 시름과 봄비에 한기를 이기기 어려워
봄 술 한 병으로 온갖 어려움을 밀쳐두다.
봄 술에 취해 봄 꿈을 꾸니
수미산을 겨자씨에 넣어도 또한 넉넉하다.

견 민
遣悶

春愁春雨不勝寒
春酒一壺排萬難
一酣春酒作春夢
須彌納芥[1]亦復寬

---

1 수미납개(須彌納芥): 『유마경(維摩經)』 「불가사의품(不可思議品)」에 나오는 말로, 부분 속에 전체가 들어 있다는 뜻의 불가(佛家) 용어다.

양진암養眞庵에서 봄을 보내다

저녁 비 찬 종소리를 짝하여 봄을 보내니
흰 머리가 또 새로 나는 것을 견디지 못하겠네.
내 삶에 한이 많은데 또한 일도 많으니
시든 꽃 주인 행세를 어찌 할 수 있으리요?

^{양 진 암 전 춘}
養眞庵¹餞春

^{모 우 한 종 반 송 춘}
暮雨寒鐘伴送春
^{불 감 창 발 우 생 신}
不堪蒼髮又生新
^{오 생 다 한 역 다 사}
吾生多恨亦多事
^{긍 장 잔 화 작 주 인}
肯將殘花作主人

1 양진암(養眞庵): 전라북도 고창군 고수면 은사리 청량산(淸凉山)에 있는 절. 학명선사가 머물며 수행했던 곳이다.

양진암

깊고 깊은 별천지에
적막하여 집이 없는 것 같다.
꽃 지니 사람은 꿈을 꾸는 것 같고
오래된 종소리에 해가 기울다.

<ruby>養眞庵<rt>양 진 암</rt></ruby>

深深別有地
寂寂若無家
花落人如夢
古鐘白日斜

청정한 노래

먼 물가에 꽃 한 송이 피었는데
두어 종소리에 대숲이 차다.
알지 못하겠구나. 참선을 이미 마쳤는데
오히려 사물을 처음 보는 듯하니.

<ruby>清<rt>청</rt></ruby><ruby>唫<rt>음</rt></ruby>

<ruby>一<rt>일</rt></ruby><ruby>水<rt>수</rt></ruby><ruby>孤<rt>고</rt></ruby><ruby>花<rt>화</rt></ruby><ruby>逈<rt>형</rt></ruby>
<ruby>數<rt>수</rt></ruby><ruby>鐘<rt>종</rt></ruby><ruby>千<rt>천</rt></ruby><ruby>竹<rt>죽</rt></ruby><ruby>寒<rt>한</rt></ruby>
<ruby>不<rt>부</rt></ruby><ruby>知<rt>지</rt></ruby><ruby>禪<rt>선</rt></ruby><ruby>已<rt>이</rt></ruby><ruby>破<rt>파</rt></ruby>
<ruby>猶<rt>유</rt></ruby><ruby>向<rt>향</rt></ruby><ruby>物<rt>물</rt></ruby><ruby>初<rt>초</rt></ruby><ruby>看<rt>간</rt></ruby>

운수雲水

흰 구름 끊어진 것은 납의衲衣와 같고
푸른 물은 활보다도 짧네.
이 밖에 다시 어디로 가는가?
유연히 그 무궁함을 바라보네.

雲水[1]

白雲斷似衲
綠水矮於弓
此外一何去
悠然看不窮

양진암을 떠나면서 학명鶴鳴 선사에게 드리다

1

이 세상 밖에 천당은 없고
인간 세상에는 지옥이 많네요.
우두커니 백척간두에 서 있어서
한 발도 나아가지 못하니 어찌하겠습니까?

2

일을 하려면 어려움이 많고
사람을 만나면 헤어져야 하는 법.
세상의 도리가 진실로 이와 같으니
남아는 가고 싶은 대로 가렵니다.

養眞庵臨發贈鶴鳴[1]禪伯 二首

其一

世外天堂少

人間地獄多

佇立竿頭勢

不進一步何

其二

臨事多艱劇

逢人足別離

世道固如此

男兒任所之

---

1 학명(鶴鳴, 1867~1929): 속명은 백씨, 승명은 계종이고, 학명(鶴鳴)은 아호(雅號)다. 전남 영광 출신으로 불교의 선과 계율에 두루 통한 선승.

선암사仙巖寺에서 아프고 나서 짓다

1

흘러 흘러 남쪽 끝까지 와
앓다가 일어나니 가을바람이 부네.
천 리 길을 매번 홀로 가다가
길이 다하였는데 오히려 그리움이 생기네.

2

초가을에 병으로 사람들을 사양하였는데
흰 머리는 해마다 흩날리네.
꿈은 괴로운데 인상人相은 멀고
찬 비 쏟아지는 것은 견딜 수 없네.

^{선 암 사 병 후 작   이 수}

仙巖寺¹病後作 二首

^{기 일}
其一

^{객 유 남 지 진}
客遊南地盡

^{병 기 추 풍 생}
病起秋風生

^{천 리 매 고 왕}
千里每孤往

^{궁 도 환 유 정}
窮途還有情

^{기 이}
其二

^{초 추 인 사 병}
初秋人謝病

^{창 빈 세 생 파}
蒼鬢歲生波

^{몽 고 인 상 원}
夢苦人相遠

^{불 감 한 우 다}
不堪寒雨多

---

1 선암사(仙巖寺): 전남 순천시 승주읍 죽학리 조계산(曹溪山) 동쪽 기슭에 있는 사찰. 『선암사사적기(仙巖寺寺蹟記)』에 따르면 542년(진흥왕 3년) 아도(阿道)가 비로암(毘盧庵)으로 창건했다고도 하고, 875년(헌강왕 5년) 도선국사(道詵國師)가 창건하고 신선이 내린 바위라 하여 선암사라고도 한다. 선종(禪宗)·교종(敎宗) 양파의 대표적 가람으로 조계산을 사이에 두고 송광사(松廣寺)와 쌍벽을 이루었던 수련도량(修鍊道場)으로 유명하다.

금봉 사백과 밤에 시를 읊조리다

하늘 한쪽에서 시와 술로 만나니
쓸쓸한 밤 빛에 생각은 어찌나 긴지.
밝은 달 아래 국화는 잠들지 않는 듯한데
오래된 절 황량한 가을도 또한 고향 같네.

與錦峰伯夜唫

詩酒相逢天一方
蕭蕭夜色思何長
黃花明月若無夢
古寺荒秋亦故鄕

향로암香爐庵에서 밤에 읊조리다

남쪽 지방 국화는 시절이 빨라 아직 피지 않았는데
강호의 선잠에 누대에 드네.
기러기 그림자 드리운 산하에 사람은 초나라 사람 같은데
끝없는 가을 숲에 달이 막 떠오르네.

香爐庵¹ 夜唫
향로암 야 음

南國黃花早未開
남 국 황 화 조 미 개
江湖薄夢入樓臺
강 호 박 몽 입 루 대
雁影山河人似楚
안 영 산 하 인 사 초
無邊秋樹月初來
무 변 추 수 월 초 래

---

1 향로암(香爐庵): 강원도 양양군 현북면 만월산(滿月山)에 있는 명주사(明珠寺)의 부속 암자. 명주사는
대한불교조계종 신흥사의 말사로, 1009년(고려 목종 12년) 혜명(惠明)과 대주(大珠)가 함께 창건했다.
절 이름은 혜명과 대주에서 한 글자씩 따온 것이다. 창건 당시에 비로자나불을 모셨다고 하므로 화엄
종 계통의 사찰이었음을 알 수 있다. 1123년(인종 1년) 청련암(靑蓮庵)과 운문암(雲門庵)을 세우고,
1673년 수영(水瑩)이 향로암(香爐庵)을 세웠다. 선원(禪院)으로 이름나 많은 학승을 배출했다.

선암사에 머물면서 매천梅泉의 시에 차운하다

반년 동안 쓸쓸하게 내 마음에 들지 않더니

하늘가에서 영락하여 홀로 그대를 찾았네.

앓고 난 뒤 흰머리는 가을에 더 빠지려 하고

난리 후에 국화는 풀 속에 다시 깊어지네.

겹에 대해 강하던 구름은 텅 비고 흘러가는 물소리만 들리는데

경 소리 듣던 사람 떠나니 선조仙鳥가 내려오네.

천지가 온통 풍진을 만난 시절에

두보가 촉 땅에서 지은 시를 읊조릴 수 있겠는가?

留仙巖寺次梅泉¹韻

半歲蕭蕭不滿心

天涯零落獨相尋

病餘華髮秋將薄

亂後黃花草復深

講劫雲空聞逝水

聽經人去下仙禽

乾坤正當風塵節

肯數西川杜甫唫

---

1 매천(梅泉): 황현(黃玹, 1855~1910). 조선 말기의 우국지사(憂國之士)로, 1910년 일본 강점에 따른 국치(國恥)를 통분하며 절명시(絶命詩) 4편을 남기고 음독, 순국했다. 저서로 『매천야록(梅泉野錄)』이 유명하다.

향로암에서 느낀 바대로 짓다

중이 떠난 가을 산 아득하고
백로 나는 들판 물이 또렷하다.
찬 숲에서 피리 소리 번져 오니
다시 신선 꿈을 꾸지 않아도 되겠구나.

香爐庵卽事

僧去秋山逈
鷺飛野水明
樹凉一笛散
不復夢三淸

영산포樊山浦에서 배 타고 가면서

뱃사공의 피리 소리 온 강에 달빛 비치고
술집 등불 양 언덕에 환한 가을.
외론 배에 하늘은 물빛
사람은 갈대꽃 따라 흘러가니.

榮山浦舟中

漁笛一江月
酒燈兩岸秋
孤帆天似水
人逐荻花流

떨어진 매화를 보고 느낀 바가 있어서

우주는 백 년 동안의 위대한 조화가 있어서
찬 매화가 예전처럼 선원에 가득 피었네.
고개 돌려 삼생의 일을 물어보고 싶은데
한 질의 『유마경』에 반나마 떨어졌네.

觀落梅有感

觀落梅有感

宇宙百年大活計
寒梅依舊滿禪家
回頭欲問三生事
一怴維摩半落花

범어사梵魚寺에서 비 갠 뒤 감회를 적다

하늘가 봄비가 엷게 내리는데
오래된 절에 매화가 차네.
홀로 가며 천고를 생각하니
구름은 텅 비었고 머리카락은 이미 세었구나.

梵魚寺[1]雨後述懷

天涯春雨薄
古寺梅花寒
孤往思千載
雲空髮已殘

1 범어사(梵魚寺): 부산 금정산에 있는 화엄종(華嚴宗) 10찰(刹)의 하나.

봄날 규방의 원망

한 폭 원앙새를 수놓다가 끝도 내기 전에
창 건너 작은 목소리에 봄시름이 섞여드네.
밤에 재단하다가 외론 꿈을 꾸니
강남에 가 돌아올 줄 모르네.

춘 규 원
春閨怨

一幅鴛鴦繡未了
隔窓微語雜春愁
夜來刀尺成孤夢
行到江南不復收

막 날씨가 갬

새 소리가 꿈 너머에서 찬데
꽃향기가 선정에 들어 사라진다.
선과 꿈을 다시 모두 잊으니
창 앞에는 벽오동 한 그루.

新晴
신청

禽聲隔夢冷
금성격몽냉

花氣入禪無
화기입선무

禪夢復相忘
선몽부상망

窓前一碧梧
창전일벽오

어부의 피리 소리

외론 배 안개 사이로 상앗대 하나로 가는데
어디선가 두어 피리 소리가 갈대꽃 따라 흘러오네.
저녁 강 낙조는 붉은 숲 너머로 지고
반생의 지음은 백구에게 묻노라.
운이 절조이니 세상을 등지겠다는 꿈을 어찌 견디랴?
곡이 끝나자 헛되이 애끓는 시름을 저버리겠네.
바람처럼 날리는 소리가 사람을 싸늘하게 쳐서
온 천지에 쓸쓸하게 흩어지니 거둘 수 없네.

漁笛

孤帆風烟一竹秋
數聲暗逐荻花流
晚江落照隔紅樹
半世知音問白鷗
韻絶何堪遯世夢
曲終虛負斷腸愁
飄掩律呂撲人冷
滿地蕭蕭散不收

파릉巴陵 어부의 뱃노래

배로 가노라니 하늘이 물 같은데
이 밖에 맑은 노랫소리가 들리네.
여운은 밝은 달빛에 들어 고요하고
메아리는 고요한 밤에 날려 진동하네.
지음知音은 백로에게 묻노니
돌아갈 꿈은 맑은 도롱이에 가득하네.
다시 창랑곡滄浪曲을 듣노니
갓끈을 쓰다듬으며 옛 산천을 그리노라.

巴陵¹漁父棹歌

舟行天似水
此外接淸歌
韻入月明寂
響飛夜靜多
知音問白鷺
歸夢滿淸蓑
更聽滄浪曲²
撫纓憶舊波

1 파릉(巴陵): 악양(岳陽)의 옛 이름.
2 창랑곡(滄浪曲):『맹자(孟子)』「이루(離婁)」 상편의 "有孺子歌曰: 滄浪之水淸兮, 可以濯我纓, 滄浪之水
濁兮, 可以濯我足"에서 온 말이다.

안중근 의사

만 곡斛의 뜨거운 피와 열 말의 담력을
한칼에 다 뿌리니 서릿발 같은 검광이 일었다.
벼락 소리 갑자기 고요한 밤을 깨뜨리니
불꽃이 어지럽게 날리는 가운데 가을 하늘 높았다.

<ruby>安海州<rt>안해주</rt></ruby>[1]

<ruby>萬斛熱血十斗膽<rt>만 곡 열 혈 십 두 담</rt></ruby>
<ruby>淬盡一劒霜有韜<rt>쉬 진 일 검 상 유 도</rt></ruby>
<ruby>霹靂忽破夜寂莫<rt>벽 력 홀 파 야 적 막</rt></ruby>
<ruby>鐵花亂飛秋色高<rt>철 화 란 비 추 색 고</rt></ruby>

---

1 안중근(安重根, 1879~1910)을 말한다. 한말의 교육가·의병장·의사(義士). 본관은 순흥(順興). 황해
　도 해주 출신이므로 여기서 '안해주'라고 칭했다.

매천梅泉 황현黃玹

의로움에 나아가 조용히 영원토록 나라에 보답하였으니
한 번 눈감음에 만고에 겁화劫花가 새로우리.
무덤에 다하지 못한 한을 남기지 말라.
그 충절을 위로하는 사람이 많을 것이니.

黃梅泉

就義從容永報國
一暝萬古劫花[1]新
莫留不盡泉臺恨
大慰苦忠自有人

---

1 겁화(劫花): 떨어진 꽃이라는 뜻인데 황매천이 비록 죽었지만 그의 절개가 영원히 새롭다는 비유로 쓰였다.

화엄사 華嚴寺에서 산보하며

1

옛 절에 봄이 되니 조망하기에 좋아
잔잔한 강 먼 물에 비로소 물결이 이네.
고개 돌려 천 리 너머의 산하를 바라보니
백설가 白雪歌에 화답할 사람 어이 없으랴.

2

두 사람이 와서 시냇가 바위에 앉으니
어디선가 시냇물 소리 들리는데 물결은 보이지 않네.
양쪽 언덕 푸른 산에 저녁 햇살 비추는데
돌아가며 무심코 흥얼대니 절로 노래가 되네.

華嚴寺¹散步 二首

其一

古寺逢春宜眺望

潺江遠水始生波

回首雲山千里外

奈無人和白雪歌²

其二

二人來坐溪上石

磵水有聲不見波

兩岸青山斜陽外

歸語無心自成歌

1 화엄사(華嚴寺): 전남 구례군 마산면 황전리에 있는 사찰. 현재 대한불교조계종 제19 교구 본사다.

2 백설가(白雪歌): 고아한 노래를 비유하는 말이다. 『문선(文選)』에 실린 송옥이 지은 「대초왕문(對楚王問)」의 "어떤 사람이 영중(郢中)을 지나다가 하리파인(下里巴人)을 부르니 화답자가 수천 명이었고 양아해로(陽阿薤露)를 부르니 화답자가 수백 명이었지만, 양춘백설(陽春白雪)을 부르니 화답자가 수십 명을 넘지 못했다"는 데서 유래한 말이다.

구곡령九曲嶺을 지나며

섣달에 천 리 길 눈을 다 지나온 나그네
지리산 속 봄빛을 따라가네.
하늘과 한 척도 떨어지지 않은 높은 구곡령 길도
굽이굽이 굽어져도 내 긴긴 마음에는 못 미치리.

과 구 곡 령
過九曲嶺

過盡臘雪千里客
智異山裡趁春陽
去天無尺九曲路
轉回不及我心長

산가의 일흥逸興

물가의 두어 채 집에는 누가 사는지
낮에도 문을 닫아 고운 노을을 막네.
돌 바둑판에 바둑돌 두면 모두 대숲에 울리는데
구름과 술 마시려는데 술이 없어도 꽃을 기울이지는 않네.
십 년 동안 신 하나 신어도 고상함에 무슨 방해가 되겠는가
만사는 표주박 반쪽에 텅 비어도 좋다네.
봄 숲에 석양 내리니 앉아 있을 만한데
온 산이 푸르니 나무꾼의 피리 소리 들리네.

<ruby>山家逸興<rt>산가일흥</rt></ruby>[1]

兩三傍水是誰家
畫掩板扉隔彩霞
圍石有碁皆響竹
酌雲無酒不傾花
十年一履高何妨
萬事半瓢空亦佳
春樹斜陽堪可坐
滿山滴翠聽樵笳

---

1 일흥(逸興): 세속을 벗어난 흥취.

약사암藥師庵 가는 길

십 리 길 반나절이면 갈 만한데
길 위에 흰 구름은 어찌도 그윽하고 긴가.
개울 따라 물이 다한 곳까지 돌아 들어가니
깊은 숲에 꽃은 없는데 산이 절로 향기롭네.

藥師庵途中

약 사 암 도 중

十里猶堪半日行
십 리 유 감 반 일 행

白雲有路何幽長
백 운 유 로 하 유 장

緣溪轉入水窮處
연 계 전 입 수 궁 처

深樹無花山自香
심 수 무 화 산 자 향

---

1 약사암(藥師庵): 광주 무등산에 있는 암자. 송광사의 말사인 증심사(證心寺)의 부속 암자로 수양 선원
으로 이름이 나 있다.

구암사龜巖寺의 초가을

오래된 절 가을에는 사람이 저절로 텅 비었다.
달 밝은 가운데 박꽃이 높이 피었다.
서리 내리기 전 남쪽 계곡 단풍 숲이 바람에 흔들리니
겨우 서너 가지에 두어 잎 붉은 것이 보이다.

龜巖寺[1]初秋

古寺秋來人自空
匏花高發月明中
霜前南峽楓林語
纔見三枝數葉紅

1 구암사(龜巖寺): 전북 순창 영구산에 있는 절. 백제 무왕 35년(624년) 숭제(崇濟) 법사에 의해 창건된 후 조선 태조 원년(1392년) 각운(覺雲) 선사가 중창했다고 전한다. '화엄종주(華嚴宗主)'라 일컬어지는 조선 영조 때의 설파(雪坡, 1707~1791) 대사가 설법했고, 그 뒤를 이어 백파(白坡, 1767~1852) 대사는 구암사 중창과 함께 선강법회(禪講法會)를 개최하는 등 선풍을 크게 진작시킴으로써 구암사가 해남 대흥사, 고창 선운사와 함께 조선 후기 불교의 중심으로 자리 잡게 되었다.

감회를 읊다

마음은 초라한 집에 빗장을 잠근 것 같고
만사가 일찍이 묘미에 든 적이 없네.
천 리 밖 오늘 밤도 또한 한 꿈인데
달 밝은 가을 숲이 밤에 흔들리네.

述懷

心如疎屋下關扉
萬事曾無入妙微
千里今宵亦一夢
月明秋樹夜紛飛

구암폭포

가을 산에 폭포가 급한데
뜬 세상 늙은 몸이 부끄럽네.
밤낮으로 흐르는 폭포는 어디로 가려는가?
천고의 사람을 돌아보노라.

^{구 암 폭}
龜巖瀑

秋山瀑布急
浮世愧殘春
日夜欲何往
回看千古人

구암사에서 송청암宋淸巖 형제와 같이 읊다

멀리 온 나그네 텅 빈 산에 가을 해 저무는데
얇은 노을과 성긴 머리는 별 차이가 없네.
앓기 전 이미 새삼덩굴에 걸린 달 보았는데
좌선 후에 아직 국화가 피지 않았구나.
저녁 버들은 누구를 위해 유독 푸른지
한가로운 구름은 나처럼 집이 없네.
구리 낙타와 가시나무 어느 것인들 꿈이 아니리요.
예로부터 영웅은 공연히 자만하였구나.

龜巖寺與宋清巖兄弟共唫

遠客空山秋日斜
澹霞疎髮隔如紗
病前已見碧羅月
禪後未開黃國花
晚柳爲誰偏有緒
閒雲與我共無家
銅駝荊棘孰非夢
終古英雄漫自誇

쌍계루雙溪樓

온 누각이 속기가 없어 흡사 고승 같은데
이루런들 인력으로 될 바가 아니라네.
학은 아직 하늘로 돌아가지 않았는데 향이 이미 내려오고
사람은 지금 나그네 되니 가을이 먼저 깊어가네.
깎아지른 벼랑은 비 내리는 듯한데 단풍나무숲 위태롭고
숲 뚫고 오는 구름 없는데 시냇물은 맑도다.
사해가 형제라면 나도 형제가 있으니-당시 송청암 형제가 함께 이 누각에 올랐다-
이다음 모두 함께 이곳에 오를 작정이라네.

쌍 계 루

雙溪樓[1]

一樓絶俗似高僧

欲致定非力以能

鶴-有鶴巖-未歸天香已下

人今爲客秋先增

懸崖如雨楓林急

穿樹無雲澗水澄

海內弟兄吾亦有-時宋淸巖兄弟共登此樓-

大期他日盡歡登

---

1 쌍계루(雙溪樓): 전라남도 장성 백양사(白羊寺)에 속해 있는 사찰 누각.

남형우南亨祐에게 주다

가을 산에 지는 해를 바라보니 아스라한데

홀로 서서 높이 노래 부르니 온 세상에 울려 퍼지네.

흰 머리 몇 줄기는 동쪽으로 흘려보내고

국화 만 송이는 밤에 서리를 맞네.

멀리서 편지가 안 오니 벌레가 오히려 말을 거는 듯하고

고목은 무심한데 이끼가 절로 향기롭네.

출가한 지 40년인데

부끄럽구나, 예전처럼 빈 상에 우두커니 있는 모습이.

증 남 형 우
贈南亨祐

秋山落日望蒼蒼
獨立高歌響八荒
白髮數莖東逝水
黃花萬本夜迎霜
遠書不至虫猶語
古木無心苔自香
四十年來出世事
慚愧依舊坐空床

송청암에게 주다

만나면 문득 놀랍고도 기쁘니
함께 가을 산행을 가네.
해 뜨면 흰 구름 보고
밤이면 밝은 달빛을 밟네.
작은 바위는 본래 말이 없는데
오래된 오동나무에는 절로 소리가 있네.
이 세상이 온통 낙토인데
반드시 신선의 도를 구할 필요는 없으리.
-당시 송청암이 신선술을 추구하였다.

贈宋清巖

相逢輒驚喜
共作秋山行
日出看雲白
夜來步月明
小石本無語
古桐自有聲
大塊一樂土
不必求三淸-時宋求仙

경성에서 오세암五歲庵으로 돌아와
박한영朴漢永에게 주다

하늘에 밝은 달 떴는데 그대는 어디에 있는가?
온 세상 단풍에 물들었는데 나만 홀로 왔구나.
밝은 달 단풍잎에 비록 서로 잊게 되더라도
오직 내 마음만은 그대와 함께 배회한다네.

自京歸五歲庵[1]贈朴漢永

一天明月君何在
滿地丹楓我獨來
明月丹楓雖相忘
唯有我心共徘徊

---

1 오세암(五歲庵): 강원도 인제군 북면 용대리에 있는 백담사(百潭寺)의 부속 암자.

중양절重陽節에

9월 9일 백담사에는

낙엽 진 온 숲에 병든 이내 몸뿐.

한가로운 구름은 머물지 않으니 누군들 나그네 아니겠는가마는

국화는 이미 피었는데 나는 무엇 하는 사람인가?

개울에 물 빠지니 바위가 하얗고

기러기가 가을에 높이 나니 멀어서 티끌 하나 없다.

낮에 다시 일어나 방석에 앉으니

온 산봉우리가 문에 들어와 삐쭉삐쭉 푸르다.

중 양
重陽

구 월 구 일 백 담 사
九月九日百潭寺
만 수 귀 근 병 리 신
萬樹歸根病離身
한 운 부 정 숙 비 객
閒雲不定孰非客
황 화 이 발 아 하 인
黃花已發我何人
계 간 수 락 청 유 옥
溪磵水落晴有玉
홍 안 추 고 형 무 진
鴻雁秋高逈無塵
오 래 갱 기 포 단 상
午來更起蒲團上
천 봉 입 호 벽 린 수
千峰入戶碧嶙峋

정사년 12월 3일 밤 10시경 좌선 중에 갑자기 바람이 불어 무슨 물건을 떨구는 소리를 듣고 의심하던 마음이 갑자기 풀렸다. 그래서 시 한 수를 짓다

남아가 이르는 곳이 바로 고향이니

몇 사람이나 길이 나그네 시름에 잠겼던가.

한 소리 외침에 삼천세계를 깨뜨리니

눈 속에 복사꽃이 점점이 붉구나.

丁巳[1]十二月三日夜十時頃坐禪中忽聞風打墜物
聲疑情頓釋仍得一詩

男兒到處是故鄉
幾人長在客愁中
一聲喝破三千界
雪裡桃花片片紅

---

1 정사년(丁巳年): 1917년.

오세암

구름도 있고 물도 있어 이웃할 만한데
(원문 탈락) 하물며 또 인자함에 있어서랴.
시장이 멀어 송차로 약을 끓일 만하고
산이 깊어 물고기와 새가 어쩌다가 사람을 만나네.
아무 일도 결코 없는 것이 도리어 고요한 것이 아닌데
처음 맹서를 저버리지 않는 것이 바로 새로운 맹서라네.
만약 비 맞은 파초가 우뚝 선 것처럼 할 수 있다면
이 몸도 티끌 속으로 달려가는 것이 어찌 싫겠는가.

五歲庵

有雲有水足相隣
○○○○況復仁
市遠松茶堪煎藥
山窮魚鳥忽逢人
絶無一事還非靜
莫負初盟是爲新
倘若芭蕉雨後立
此身何厭走黃塵

눈 오는 밤 그림을 보고 느낀 바가 있어서

한밤중에 눈바람이 그치지 않으니
세모의 사람 마음과 어긋나네.
살아오면서 가난에는 익숙하지만
늙어감에 차마 흰 술에 속는다네.
추위가 시든 매화에 스며드니 향이 수이 스러지고
등불이 흰 머리에 깊으니 꿈을 기약하기 어렵구나.
그림 속 늙은 어부가 정말로 부러우니
앉아서 봄물이 푸르게 일렁이는 것을 보누나.

雪夜看畵有感

설야간화유감

風雪中宵不盡吹
人情歲色共參差
生來慣被黃金負
老去忍從白酒欺
寒透殘梅香易失
燈深華髮夢難期
畵裡漁翁眞可羨
坐看春水綠生漪

무제 8수

1

시름 때문에 고요한 밤이 싫고
술이 다하매 추울까 겁이 나네.
천 리 밖에서 어떤 사람이 하도 그리워
마음은 따라가는데 몸은 가지 못하네.

2

늙어서 머리카락 이미 빠졌지만
해바라기 같은 마음은 아직도 장하네.
산속 집에는 눈이 아직 녹지 않았는데
매화가 피니 봄날 밤이 향기롭네.

3

구름 끊어지니 시가 이루어지고
눈이 내리니 술에 향기가 진동하네.
마음 가는 대로 걸으며 천고를 헤아리니
푸른 하늘에 밝은 달이 기네.

4

땅이 메말라 구름도 가늘게 생기고
집이 가난해 매화도 늦게 피네.
은자의 마음은 사슴 같아서
매양 닭과 개가 따른다네.

5

기슭의 대는 옥처럼 하얗게 빼곡히 서 있고
시냇가 구름은 옷을 펼쳐놓은 듯하네.
저 산에 눈이 오게 생겼는데
이따금 겨울 까마귀가 날아가네.

6

흐르는 물은 영웅의 눈물이요
지는 꽃은 재주 있는 사람의 근심이라.
푸른 산이 좋다고 말하지 마시게
시내와 숲에 반나마 해골인 것을.

7

시냇물 소리는 매번 바위 때문이요
달 그림자는 반나마 구름 때문이라네.
그대 그리는 마음만 홀로 가니
한 해가 가도록 돌아올 줄 모르네.

8

학은 매화에 비친 달빛을 지키고
맑게 흐르는 물에 솔바람 불어오네.
마음으로 대나무를 배워
참된 것과 아닌 것이 공空이라는 것을 얻을 수 있을까?

^{무 제 팔 수}
無題 八首

^{기 일}
其一
^{수 래 염 야 정}
愁來厭夜靜
^{주 진 겁 한 생}
酒盡怯寒生
^{천 리 회 인 급}
千里懷人急
^{심 수 미 도 정}
心隨未到情

^{기 이}
其二
^{상 유 발 이 단}
桑楡髮已短
^{규 곽 심 유 장}
葵藿心猶長
^{산 가 설 미 소}
山家雪未消
^{매 발 춘 소 향}
梅發春宵香

^{기 삼}
其三
^{운 단 시 성 운}
雲斷詩成韻
^{설 래 주 동 향}
雪來酒動香
^{종 보 사 천 고}
縱步思千古
^{청 천 명 월 장}
靑天明月長

其四
기사

地瘠雲生細
지 척 운 생 세

家貧梅發遲
가 빈 매 발 지

幽人心似鹿
유 인 심 사 록

鷄犬每相隨
계 견 매 상 수

其五
기 오

岸竹立千玉
안 죽 립 천 옥

礀雲臥一衣
간 운 와 일 의

他山雪意重
타 산 설 의 중

時見寒鴉飛
시 견 한 아 비

其六
기 륙

流水英雄淚
류 수 영 웅 루

落花才子愁
락 화 재 자 수

莫道靑山好
막 도 청 산 호

溪林半髑髏
계 림 반 촉 루

其七^{기칠}

溪響每因石^{계향매인석}

月陰半借雲^{월음반차운}

思君心獨往^{사군심독왕}

抵歲不相分^{저세불상분}

其八^{기팔}

鶴守梅花月^{학수매화월}

玉流松柏風^{옥류송백풍}

堪憐心學竹^{감련심학죽}

得眞失之空^{득진실지공}

무제 2수

1

날로 추위가 심해 문밖에 나서지 않았더니
시냇가 돌들이 하얗게 윤기가 난다고 하더라.
하늘엔 길이 없는데 새는 어디로 가는가,
산속에 집이 있는데 구름은 아직 돌아오지 않네.
억지 술로 근심을 달래려 하니 계획이 이미 졸렬하고
억지로 잠들어 꿈꾸려 하지만 꾀가 어긋났네.
온 하늘에 눈바람 날리는데 님은 멀리 계시고
흰 머리 가득한 머리로 석양을 등지네.

2

명검은 갈기도 전에 날카롭고
좋은 꽃은 떨어진 후에도 향기롭다.
가련쿠나! 하늘의 달은
홀로 한 조각 긴 마음을 비추고 있으니.

무 제 이 수
無題 二首

기 일
其一
日覺甚寒不出扉
報言澗石玉爲肥
空中無路鳥何去
山裡有家雲未歸
勒酒消愁計已拙
強眠做夢術且違
一天風雪美人遠
華髮滿頭負夕暉

기 이
其二
名劍磨前快
好花落後香
可憐天上月
獨照片心長

신문 폐간

붓이 꺾이고 먹이 날려 대낮에 쉬는,
입에 하무를 문 사람들이 흩어진 오래된 성의 가을날.
한강 물도 오열하니
벼루 속에 들어가지 못하고 바다를 향해 흘러가서라네.

新聞廢刊[1]

신 문 폐 간

筆絶墨飛白日休
필 절 묵 비 백 일 휴

銜枚[2]人散古城秋
함 매 인 산 고 성 추

漢江之水亦嗚咽
한 강 지 수 역 오 열

不入硯池向海流
불 입 연 지 향 해 류

---

1 만해가 장편소설 『삼국지』를 연재하던 중 『조선일보』가 1940년 8월 10일 지령 6,913호로 일제에 의해 강제 폐간당했을 때 쓴 시로 보임.

2 함매(銜枚): 하무를 무는 것을 말함. 하무는 군대에서 병사들의 입에 물리던 가는 나무 막대기로, 행군 중에 소란스러운 것을 막기 위한 것이다.

회갑날의 즉흥
— 1939년 7월 12일 청량사에서

빠르게 지나간 61년의 세월인데
세상에서는 소겁처럼 긴 시간이라 하네.
세월이 백발 성기게 했다지만
풍상도 일편단심을 어쩌지 못한다네.
가난을 받아들이니 범골이 바뀐 것 같고
병을 내버려두매 누가 좋은 약방문을 알겠는가.
흐르는 물 같은 내 여생에 대해 그대 묻지 마시게.
온 숲에 매미 소리에 석양이 지네.

周甲日卽興

一九三九. 七. 十二. 於清凉寺

忽忽六十一年光
云是人間小劫桑
歲月縱令白髮短
風霜無奈丹心長
聽貧已覺換凡骨
任病誰知得妙方
流水餘生君莫問
蟬聲萬樹趁斜陽

삼가 방응모_{方應謨} 선생의 생신을 축하드리다

서쪽은 대기가 정말 기이하여

자욱한 비와 산들거리는 구름이 절로 때가 있다네.

서까래같이 큰 붓으로 능히 사람을 살리고 죽일 수 있고

대나무 같은 빼어난 재주는 또한 삐쭉삐쭉 우뚝하네.

용을 잡고 호랑이를 때려잡는 것 진실로 마음대로 하며

학을 찾고 갈매기에 묻는 것도 또한 기약할 수 있다네.

한강가 남산처럼 오래 사시라고 축수드리니

따뜻한 봄날 3개월이 족히 새롭고 경사스럽도다.

謹賀啓礎[1]先生晬辰[2]

西來一氣正堪奇

覆雨飜雲自有時

大筆如椽能殺活

英才似竹又參差

屠龍搏虎固任意

訪鶴問鷗亦可期

祝壽南山漢水上

陽春三月足新禧

---

1 방응모(方應謨, 1883~?): 1933년 『조선일보』의 경영권을 인수하고 언론, 출판 활동을 통한 민족문화 운동을 추진했으며, 일제 말기 총독부 지배 정책에 따라 친일 활동을 했다. 해방과 함께 『조선일보』를 복간했으며, 한국전쟁 당시 납북되었다.

2 수신(晬辰): 생일.

2

일본에서 쓴 시

마관馬關으로 가는 배 위에서

긴 바람이 다 불어와 가벼운 저녁을 침노하고
온 바닷물이 다투어 날리는데 지는 해가 둥글구나.
안개비 속에 멀리 온 나그네는 외로운 배에 있는데
한 호리병 술에 하늘가에 이르렀네.

馬關¹舟中

長風吹盡侵輕夕
萬水爭飛落日圓
遠客孤舟烟雨裡
一壺春酒到天邊

1 마관(馬關): 일본 규슈의 항구 '하관(下關, 시모노세키)'의 다른 이름.

궁도宮島로 가는 배 안에서

하늘가 외로운 흥취가 변하여 시름이 되었는데
배 가득한 춘심은 절로 거둘 수 없네.
흡사 도화원의 안개비 속
꽃비 내리는 가운데 남은 꿈이 영주를 지나가는 듯하네.

宮島¹舟中

天涯孤興化爲愁
滿艇春心自不收
洽似桃源烟雨裡
落花餘夢過瀛洲

---

1 궁도(宮島): 미야지마. 히로시마현의 남서부에 있는 섬으로 일본 명승으로 손꼽힌다.

고향을 생각하다

찬 등불 심지는 돋우지 않아도 불꽃이 맺혀 있다.
온몸은 자지러지고 정신이 흐릿한데
매화가 꿈속에 들어 새로운 학이 되어
옷깃을 끌어 잡고 고향 소식 얘기한다.

思鄉

寒燈未剔紅連結
百髓低低未見魂
梅花入夢化新鶴
引把衣裳說故園

『和融誌』第12卷 第6號, 1908. 6

천전淺田 교수에게 화답하다
— 천전부산 교수가 참선에 관한 시를 보내왔기에
이에 답하다

천진天眞과 나는 터럭만큼 간극도 없는데
우리들이 그것을 찾아내지 못하는 것이 우습구나.
대부분 도리어 갈등 속에 드니
봄 산에 어느 날에야 청람晴嵐이 이를까.

和淺田教授
淺田斧山[1]遺以參禪詩故以此答

天眞[2]與我間無髮
自笑吾生不耐探
反入許多葛藤裡
春山何日到晴嵐[3]

---

1 천전부산(淺田斧山): 메이지시대 일본 선종의 중심인 조동종 대학림의 교수이자 불교학자. 만해가 도
일했을 때 조동종 대학림에서 묵었다.
2 천진(天眞): 불교에서 말하는 불생불멸의 참된 마음.
3 청람(晴嵐): 맑은 날 산에서 피어오르는 아지랑이 같은 영롱한 기운.

갠 날을 읊다

장맛비 개고 뜨락에는 나무 그늘 지는데
주렴에는 매미 소리와 함께 가을 기운이 생겨나네.
고향의 푸른 산은 머리카락 한 올같이 가는 꿈인데
낙화는 한낮에 혼연히 소리가 없네.

陰晴

庭樹落陰梅雨[1]晴
半簾秋氣和禪生
故國靑山夢一髮
落花深晝渾無聲

『和融誌』第12卷 第8號, 1908. 8

---

1 매우(梅雨): 양자강 회수 지역에서 초여름에 시작되는 장마철에 내리는 비를 지칭한다. 이때 매실이 노랗게 익기 때문에 이때 내리는 장맛비를 매우라고 한다.

빗속에 홀로 읊다

일본에는 비바람이 많아
큰 집에 오월인데도 춥네.
생각이 많은 만 리 떠나온 나그네는
말없이 푸른 산을 대하고 있네.

雨中獨唫

海國多風雨
高堂五月寒
有心萬里客
無語對靑巒

『和融誌』第12卷 第7號, 1908. 7

동경東京 여관에서 매미 소리를 듣다

아름다운 나무는 물보다 맑은데
매미 소리가 초楚나라 노래 같네.
이 밖에 다른 일을 논하지 말라.
나그네 시름만 더할 뿐이니.

^{동 경 여 관 청 선}
東京旅館聽蟬

佳木淸於水
蟬聲似楚歌[1]
莫論此外事
偏入客愁多

---

1 초가(楚歌): 사마천의 『사기(史記)』 「항우본기(項羽本紀)」에서 온 고사로, 슬프고 고향을 그리워하게
끔 하는 노래의 대칭으로 쓰인다.

나비

봄바람의 일은 온갖 꽃에 있으니
아마도 이 세상의 탕자의 부류인가 보다.
가련하구나, 뜬 인생의 꿈에 더하는 것이
올해 질 것인데 얼마나 많은 시름을 더할까.

蝴蝶

東風事在百花頭
恐是人間蕩子流
可憐添做浮生夢
消了當年第幾愁

맑은 새벽

높은 누각에 홀로 앉아 여러 정을 끊어버리는데
뜨락의 나무에는 한기가 새벽 달을 따라 생긴다.
온 집 안에 물안개가 거두어 들여지고
시상詩想은 아득하게 피리 소리를 따라 인다.

<ruby>清<rt>청</rt></ruby><ruby>曉<rt>효</rt></ruby>

<ruby>高<rt>고</rt></ruby><ruby>樓<rt>루</rt></ruby><ruby>獨<rt>독</rt></ruby><ruby>坐<rt>좌</rt></ruby><ruby>絶<rt>절</rt></ruby><ruby>群<rt>군</rt></ruby><ruby>情<rt>정</rt></ruby>
<ruby>庭<rt>정</rt></ruby><ruby>樹<rt>수</rt></ruby><ruby>寒<rt>한</rt></ruby><ruby>從<rt>종</rt></ruby><ruby>曉<rt>효</rt></ruby><ruby>月<rt>월</rt></ruby><ruby>生<rt>생</rt></ruby>
<ruby>一<rt>일</rt></ruby><ruby>堂<rt>당</rt></ruby><ruby>如<rt>여</rt></ruby><ruby>水<rt>수</rt></ruby><ruby>收<rt>수</rt></ruby><ruby>入<rt>입</rt></ruby><ruby>氣<rt>기</rt></ruby>
<ruby>詩<rt>시</rt></ruby><ruby>思<rt>사</rt></ruby><ruby>有<rt>유</rt></ruby><ruby>無<rt>무</rt></ruby><ruby>和<rt>화</rt></ruby><ruby>笛<rt>적</rt></ruby><ruby>聲<rt>성</rt></ruby>

봄 꿈

봄은 낙화 같고 낙화는 꿈 같은데
사람이 어찌 나비이며 나비가 어찌 사람이겠는가?
나비의 꽃과 사람의 꿈은 모두 똑같이 마음의 일이니
동군東君에게 가서 하소연하여 이 봄을 붙잡아 두려네.

^{춘 몽}
春夢

夢似落花花似夢
人何胡蝶蝶何人
蝶花人夢同心事
往訴東君[1]留一春

『和融誌』第12卷 第7號, 1908. 7

---

1 동군(東君): 봄을 관장하는 신.

조동종曹洞宗 대학교 별원別院에서

1

법당 하나 태곳적 같아

세상과 상관하지 않네.

그윽한 숲에 종소리 들린 후에

한가로운 빛이 차 향기 사이에 비추네.

선심은 백옥 같은데

기이한 꿈은 청산에 다다르네.

다시 또 다른 곳을 찾아

우연히 새로운 시를 얻어 돌아오리.

2

별원別院 안에는 아름다운 나무가 많은데

대낮의 나무 그늘에는 푸르름이 뚝뚝 떨어지네.

은자가 막 낮잠에서 깨어나니

꽃 떨어지고 풍경 소리 높구나.

曹洞宗大學校[1]別院 二首

其一

一堂似太古
與世不相干
幽樹鐘聲後
閑光茶藹[2]間
禪心如白玉
奇夢到靑山
更尋別處去
偶得新詩還

其二

院裡多佳木
晝陰滴翠濤
幽人初破睡
花落磬聲高

『和融誌』第12卷 第7號, 1908. 7(其一 수록)

---

1 일본 선종의 중심인 조동종(曹洞宗)에서 세운 불교 전문학교.　　**2** 다애(茶藹): 차의 향기.

고의古意

만사의 승패는 텅 빈 바둑판에 놔두고

천금을 헛되이 던져버리고 옛 맹서를 찾네.

바닷속에 흔들리는 영혼은 모두 한낱 터럭 같은데

풍진 속에 남은 꿈은 삼생이런가.

푸른 산 누런 흙은 반나마 인골인데

흰 물결 푸른 마름은 모두 세상의 정이라네.

책을 대해도 흥망에 관한 구절은 읽지 않으니

말없이 동창에 누워 밝은 달을 보네.

古意

輸贏萬事落空枰
虛擲千金尋舊盟
湖海蕩魂都一髮
風塵餘夢幾三生
靑山黃土半人骨
白水蒼萍共世情
對書不讀興亡句
無語東窓臥月明

『和融誌』第12卷 第7號, 1908. 7

증상사增上寺에서

한 줄기 맑은 풍경 소리에 막 단을 내려와
다시 또 햇차를 끓여 난간에 기대네.
오랜 비가 겨우 개니 약간 쌀쌀한 기운이 도는데
텅 빈 주렴에 낮 공기는 수정처럼 차구나.

증 상 사
增上寺[1]

청 경 일 성 초 하 단
淸磬一聲初下壇
갱 첨 신 명 의 란 간
更添新茗依欄干
구 우 재 청 경 량 동
舊雨纔晴輕凉動
공 렴 주 기 수 정 한
空簾晝氣水晶寒

---

1 증상사(增上寺): 동경 시바공원(芝公園) 안에 있다.

밤에 빗소리 들으며

동경 8월에 편지는 늦고
가을 생각은 아득하여 기약할 곳 없네.
외론 등불에 보슬비 내리는 소리는 찬데
앓아눕던 지난 그때랑 아주 비슷하구나.

사 야 청 우
思夜聽雨

동 경 팔 월 안 서 지
東京八月雁書遲
추 사 묘 망 무 처 기
秋思杳茫無處期
고 등 소 우 우 성 랭
孤燈小雨雨聲冷
태 사 왕 년 와 병 시
太似往年臥病時

『和融誌』第12卷 第8號, 1908. 8

지광智光 어른에게 바치다
— 시문을 보내셨기에 답하다

문장은 아름답고 글씨는 빼어나 향기가 나는데
한 폭의 그림에 무한한 뜻을 그려내셨네.
홀로 천 개의 산 만 개의 물 밖에 있는데
벗에게 단지 긴긴 마음을 허여하였네.

和智光[1]伯
遺以詩文故答

文佳筆絶卽生香
一幅畫寫九曲腸[2]
獨在千山萬水外
故人只許寸心長

---

1 지광(智光, 709~780): 일본 나라시대 삼론종(三論宗)의 승려. 현재 나라현 원흥사(元興寺)에 있는 '지광만다라(智光曼荼羅)'라고 불리는 「정토변상도(淨土變相圖)」가 유명하다.
2 구곡장(九曲腸): 무한한 뜻을 비유적으로 표현하는 말이다.

일광日光 가는 길에서

아녀자들이 다투어 전하는 것을 한 번 들어보니
이곳 가운데 별천지가 있다고 하네.
물 따라 점점 양쪽 계곡을 바라보니
아득히 고향 산천과 흡사하구나.

<ruby>日光<rt>일광</rt></ruby>[1]<ruby>道中<rt>도 중</rt></ruby>

日光道中

試聞兒女爭相傳
報道此中別有天
逐水漸看兩岸去
杳然洽似舊山川

---

1 일광(日光): 일본 동경의 동북부에 있는 명승지. 도쿠가와 이에야스를 모시는 동조궁(東照宮)이 있다.

일광 남호南湖

신타산神仛山 속에 호수가 열렸는데
산빛과 물빛이 함께 나란하네.
여남은 척 작은 배에 한 줄기 피리 소리
석양 아래 어부가 부르며 돌아오네.

일 광 남 호
日光南湖

신 라 산 중 호 수 개
神佗山中湖水開
산 광 수 색 공 배 회
山光水色共徘徊
십 수 소 선 일 양 적
十數小船一兩笛
석 양 창 도 어 가 래
夕陽唱倒漁歌來

독창獨窓에 비바람 치기에

사천 리 밖에서 홀로 상심하는 마음에
날마다 가을바람에 백발이 돋네.
낮잠에서 놀라 깨어나니 사람은 보이지 않고
뜰 가득 비바람이 가을 소리를 내네.

<ruby>獨窓風雨<rt>독 창 풍 우</rt></ruby>

<ruby>四千里外獨傷情<rt>사 천 리 외 독 상 정</rt></ruby>
<ruby>日日秋風白髮生<rt>일 일 추 풍 백 발 생</rt></ruby>
<ruby>驚罷晝眠人不見<rt>경 파 주 면 인 불 견</rt></ruby>
<ruby>滿庭風雨作秋聲<rt>만 정 풍 우 작 추 성</rt></ruby>

『和融誌』第12卷 第8號, 1908. 8

들길을 가며

1

석양에 필마로 쓸쓸히 강을 건너는데
강둑에 버들이 새로 누렇게 변했구나.
고개 돌려 바라봐도 관문으로 가는 길은 보이지 않고
만 리서 불어오는 가을바람에 고향 생각이 나네.

2

흥취를 찾아 우연히 옛 나루터에 들르니
찰랑찰랑 물속에 조그만 물고기가 노니네.
물가 구름은 이미 서풍을 따라갔는데
석양에 홀로 서서 늦가을 풍경을 바라보네.

野行 二首

其一

匹馬蕭蕭渡夕陽
江堤楊柳變新黃
回頭不見關山路
萬里秋風憶故鄉

其二

尋趣偶過古渡頭
盈盈一水小魚游
汀雲已逐西風去
獨立斜陽見素秋

『和融誌』第12卷 第9號, 1908. 9(其一 수록)

가을밤 빗소리를 듣고 느낀 바가 있어서

영웅이 되는 법도 신선술도 배우지 않고서
국화 필 때 만나자는 약속 공연히 어겼네.
등불 아래 흰 머리 무수한 이 가을날
쓸쓸한 빗소리에 어느덧 서른 해 지났음을 깨닫네.

추 야 청 우 유 감
秋夜聽雨有感

불 학 영 웅 불 학 선
不學英雄不學仙

한 맹 허 부 황 화 연
寒盟虛負黃花緣

청 등 화 발 추 무 수
青燈華髮秋無數

소 우 우 성 삼 십 년
蕭雨雨聲三十年

『和融誌』第12卷 第9號, 1908. 9

가을 새벽

텅 빈 방 안은 어이하여 날이 밝는지
은하수가 기울어 다락에 들어오네.
가을바람은 옛 꿈에 불어오고
새벽 달은 새로운 근심을 비추네.
낙엽 사이로 외론 등불 보이고
오래된 연못엔 찬 물이 흐르네.
아득히 그리우니, 아직 고향에 돌아가지 못한 나그네는
내일 아침 응당 머리가 하얗게 세겠구나.

秋曉

虛室何生白
星河傾入樓
秋風吹舊夢
曉月照新愁
落木孤燈見
古塘寒水流
遙憶未歸客
明朝應白頭

『和融誌』第12卷 第9號, 1908. 9

3

옥중시
獄中詩

어느 날 이웃 방과 말을 나누다가 간수에게
들켜 두 손을 2분간 가볍게 묶이었다.
그래서 느낀 대로 읊다

농산隴山의 앵무새는 사람 말을 할 줄 아는데

나는 그 새만도 한참 못한 것이 부끄럽다.

웅변은 은이요, 침묵은 금이라는데

이 금으로 모두 자유의 꽃을 사고 싶구나.

一日與隣房通話爲看守窃聽雙手被輕縛二分間
卽唫

隴山[1]鸚鵡能言語
愧我不及彼鳥多
雄辯銀兮沈黙金
此金買盡自由花

1 농산(隴山): 중국 섬서성에 있는 산.

옥중에서의 감회

일념으로 다만 깨끗이 티끌 하나 없는데
철창 밖에 밝은 달은 절로 돋네.
걱정과 즐거움은 본디 공空이요, 오직 마음에 달려 있는 것이니
석가도 원래는 보통 사람이었지.

獄中感懷

<ruby>一</ruby> <ruby>念</ruby> <ruby>但</ruby> <ruby>覺</ruby> <ruby>淨</ruby> <ruby>無</ruby> <ruby>塵</ruby>

一念但覺淨無塵
鐵窓明月自生新
憂樂本空唯心在
釋迦原來尋常人

학생에게 주다

완전한 기왓장처럼 사는 것은 치욕이니
부서진 옥처럼 죽는 것도 아름다우리.
온 하늘에 가득한 가시나무 베고서
길이 읊조리니 달빛이 아주 밝구나.

寄學生
_기 _학 _생

瓦全[1]生爲恥

玉碎死亦佳

滿天斬荊棘

長嘯月明多

---

1 와전(瓦全): 북제(北齊) 원경안(元景安)이 말한 "대장부란 부서진 옥(玉)이 될지언정 완전한 기왓장은 되지 않는다(大丈夫 寧可玉碎 不能瓦全)"에서 나온 말이다.

가을비

가을비가 얼마나 쓸쓸한지
으스스한데 공연히 절로 놀라네.
그리움은 날으는 학처럼
구름 따라 서울로 드네.

<ruby>秋雨<rt>추 우</rt></ruby>

<ruby>秋雨何蕭瑟<rt>추 우 하 소 슬</rt></ruby>
<ruby>微寒空自驚<rt>미 한 공 자 경</rt></ruby>
<ruby>有思如飛鶴<rt>유 사 여 비 학</rt></ruby>
<ruby>隨雲入帝京<rt>수 운 입 제 경</rt></ruby>

가을의 감회

십 년 동안 나라에 보답하려던 칼이 완전히 허사가 되었으니
다만 이 한 몸이 옥중에 있게 되었다.
기쁜 소식 안 오고 벌레 소리 급한데
몇 줄기 흰 머리에 또 이는 가을바람.

秋懷
추 회

十年報國劒全空
십 년 보 국 검 전 공

只許一身在獄中
지 허 일 신 재 옥 중

捷使不來虫語急
첩 사 불 래 충 어 급

數莖白髮又秋風
수 경 백 발 우 추 풍

눈 내리는 밤

감옥 둘레 사방 산에 눈이 바다처럼 내렸는데
이불은 쇳덩이처럼 춥고 꿈은 잿더미 같네.
철창이 그래도 가둬둘 수 없는지
한밤중 종소리는 어느 곳에서 들려오네.

설 야

雪夜

四山圍獄雪如海
衾寒如鐵夢如灰
鐵窓猶有鎖不得
夜聞鐘聲何處來

벚꽃을 보고 느낀 바가 있어서

지난겨울 꽃처럼 눈 내리더니
올봄에는 눈처럼 꽃이 피네.
눈과 꽃 모두 참 아닌데
어이하여 내 마음은 찢어지려 하는가.

見櫻花有感

昨冬雪如花
今春花如雪
雪花共非眞
如何心欲裂

기러기를 읊다

1

외기러기 가을 울음소리가 먼데
두어 별은 밤에 반짝이다.
등불 깊어가는데 오히려 잠은 안 오고
간수는 집에 돌아가느냐고 묻다.

2

하늘가에서 외기러기 울어
감옥 가득히 가을 소리가 길다.
갈대밭 비추는 달을 말하는 것 외에
그 어떤 진리를 말하겠는가?

영 안 이 수

咏雁 二首

기 일

其一

일 안 추 성 원

一雁秋聲遠

수 성 야 색 다

數星夜色多

등 심 유 미 숙

燈深猶未宿

옥 리 문 귀 가

獄吏問歸家

기 이

其二

천 애 일 안 규

天涯一雁叫

만 옥 추 성 장

滿獄秋聲長

도 파 로 월 외

道破蘆月外

유 하 원 설 상

有何圓舌相

병감病監의 뒤뜰

선을 말하면 사람도 속되어지고
인연의 그물을 짜니 내가 어찌 중이리.
낙엽 지는 것이 가장 안타깝지만
가을을 매다는 노끈은 원래 없는 법.

病監後園
병감후원

談禪人亦俗
담선인역속

結網我何僧
결망아하승

最憐黃葉落
최련황엽락

繫秋原無繩
계추원무승

고우古友에게 선화禪話를 보내다

온갖 꽃을 모두 다 보니 정히 아낄 만하고
향긋한 풀을 이리저리 다 누비고 노을을 밟았네.
한 그루 찬 매화를 장차 얻을 수 없으니
온 천지에 가득한 눈바람을 어찌하리.

贈古友[1]禪話

看盡百花正可愛
縱橫芳草踏烟霞
一樹寒梅將不得
其如滿地風雪何

---

1 고우(古友): 최린(崔麟, 1878~1958)의 호. 도호(道號), 여암(如庵) 등의 호도 있다. 함경남도 함흥에서 태어났으며, 1909년 일본 메이지대학 법과를 졸업하고 1911년 손병희의 권유로 천도교에 입교했다. 3·1운동때 민족대표 33인의 한 사람으로 독립선언서에 서명하고, 일본 경찰에 체포되어 징역 3년을 선고받았다. 1937년 조선총독부 기관지인 『매일신보(每日新報)』 사장에 취임했으며, 1939년 조선임전보국단(朝鮮臨戰報國團) 단장을 지내는 등 친일 활동을 했다. 1950년 한국전쟁 중에 납북되었다.

다듬이 소리

어느 곳에서 다듬이 소리 들리는가.
감옥 가득히 절로 추위가 돋다.
하늘 옷이 따뜻하다고 말하지 말라.
뼈에 스미는 이 추위와 어느 것이 더 추운가?

침 성
砧聲

하 처 침 성 지
何處砧聲至
만 옥 자 생 한
滿獄自生寒
막 도 천 의 난
莫道天衣煖
숙 여 철 골 한
孰如徹骨寒

등불 그림자를 읊다

밤이 차서 창문이 물빛인데
누워서 두 등불을 보다.
두 빛이 닿지 않는 곳에
예전처럼 선승인 내가 부끄럽다.

<ruby>咏燈影<rt>영 등 영</rt></ruby>

<ruby>夜冷窓如水<rt>야 랭 창 여 수</rt></ruby>
<ruby>臥看第二燈<rt>와 간 제 이 등</rt></ruby>
<ruby>雙光不到處<rt>쌍 광 부 도 처</rt></ruby>
<ruby>依舊愧禪僧<rt>의 구 괴 선 승</rt></ruby>

이별할 때 주다

세상에서 만나기 쉽지 않지만
옥중에서 이별하기도 또한 기이하네.
옛 맹세 아직도 식지 않았는데
국화주를 마시겠다는 기약을 저버리지 말게.

贈別 증별

天下逢未易 천하봉미이
獄中別亦奇 옥중별역기
舊盟猶未冷 구맹유미랭
莫負黃花期 막부황화기

부록

한용운 시의 새로운 이해

한용운의 생애

한용운은 1879년 7월 12일 충남 홍성군 결성면 성곡리에서 한응준의 차남으로 출생했다. 어려서 서당에서 한학을 수학했고 1896년 설악산 백담사 오세암에 은거하여 수년간 머무르며 불경을 공부하면서 다양한 독서를 통해 서양 근대사상을 접했다. 이 무렵 서구 문물과 세계 정세를 알아보기 위해 연해주로 건너갔으나 뜻을 이루지 못하고 만주를 거쳐 돌아왔다. 1901년 14세 때 결혼했던 고향의 처가에 돌아와 약 2년간 은신한 후 다시 집을 나와 방황하다가 1905년 백담사에서 연곡連谷 스님을 은사로 하여 수계를 받고 승려가 되었다. 1908년경에는 일본에 건너가 도쿄, 교토 등지의 사찰을 순례하고 조동종 대학림에서 6개월간 불교와 동양철학을 연구했다.

1910년 일제 강점과 함께 친일 승려 이회광 일파가 원종 종무원을 설립하고 일본 조동종과 연합맹약을 체결하자, 이에 분개하여 1911년 박한영 등과 승려대회를 개최, 친일 불교의 획책을 폭로하여 그 계획을 분쇄하는 데 성공했다. 한편 그는 당시 조선 불교의 침체와 낙후성과 은둔주의를 대담하고 통렬하게 분석, 비판한 저서 『조선불교유신론朝鮮佛敎維新論』(1913)을 발표하여 사상계에 큰 충격을 주었다. 이 책은 학문적인 입장에서 불교를 해설한 이론서가 아니라 조선 불교의 현상을 타개하여 불교 근대화를 추진하려는 실천적 의도에서 집필한 것이다. 여기 제시된 그의 사상은 자아의 발견, 평등주의, 불교의 구세주의, 진보주의 등으로서 이후 그의 모든 행동적 실천과 사상적 발전은 이 테두리 안에서 행해졌다.

서울로 올라와 1918년 청년 계몽 잡지 『유심惟心』을 창간·주재했으며, 1919년 3·1운동에 참가하여 독립선언 준비 과정에서 최린과 더불어 가장 핵심적인 역할을 담당했다. 일본 경찰에 체포되어 3년간 옥고를 치르는 동안 검사의 취조에 대한 답변서로서 세칭 「조선 독립의 서」를 집필, 그의 독립사상을 집약적으로 표현했다. 여기서 표현된 독립사상은 자유사상, 평등사상, 민족사상, 민중사상, 진보사상, 평화사상 등으로 정리해볼 수 있다. 1922년 출옥, 각지를 전전하며 강연을 통해 청년들의 각성을 촉구했고, 1924년 불교청년회의 총재에 취임했다.

내설악 백담사에서 은거하면서 1925년에 쓴 시집 『님의 침묵』을 1926년 간행하여 문단에 큰 파문을 던졌다. 그는 이미 1918년 『창조』 동인들보다 앞서 『유심』에 몇 편의 시를 발표한 일이 있으나 그 문학사적 위치는 『님의 침묵』 한 권으로 결정적인 중요성을 갖게 되었다. 그는 문단 권외에 있었고, 동인지의 구성원이 되지 않았으며, 외래 문예사조에 편향되지 않았다는 점에서 오히려 당시 문단 테두리 안에서는 결코 가능하지 않았던 문학적 깊이와 폭을 달성할 수 있었다. 1927년에는 신간회의 발기인이 되어 경성지부장을 역임했고, 1929년 광주학생운동 때는 민중대회를 열고 독립운동을 도왔다가 다시 체포되었으며, 이후 조선불교동맹과 만당卍黨의 실질적인 지도자로 활약했다.

50세를 전후하여 성북동 심우장尋牛莊에 은거하면서 1931년 『불교』(국가등록문화재 제782호)를 인수·간행하여 불교 청년운동 및 불교의 대중화 운동을 벌였으며 『흑풍』(1935), 『후회』(1936), 『박명』(1938) 등의 장편소설과 상당수의 한시, 시조를 남겼다. 그는 일제의 강요로 많은 지식인이 변절했을 때에도 끝까지 민족의 지조를 지켜 창씨개명을 거부했고 학병 출정에 반대했다. 1944년 5월 9일 중풍으로 사망했다. 유해는 화장되어 망우리 공동묘지에 안장되었다. 1962년 대한민국건국공로훈장 중장이 수여되었고, 1967년 파고다공원에 비가 건립되었으며, 1973년 『한용운전집』(전 6권, 신구문화사)에 이어 2011년 『한용운 문학전집』(전 6권, 태학사)이 발간되는 등 그의 불교사상, 독립운동, 문학 활동에 관한 폭넓은 연구가 이루어지고 있다.

한용운의 시집 『님의 침묵』

『님의 침묵』은 한용운이 3·1운동을 주도한 혐의로 구금되어 서대문형무소에서 징역 3년을 보낸 후 설악산 백담사로 돌아와 쓴 작품들을 모아 단행본으로 출간한 시집이다. 1925년에 탈고하여 이듬해 1926년 회동서관匯東書館에서 간행했다. 초판본의 판형은 4·6판에 전체 168면의 양장본이다. 1934년 한성도서주식회사漢城圖書株式會社에서 재판했다. 이 시집에는 책머리에 「군말」, 뒤에 「독자에게」가 붙어 있으며 본문에 88편의 작품이 수록되어 있다.

「님」만 님이 아니라, 기룬 것은 다 님이다. 중생이 석가의 님이라면, 철학은 칸트의 님이다. 장미화의 님이 봄비라면 마치니의 님은 이태리다. 님은 내가 사랑할 뿐 아니라 나를 사랑하나니라.

연애가 자유라면 님도 자유일 것이다. 그러나 너희는 이름 좋은 자유에 알뜰한 구속을 받지 않느냐. 너에게도 님이 있느냐. 있다면 님이 아니라 너의 그림자니라.

나는 해 저문 벌판에서 돌아가는 길을 잃고 헤매는 어린 양이 기루어서 이 시를 쓴다.

이 시집에 실려 있는 시들은 그 시적 대상을 '님'이라는 특이한 존재로 설정하고 있다. 대부분의 시적 진술에서 보통명사로 표시되고 있는 '님'은 시적 주체인 '나'의 그리움의 대상으로 그려진다. 앞의 「군말」을 보면 '님'의 의미를 두고 "기룬 것은 다 님"이라고 규정한다.

「님의 침묵」은 시집 『님의 침묵』의 표제작이다. 이 작품은 한용운이 추구하고 있는 시정신을 조화롭게 형상화하고 있는 것으로 평가된다. 이 시의 시적 화자인 '나'는 님이 떠나버린 상황을 독백체의 어투로 설명한다. 전체 텍스트를 구성하는 문장은 모두 '-습니다'체의 존댓말로 이루어져 있는데, 시를 읽는 독자를 대상으로 하는 말투임을 알 수 있다. 그런데 시적 화자인 '나'의 어조가 여성적이다. 시인 자신이 이별의 슬픔을 노래하는 여인의 심정을 빌려서 시를 노래하도록 만들었다고 할 수 있다. 이러한 특징은 이별의 노래의 주인공을 여성으로 등장시켜 놓는 한국적 정서와 그 맥락을 같이한다.

님은 갔습니다. 아아 사랑하는 나의 님은 갔습니다.

푸른 산빛을 깨치고 단풍나무숲을 향하여 난 적은 길을 걸어서 차마 떨치고 갔습니다.

황금의 꽃같이 굳고 빛나던 옛 맹서는 차디찬 티끌이 되어서 한숨의 미풍에 날아갔습니다.

날카로운 첫 「키스」의 추억은 나의 운명의 지침을 돌려놓고 뒷걸음쳐서 사라졌습니다.

나는 향기로운 님의 말소리에 귀먹고 꽃다운 님의 얼굴에 눈멀었습니다.

사랑도 사람의 일이라 만날 때에 미리 떠날 것을 염려하고 경계하지 아니한 것은 아니지만 이별은 뜻밖의 일이 되고 놀란 가슴은 새로운 슬픔에 터집니다.

그러나 이별을 쓸데없는 눈물의 원천을 만들고 마는 것은 스스로 사랑을 깨치는 것인 줄 아는 까닭에 걷잡을 수 없는 슬픔의 힘을 옮겨서 새 희망의 정수박이에 들어부었습니다.

우리는 만날 때에 떠날 것을 염려하는 것과 같이 떠날 때에 다시 만날 것을 믿습니다.

아아 님은 갔지마는 나는 님을 보내지 아니하였습니다.

제 곡조를 못 이기는 사랑의 노래는 님의 침묵을 휩싸고 돕니다.

이 시의 시적 대상으로 제시되고 있는 님은 시적 의미의 핵심을 이루고 있는 시어로서 그 상징적 의미 자체가 폭넓다. 님의 존재의 의미는 '침묵'이라는 말을 통해 역설적으로 제시된다. 시적 화자인 '나'는 님이 떠난 현실을 사실 그대로 받아들이고 있다. 객관적인 현실을 인정하고 있다는 뜻이다. 님은 떠나갔으므로, 님이 부재하는 현실은 비극석인 공간이 될 수밖에 없다. 하지만 이 시에서 화자 '나'는 님의 현실적 부재를 강조하면서도 그 부재의 비극적 공간 속으로 님을 다시 불러낸다. 그리고 님이 현실 속에 존재해야 한다는 당위성을 강조하고 있다. "님은 갔지마는 나는 님을 보내지 아니하였습니다"라는 시적 진술에서처럼, '나'는 분명히 님을 떠나지 않고 있다. '나'와 님이 둘이 아니라 하나가 되어 언제나 함께 있기 때문이다.

이 시의 텍스트는 그 의미가 크게 세 부분으로 나뉜다. 1행부터 4행까지의 전반부는 사랑하는 님이 떠나버린 사실을 말해주고 있다. 님이 떠나버렸다는 사실을 반복적으로 서술함으로써 님이 부재하고 있다는 사실을 강조한다. 물론 여기에는 님이 떠나서는 안 된다는 것을 말하고 싶은 마음도 담겨 있다고 할 수 있다. 5행에서부터 7행까지의 중반부는 님이 떠난 후 이별의 슬픔에 괴로워하는 '나'의 상황을 그려낸다. 물론 '나'는 이별의 상황 속에서 비탄에만 빠져 있는 것은 아니다. 님이 떠나버린 것을 슬퍼하면서도 그 슬픔을 이겨내기 위해 '나'는 님에 대한 사랑과 그 기대를 내세우게 된다. 이별의 아픔 속에 빠져 있는 '나'의 정서적 파탄을 그리지 않고, 오히려 님의 존재와 그 사랑에 대한 기대 속에서 새로운 삶의 전망을 노래하고 있다. 이 시의 후반부에 해당하는 7행에서 10행까지는 시적 주제를 응축하여 표현한다. 여기서 시적 진술은 그 행위의 주체가 '우리'라는 대명사로 바뀐다. '우리'는 '나'와 님을 한데 아우르는 말이다. 시적 주체인 '나'와 그 대상인 님이 이미 하나로 합일화하고 있음을 말해주는 징표라고 할 수 있다. "우리는 만날 때에 떠날 것을 염려하는 것과 같이 떠날 때에 다시 만날 것을 믿습니다"라는 진술 속에는 언제나 '나'의 곁에 님이 함께 있게 된다는 점을 강조하는 의지적인 강렬한 어조가 담겨 있다. 님이 떠나가버린 현실 상황 속에서도 '나'의 마음속에는 언제나 님이 함께 있음을 강조한다. 그러므로 님이 부재하는 침묵의 공간 속에서도 님에 대한 사랑의 노래가 여전히 감돌 수 있게 되는 것이다.

이 시에서 님이라는 대상을 어떻게 한정할 것인지를 묻는 경우가 많다. 하지만 이 시 속의 님이 과연 누구인가를 묻는 것은 부질없다. 한용운 자신이 "기룬 것은 다 님이다"라고 시집 서두에서 밝혀두고 있기 때문이다. 그러므로 님이 누구인가를 묻기보다는 님이라는 시적 대상을 어떤 방식으로 형상화하고 있는가를 따져보는 일이 중요하다. 시인이 님의 존재와 부재를 어떻게 인식하고 있는지를 밝히는 일이야말로 이 시의 시적 의미 구조를 이해할 수 있는 가장 중요한 방법이다.

이 작품의 시적 진술 내용을 보면 화자인 '나'는 님이 떠나버린 공간에 홀로 남아 있다. 다시 말하자면 님이 부재하는 상황 속에 혼자 남겨진 셈이다. 님이 떠나버린 부재의 공간은 '나'의 현재 상황에 해당한다고 할 수 있다. 님이 '나'의 곁에 함께했던 행복했던 시절은 모두 과거에 속한다. 과거에는 님이 분명 '나'의 곁에 함께 존재했고 '나'는 모든 것을 걸고 님을 사랑했다. 그런데 시적 화자는 지금 떠나버린 님을 슬퍼하고 있는 것만은 아니다. 님이 갔지만 자신은 님을 보내지 않았다고 말하면서 스스로 마음을 다잡고 언젠가 님을 다시 만날 것이라는 믿음을 분명하게 제시한다. 현재는 떠나버린 님의 부재 상황이 강조되고 있지만, '나'는 과거의 추억 속에서 님의 존재 의미를 확인하고 반드시 님이 다시 돌아올 것이라는 미래에 대한 긍정적 확신을 드러내고 있다. 그러므로 이 시는 이별을 노래하고 있지만 비탄과 정한의 노래는 아니다. 님이 떠나버린 데서 오는 슬픔을 말하면서도, 그 슬픔을 스스로 극복하면서 님에 대한 새로운 기대와 신념을 강조하고 있다.

실제로 화자인 '나'는 님이 부재하는 현실을 노래하고 있지만 '나'의 믿음 속에 님은 여전히 함께 존재한다. '님'의 부재라는 현실 상황을 강조하면서 그 존재의 의미와 가능성을 암시하는 이 같은 역설적 표현 구조는 한용운의 시가 지닌 진술 방식의 특징이라고 할 수 있다. 시적 주체로서의 '나'와 시적 대상으로서의 님은 현실 속에서는 서로 격리되어 있지만 그 마음속에서 이루어지는 합일의 가능성을 표현하고 있기 때문이다. 이와 같은 님의 존재에 대한 인식 방법은 이 시가 발표되었던 일제 강점기의 비극적 상황에 빗대어 역사적으로 설명할 수도 있고, 종교적 의미로 해석할 수도 있을 것이다.

「나룻배와 행인」은 형태상 4연으로 구성되어 있다. 이 시에는 화자인 '나'와 시적 대상이 되는 '당신'이 등장한다. 모든 시적 진술은 '나'를 통해 이루어지고 있는데, '나'는 '나룻배'에, '당신'은 '행인'에 각각 비유하고 있다.

　　　나는 나룻배
　　　당신은 행인

　　　당신은 흙발로 나를 짓밟습니다
　　　나는 당신을 안고 물을 건너갑니다
　　　나는 당신을 안으면 깊으나 옅으나 급한 여울이나 건너갑니다

　　　만일 당신이 아니 오시면 나는 바람을 쐬고 눈비를 맞으며 밤에서 낮
　　까지 당신을 기다리고 있습니다

당신은 물만 건너면 나를 돌아보지도 않고 가십니다그려

그러나 당신이 언제든지 오실 줄만은 알아요

나는 당신을 기다리면서 날마다 날마다 낡아갑니다

나는 나룻배

당신은 행인

이 시의 1연과 4연에서는 "나는 나룻배 / 당신은 행인"이라는 진술을 반복하고 있다. 이 구절 속에 담긴 비유적 의미가 결국은 시적 주제에 맞닿아 있음을 말해준다. 2연은 나룻배가 행인을 싣고 물을 건너가는 상황을 그려낸다. '나'는 나룻배가 되어 '당신'을 태우고 물을 건너간다. 일상적인 현실에서 흔히 볼 수 있는 이 장면은 "당신은 흙발로 나를 짓밟습니다"라는 진술에서 볼 수 있듯이 사람들을 태우는 나룻배의 기능과 속성을 그대로 드러낸다. 그리고 "나는 당신을 안고 물을 건너갑니다 / 나는 당신을 안으면 깊으나 옅으나 급한 여울이나 건너갑니다"라는 구절에서처럼 '당신'을 안고 물을 건너는 모습은 '당신'을 위한 나의 희생 또는 헌신적인 봉사로 비친다. '당신'을 안으면 얕은 물이나 급한 여울물도 가리지 않고 건너간다는 것도 결국은 '당신'을 위한 '나'의 도움의 역할을 말해준다고 할 수 있다. 결국 '당신'은 '나'의 도움으로 물을 건너가게 되는 것이다. 3연의 경우는 '당신'에 대한 기다림을 노래한다. 물을 건너면 '당신'은 돌아보지도 않고 떠나버리지만 '나'는 다시 '당신'이 돌아오기를 기다린다. 여기서 말하는 '나'의 기다림은 '당신'이 반드시 올 것임을 알고 있다는 신념에 근거한다. 그러므로 그것은 어떤 원망이나 비탄과 같은 애상의 정조를 보여주는 것은 아니다. 이러한 의지적인 요소는 이미 「님의 침묵」에서도 떠나버린 '님'을 보내지 않았으며, '님이 다시 돌아올 것을 믿는다'는 역설적인 표현을 통해 형상화된 바 있다.

이 시에서 '나'와 '당신'이 함께 건너는 '물'의 의미는 인간이 살아가면서 거쳐야 하는 힘든 삶의 과정을 뜻한다. 인생은 '고해苦海'라는 말이 있다. 글자 그대로 한다면 고통의 바다라는 뜻인데, 이것은 괴로움이 끝이 없는 세상을 말한다. 하지만 이 고통의 삶을 견디면서 살아가야 하는 것이 인간이다. '나'는 그 고통의 삶을 살아가야 하는 '당신'을 태우고 물을 건너갈 수 있는 '나룻배'다. '나룻배'는 물을 건널 때 그 존재 의미가 살아난다. '나룻배'는 빈 배로 물을 건너는 법이 없으며, '당신'을 태우고 물을 건너가는 것이다. '나룻배'는 '당신'과 하나가 되지 않으면 안 된다. '당신'을 안은 채로 물을 건너는 '나'의 모습에서 '당신'을 소중하게 여기는 인애仁愛의 정신을 엿볼 수 있으며, '나'와 '당신'이 하나가 되는 합일의 상태를 확인할 수 있다.

이 시의 내용과 연관된 불교의 가르침 가운데 『금강경金剛經』에 나오는 '벌유筏喩'라는 말이 있다. 이 말이 나오는 경전의 내용을 옮겨보면 다음과 같다.

그러므로 마땅히 법(진리)에 집착해서도 안 되고 법이 아닌 것에도 집착해서는 안 되느니라. 이러한 까닭으로 여래가 항상 말하기를, 너희 비구들은 나의 설법을 '뗏목으로 비유함'과 같음을 알라고 하였느니라. 오히려 법도 응당 버려야 하거늘 하물며 법이 아닌 것에 있어서랴? (是故 不應取法 不應取非法 以是義故 如來常設 汝等比丘 知我說法如筏喩者 法尙應捨 何況非法)

여기서 '벌유'는 부처님의 가르침을 뗏목에 비유한 말이다. 강을 건너려면 뗏목을 타고 가야만 한다. 그런데 강을 건너고 나서는 타고 온 뗏목을 강가에 버리지 않으면 안 된다. 강을 건널 때 타고 온 뗏목을 땅 위로 짊어지고 갈 수는 없는 일이다. 육지에서는 뗏목이 필요 없기 때문이다. 부처님의 가르침도 마찬가지다. 부처님의 가르침은 열반에 들기 위해 필요한 것이다. 해탈을 얻고 난 뒤에는 그 가르침이 오히려 번거로울 뿐이다. 그런데도 이를 버리지 못하면 그 가르침에 스스로 얽매이게 된다. 이를 두고 '법박法縛'이라고 한다. 그러므로 강을 건너가기 위해 뗏목을 타야만 하듯이 부처님의 가르침을 받들어야 하지만, 강을 건너고 나서는 그 뗏목을 버리듯이 가르침의 틀에서 벗어나야 한다. 이와 같은 불교적 의미를 놓고 보면, 이 시에서 '나룻배'에 비유되고 있는 '나'는 부처님의 가르침에 해당하며 '행인'으로 비유되고 있는 '당신'은 중생을 뜻하는 셈이다. 『금강경』에서 강을 건너갈 때 필요했던 뗏목은 강을 건너간 뒤에 버려야 한다고 했듯이, '당신'이 물을 건너면 다시 돌아보지도 않고 길을 간다고 말한 것이 당연하게 생각되기도 한다.

이러한 불교의 교리를 놓고 보면, 2연에서 진술하고 있는 '나룻배'의 속성이 곧 부처님의 가르침과 통한다는 것을 알 수 있다. 부처님의 가르침은 중생을 제도濟度하는 데에 그 의미가 있기 때문이다. 미혹한 세계에서 생사의 고통을 되풀이하는 중생을 건져내어 열반의 언덕에 이르게 하는 것이 곧 중생의 제도다. '나룻배'를 타야만 물을 건너갈 수 있다는 이 시의 평범한 진술 내용이 심오한 불교의 가르침을 의미한다는 것을 확인할 수 있다. 그러므로 이 시에서 화자인 '나'와 대상인 '당신'의 관계가 '당신'을 절대적 존재로 내세웠던 「님의 침묵」과는 전혀 다른 양상을 드러내고 있다는 사실을 다시 주목해야 한다. 중생을 제도하는 것처럼 '행인'을 태우고 물을 건너는 '나룻배'를 '나'라는 시적 화자로 내세우고, 고해를 건너야 하는 중생으로서의 '행인'을 '당신'이라고 지칭하고 있기 때문이다.

한용운의 시 가운데 역사적 현실 상황의 모순에 대한 부정과 비판을 직접적으로 표현하고 있는 작품으로 「당신을 보았습니다」를 손꼽는다. 이 시에서 시적 화자인 '나'는 '당신'이 떠나버린 후 먹을 것이 없어 이웃에 구걸하러 갔다가 주인으로부터 모욕을 당하면서 쫓겨나기도 하고, 집도 없고 민적도 없이 떠돌다가 장군으로부터 능욕을 당할 뻔했던 비참한 처지의 여인으로 등장한다. 그런데 '나'는 모욕과 능멸 속에서도 거기에 굴하지 않고 '당신'의 부재 상황으로 인한 비참한 삶의 현실을 통해 역설적으로 '당신'의 존재를 떠올리면서 그 고통과 모멸의 순간을 이겨낸다. 물론 '나'는 가진 자와 힘센 자의 논리만을 따라 움직이는 현실 자체에 환멸을 느끼지만 '당신'의 존재에 대한 인식을 통해 새로운 삶의 의지를 불러일으킬 수 있다.

당신이 가신 뒤로 나는 당신을 잊을 수가 없습니다
까닭은 당신을 위하느니보다 나를 위함이 많습니다

나는 갈고 심을 땅이 없으므로 추수가 없습니다
저녁거리가 없어서 조나 감자를 꾸러 이웃집에 갔더니 주인은 "거지는 인격이 없다 인격이 없는 사람은 생명이 없다 너를 도와주는 것은 죄악이다"고 말하였습니다
그 말을 듣고 돌아 나올 때에 쏟아지는 눈물 속에서 당신을 보았습니다

나는 집도 없고 다른 까닭을 겸하여 민적民籍이 없습니다
"민적 없는 자는 인권이 없다 인권이 없는 너에게 무슨 정조냐" 하고 능욕하려는 장군이 있었습니다
그를 항거한 뒤에 남에게 대한 격분이 스스로의 슬픔으로 화하는 찰나에 당신을 보았습니다
아아 온갖 윤리, 도덕, 법률은 칼과 황금을 제사 지내는 연기인 줄을 알았습니다
영원의 사랑을 받을까 인간 역사의 첫 페이지에 잉크 칠을 할까 술을

형태상 4연으로 구성된 이 시는 '나'라는 시적 화자가 등장하여 전체적인 대화조의 시적 진술을 이끌어간다. 시적 진술의 대상은 '당신'으로 지칭되지만, '나'의 곁을 떠난 상태로 그려진다. 시적 상황 자체는 '당신'이 부재하는 현실 공간이며 온갖 모욕과 수난을 겪고 있는 '나'의 고통을 보여주고 있다. 1연의 경우에는 '당신'이 떠나버린 부재의 상황을 그대로 설명하고 있다. '나'는 떠나간 '당신'을 잊지 못한다. 그 이유는 떠나버린 '당신'을 위해서가 아니라 혼자 남아 있는 '나' 자신의 처지를 생각하기 때문이다. '당신'에 대한 그리움과 사랑이 결국은 '자기애'에서 비롯된 것임을 밝혀놓고 있다. 그리고 그 구체적 사연을 2연과 3연을 통해 밝힌다.

2연의 첫 행은 '당신'이 떠나버린 뒤의 '나'의 비참하고도 고통스러운 궁핍한 상황을 설명한다. '나'는 농사를 지을 땅을 모두 빼앗겨 아무것도 거두어들이지 못하는 궁핍한 상태에 놓여 있다. 둘째 행은 당장 끼니를 이어갈 수 없어서 이웃집에 '조나 감자'를 꾸러 갔다가 오히려 주인으로부터 거지에게는 인격이 없다는 타박을 당하며 쫓겨 나오게 된 사연을 말해준다. 그리고 비통한 심정으로 돌아 나오면서 떠나버린 '당신'을 떠올리게 되었음을 고백하는 것으로 마지막 행을 꾸미고 있다. 이처럼 '당신'의 부재는 '나'의 경제적 궁핍 상황으로 이어진다. 이웃마저도 '나'를 무시하고 아무도 동정하지 않으려 함을 알 수 있다.

　3연의 첫 행은 ‘당신’이 떠나버린 후 주거할 집도 잃고 자신의 존재를 증명할 수 있는 민적마저 없어졌음을 밝힌다. 둘째 행에는 자기 권리를 주장할 수 있는 신분 증명이 없어지자 힘으로 ‘나’를 능욕하려는 장군이 나타난다. ‘나’는 그에게 항거하고 나서 자신의 비참한 처지를 깨닫고 눈물을 흘리면서 ‘당신’의 존재를 떠올리게 된다. 결국 ‘당신’의 부재 상황으로 인격체로서의 ‘나’의 권리를 보장해줄 수 있는 정당한 권리와 장치가 사라지게 되었음을 의미한다.

　4연은 2, 3연에서 설명한 바 있는 ‘당신’의 부재 상황과 ‘나’의 비참한 처지에 대한 자기 인식을 보여준다. 첫 행은 “온갖 윤리, 도덕, 법률은 칼과 황금을 제사 지내는 연기인 줄을 알았습니다”라는 자포자기적 진술로 시작된다. 인간 사회에서 그럴듯하게 내세워지고 있는 삶의 윤리라든지 도덕이라든지 사회 질서와 개인의 권익을 보장한다고 떠들어대는 법률 등이 모두 ‘칼’과 ‘황금’을 위해 바쳐지는 향불의 연기에 불과하다고 말하는 것이다. 여기서 ‘칼’은 무력을 의미한다. 강한 자가 약한 자를 억누를 수 있는 것은 바로 ‘칼’이 보여주는 힘의 논리 때문이다. 3연의 진술 내용을 그대로 지시한다고 할 수 있다. ‘황금’은 돈의 위력을 뜻하며, 가진 자의 오만과 횡포를 암시한다. ‘황금’은 인간의 생존 문제를 해결할 수 있는 근본적인 요건에 해당한다는 점에서 2연의 내용과 대응한다. ‘나’는 결국 윤리, 도덕, 법률이라는 것이 모두 강한 자와 가진 자를 위한 논리임을 깨닫는다. 약한 자와 아무것도 가지지 못한 자를 위해서는 아무런 역할도 하지 못하기 때문이다. 그러므로 이것들은 돈과 권력을 위해 바치는 제사의 연기(제사 지낼 때는 향로에 향불을 지펴 연기를 피운다)에 지나지 않는 것이다. '나'는 이러한 인식에 이르게 되자 고뇌에 빠져 자신의 처지를 비관하면서 이런저런 궁리를 하게 된다. "영원의 사랑을 받을까"라는 진술은 비참한 삶을 마감하고 신의 품으로 돌아간다는 뜻을 담고 있다. "인간 역사의 첫 페이지에 잉크 칠을 할까"라는 표현은 인간의 역사 자체에 대한 강한 부정을 의미한다. 그리고 새로운 역사에 대한 갈망도 여기에 담기게 된다. "술을 마실까"라는 말은 생에 대한 환멸과 포기 상태를 뜻한다. 이런 고뇌의 과정 속에서 '나'는 '당신'을 다시 떠올린다.

이 시에서 '당신'이라는 존재는 쉽게 '조국과 민족'이라는 말로 대체할 수 있다. 일제의 강점으로 인해 우리 민족은 일차적으로 경제적 권한을 모두 잃어버렸고, 민족의 주체성을 내세울 수 있는 정치·군사적 권한도 모두 상실하고 말았다. 이 같은 일제의 식민지 지배 상황은 이 시에서 그려내고 있는 '나'의 비참한 삶의 모습을 통해 그대로 드러나고 있다. 그러나 이 시가 강조하고 있는 것은 고통의 현실 자체는 아니다. 오히려 시인은 현실의 고통을 이겨낼 수 있는 자기 의지와 그 표상으로서의 '당신'의 존재를 강조하고 있다.

「꽃이 먼저 알아」에는 시적 대상으로서의 '님'이 텍스트에 등장하지 않는다. 한용운의 시가 대부분 '나'와 '님'의 관계를 노래하지만, 이 시는 고향에 대한 그리움을 계절의 감각에 맞춰 서정적으로 그려내고 있다.

옛집을 떠나서 다른 시골에 봄을 만났습니다

꿈은 이따금 봄바람을 따라서 아득한 옛터에 이릅니다

지팡이는 푸르고 푸른 풀빛에 묻혀서 그림자와 서로 따릅니다

길가에서 이름도 모르는 꽃을 보고서 행여 근심을 잊을까 하고 앉았습니다

꽃송이에는 아침 이슬이 아직 마르지 아니한가 하였더니 아아 나의 눈물이 떨어진 줄이야 꽃이 먼저 알았습니다

1연의 첫 행은 시적 화자의 현실 상황을 제시하고 있다. 화자는 지금 고향의 옛집을 떠나 낯선 시골에 와 있다. 그리고 객지에서 봄을 맞이하게 된다. 이러한 상황의 제시를 통해 돌아가지 못하고 있는 고향에 대한 그리움이 암시된다. 시적 화자는 꿈이라는 환상의 세계에서 이따금 봄바람을 따라 아득한 옛 고향에 이르기도 한다. 푸른 풀밭을 지팡이 짚고 한가로이 걷는 화자의 모습이 그려진다. 타향 객지에서 봄을 맞으면서 고향을 그리워하는 화자의 심정은 꿈속에서나 아득한 고향 옛터를 찾는다는 표현 속에 그대로 녹아들어 있다.

2연에는 1연의 시상이 그대로 이어진다. 시적 화자는 길가에 피어 있는 이름 모르는 꽃을 발견한다. 그리고 스스로 자신의 근심(고향 생각)을 달래보려고 그 자리에 앉아 꽃을 보게 된다. 이 시의 마지막 행에서 묘

사하고 있는 꽃과 '나'의 모습은 섬세한 감각에 서정성의 깊이를 더함으로써 큰 감동을 불러일으킨다. "꽃송이에는 아침 이슬이 아직 마르지 아니한가 하였더니 아아 나의 눈물이 떨어진 줄이야 꽃이 먼저 알았습니다"라는 구절은 그 묘사가 절묘하다. 꽃송이에 맺힌 이슬과 '나'의 눈물의 결합은 섬세한 이미지의 연결을 통해 빼어난 시적 감각의 경지를 보여준다.

한용운의 시는 대부분 시적 대상과 그 정황에 대한 설명적 서술을 중심으로 시상을 이끌어간다. 시적 주제 자체도 관념적인 속성을 드러내는 경우가 많다. 하지만 「꽃이 먼저 알아」는 감각적 묘사와 섬세한 이미지를 통해 시적 주제를 구체적으로 형상화하고 있다. 이 시에 그려지는 꿈속이라는 환상적 세계는 현실의 경험보다도 훨씬 절실하게 고향의 그리움을 표현할 수 있도록 하는 시적 장치에 해당한다. 꽃송이에 맺힌 아침 이슬을 시적 화자의 눈물과 연결하는 섬세하고도 감각적인 표현은 환상의 세계 속에서 빚어진 놀라운 시적 성취라고 할 수 있다.

「달을 보며」는 『님의 침묵』에 수록되어 있지만 널리 알려진 작품은 아니다. 이 시의 텍스트는 4연으로 구성되어 있으며, 전체적인 시적 진술이 고백체의 어투로 이루어져 있다. 하늘의 달을 바라보면서 '당신'을 혼자서 그리워하고 있는 시적 화자의 모습을 그려낸다. 시적 대상인 '당신'을 향한 사모의 정을 '달'이라는 소재를 통해 감각적으로 형상화하고 있다.

달은 밝고 당신이 하도 기루었습니다

자던 옷을 고쳐 입고 뜰에 나와 퍼지르고 앉아서 달을 한참 보았습니다

달은 차차차 당신의 얼굴이 되더니 넓은 이마 둥근 코 아름다운 수염
이 역력히 보입니다

간 해에는 당신의 얼굴이 달로 보이더니 오늘 밤에는 달이 당신의 얼
굴이 됩니다

당신의 얼굴이 달이기에 나의 얼굴도 달이 되었습니다

나의 얼굴은 그믐달이 된 줄을 당신이 아십니까

아아 당신의 얼굴이 달이기에 나의 얼굴도 달이 되었습니다

1연은 밝은 달밤을 시적 배경으로 제시한다. 시적 화자인 '나'는 옷을
고쳐 입고 뜰로 나와 편하게 앉아서 달을 바라본다. 밝은 달을 바라보
며 '당신'을 몹시 그리워하고 있다. '나'의 외로움과 '당신'에 대한 그리
움이 암시된다. 2연은 달의 형상이 점차 '당신'의 모습으로 바뀐다. '당
신'의 모습이 그대로 달에 나타난다. '당신'과 함께 있을 때는 언제나 '당
신'의 얼굴 모습이 달처럼 훤하고 온화했는데, 오늘 밤은 달이 당신의
얼굴로 보인다는 것이다. '나'의 간절한 그리움을 비유적으로 표현한 대
목이다. 3연에서 시상의 전환이 이루어진다. 달에 어린 '당신'의 얼굴을

그대로 닮아서 ‘나’의 얼굴도 달이 되었다는 것이다. 하지만 ‘나’의 얼굴은 밝고 환한 보름달이 아니라 ‘그믐달’이라고 반문反問의 방식으로 확인해준다. 여기서 ‘그믐달’은 작고 가냘픈 형상이다. 밝고 환한 보름달에서 그믐달에 이르기까지의 기다림의 시간의 궤적을 그대로 담아내고 있는 고통의 징표가 되기도 한다. ‘당신’은 언제나 밝고 환한 달로 떠있고 ‘나’의 달은 기다림의 시간과 그 고통을 견디어야 한다. 4연은 시상의 결말에 해당한다. “당신의 얼굴이 달이기에 나의 얼굴도 달”이 되었다는 것은 ‘달’이라는 매개체를 통해 ‘나’와 ‘당신’의 얼굴이 하나가 되었음을 말한다.

이 시에서 그려내는 ‘달’의 이미지는 불교적이다. 달은 마음이며 불성佛性을 말한다. 달은 삼라만상이 모두 눈을 감고 잠자는 어두운 밤에 자신의 밝은 모습을 드러내며 그 모습으로 어둠을 몰아낸다. 밤하늘에 떠오른 달은 거대한 우주론적 실체로서의 공간성을 지닌다. 해와 달이라는 개념은 우주 공간을 통칭하는 말로 쓰이고 있다. 그런데 달은 작게 생겨나서 점차 크게 자라나 둥글게 차오른다. 다 차게 되면 다시 점차 기울고 점점 작아져서는 사라진다. 그리고 이러한 궤적을 끝없이 반복한다. 이 주기를 영원히 되풀이하기 때문에 달은 스스로 시간의 궤적을 드러내는 시간성을 갖게 된다. 불교의 윤회사상이 달의 신에서 비롯되었다는 것을 어떤 책에서 읽었던 생각이 난다. 달은 생의 과정에서 불사不死의 관념을 드러낸다. 영원히 되풀이되는 생의 과정을 그대로 보여주고 있기 때문이다.

이 시에서는 '당신'의 얼굴을 밝고 환한 달에 비유하고 있다. 그런데 '나'의 얼굴을 '그믐달'이라고 말함으로써 시적 이미지의 변화가 드러난다는 점을 주목해야 한다. '그믐달'은 음력 그믐날 새벽녘 달의 왼쪽 일부분만 눈썹 모양으로 나타난다. 하지만 그믐달이 남쪽 하늘에 뜨기 전 해가 먼저 떠올라서 제대로 보이지 않는다. 여기서 '그믐달'은 환하게 밝은 님의 얼굴을 기다리는 '나'의 마음을 그대로 표상한다. 그믐달은 다시 밝은 빛으로 채워져야만 환한 보름달이 될 수 있다.

「오셔요」는 '님'이 돌아오기를 간절하게 소망하는 시적 화자의 심정을 노래하고 있는 작품이다. 시의 각 연에 "오셔요 당신은 오실 때가 되었습니다 어서 오셔요"라는 구절을 반복적으로 배치함으로써 님의 귀환을 바라는 마음을 더욱 강조한다.

오셔요 당신은 오실 때가 되었어요 어서 오셔요

당신은 당신의 오실 때가 언제인지 아십니까 당신의 오실 때는 나의 기다리는 때입니다

당신은 나의 꽃밭에로 오셔요 나의 꽃밭에는 꽃들이 피어 있습니다

만일 당신을 쫓아오는 사람이 있으면 당신은 꽃 속으로 들어가서 숨으십시오

나는 나비가 되어서 당신 숨은 꽃 위에 가서 앉겠습니다

그러면 쫓아오는 사람이 당신을 찾을 수는 없습니다

오셔요 당신은 오실 때가 되었습니다 어서 오셔요

당신은 나의 품에로 오셔요 나의 품에는 보드라운 가슴이 있습니다

만일 당신을 쫓아오는 사람이 있으면 당신은 머리를 숙여서 나의 가슴에 대십시오

나의 가슴은 당신이 만질 때에는 물같이 보드라옵지마는 당신의 위험을 위하여는 황금의 칼도 되고 강철의 방패도 됩니다

나의 가슴은 말굽에 밟힌 낙화가 될지언정 당신의 머리가 나의 가슴에서 떨어질 수는 없습니다

그러면 쫓아오는 사람이 당신에게 손을 대일 수는 없습니다

오셔요 당신은 오실 때가 되었습니다 어서 오셔요

당신은 나의 죽음 속으로 오셔요 죽음은 당신을 위하여의 준비가 언제든지 되어 있습니다

만일 당신을 쫓아오는 사람이 있으면 당신은 나의 죽음의 뒤에 서십시오

죽음은 허무와 만능이 하나입니다

죽음의 사랑은 무한인 동시에 무궁입니다

죽음의 앞에는 군함과 포대가 티끌이 됩니다

죽음의 앞에는 강자와 약자가 벗이 됩니다

그러면 쫓아오는 사람이 당신을 잡을 수는 없습니다

이 시는 전체 4연으로 구성되어 있으며, ‘님’을 향해 빨리 돌아올 것을 바라는 시적 화자인 ‘나’의 소망을 대화의 형식으로 표현하고 있다. 1연에서는 ‘님’이 돌아와야 할 때를 “나의 기다리는 때”라고 한정함으로써 귀환의 의미를 ‘나’의 소망으로 더욱 분명하게 제시한다. 그런데 뒤에 이어지는 시적 진술을 보면 여전히 ‘당신’은 누군가에게 쫓기고 있음을 알 수 있다.

2~4연은 ‘당신’이 돌아와야 하는 때를 시공간적 개념으로 제시한다. 2연의 경우 ‘당신’이 와야 하는 곳은 ‘나’의 꽃밭이다. 여기서 ‘꽃밭’은 ‘당신’에 대한 환호와 희망의 의미를 드러낸다. 3연에서는 ‘나의 품’으로 오라고 말한다. 여기서 ‘나의 가슴’은 사랑과 열정을 말한다. ‘나’는 자신의 사랑과 열정과 믿음으로 ‘당신’을 끝까지 지킬 것임을 다짐하고 있다. 4연은 2, 3연의 경우와 서로 다른 의미를 드러낸다. ‘나의 죽음’ 속으로 오라고 말하고 있다. 여기서 ‘죽음’은 목숨을 걸고 지켜나가고자 하는 결의와 신념을 말해준다. 죽음을 각오한다면 아무것도 두렵지 않고 못 할 일도 없다. 죽음은 삶과 대비하면 ‘허무’라고 할 수 있지만 그 자체로 ‘만능’이며, ‘무한’이면서 ‘무궁’이다.

이 시에서 노래하고 있는 것은 ‘당신’의 귀환에 대한 간절한 소망이며 거기에 덧붙여 ‘당신’을 맞이할 ‘나’의 자세를 분명히 제시한다. ‘당신’은 ‘나’의 환호와 희망 속으로 돌아와야 하고, ‘나’의 열정과 사랑 속으로 돌아와야 한다. 그리고 죽음을 각오하고 있는 '나'의 굳은 결의와 신념 속으로 돌아와야 한다는 것이다.

한국 근대시의 형성 과정에서 한용운은 특이한 위치를 점하고 있다. 그는 당대 문단과는 일정한 거리를 둔 채 한국 불교의 근대화를 위해 앞장선 승려였고, 민족의 독립을 위해 투쟁한 저항적인 지식인이었다. 그럼에도 불구하고 그의 생애 가운데에서 가장 빛나는 업적으로 남아 있는 부분의 하나가 시작 활동이라는 것은 특이한 일이다. 한용운이 오랫동안 한학 수업을 받았을 뿐, 정상적인 근대적 학교 교육을 통해 신학문에 접근하지 못했었다는 사실을 생각한다면, 그가 이루어낸 시의 위업은 더욱 이채로운 문학적 성과에 해당한다고 할 것이다.

한용운의 시적 글쓰기는 한학의 교양에 기초하고 있는 것이지만 그는 시집 『님의 침묵』을 위해 일상적인 생활에 뿌리박고 있는 고유한 한국어의 자연스러움을 그대로 살려낼 수 있는 서정적 발화의 형태를 찾아낸다. 그것은 자체 내에서 완결된 표현이라고 할 수 있을 정도로 개별적이지만 아주 특이한 대화적 공간을 형성한다. 그리고 그 시적 대화의 공간 속에 독자들을 끌어들인다. 이 서정적 발화의 방식은 그 시적 의미의 단조로움이나 시정신의 소박함을 넘어서서 일상적인 생활 감정까지 모두 포괄하기 때문에, 정서의 공감 영역을 더욱 확대시키고 있다고 할 것이다. 이와 같은 특징은 『님의 침묵』을 발간하기 이전에 발표한 한용운의 논설들이 대부분 난삽한 한문투에서 벗어나지 못하고 있었던 점을 견주어 볼 때, 더욱 그 시적 성과를 돋보이게 만든다.

연작시 '심우장 산시'

'심우장 산시尋牛莊散詩'는 1936년 3월 27일부터 4월 5일까지 『조선일보』에 연작 형식으로 연재되었다. 총 6회에 걸쳐 「산거山居」, 「산골 물」, 「모순矛盾」, 「천일淺日」, 「쥐」, 「일출日出」, 「해촌海村의 석양」, 「강 배」, 「낙화」, 「일경초一莖草」, 「파리」, 「모기」, 「반월半月과 소녀」 등 13편의 시를 발표했다. 한용운이 심우장에 기거하면서 느낀 경험적 일상의 단편들을 시적 형식으로 형상화한 것이 많다.

'심우장 산시'는 『님의 침묵』 이후 10년에 걸쳐 변화된 한용운 시의 새로운 면모를 확인할 수 있는 특징을 새롭게 보여준다. 비슷한 시기에 '심우장 만필漫筆'이라는 이름으로 발표한 산문과 함께 1930년대 중반 한용운의 문필 활동과 그 정신세계를 엿볼 수 있는 중요한 작품에 해당한다.

'심우장 산시'의 첫 작품인 「산거」를 보면, 일상적 삶에 대한 관조의 자세를 엿볼 수 있는 정서의 깊이가 담겨 있다.

> 티끌세상을 떠나면
>
> 모든 것을 잊는다 하기에
>
> 산을 깎아 집을 짓고
>
> 돌을 뚫어 새암을 팠다.
>
> 구름은 손인 양하여

스스로 왔다 스스로 가고

달은 파수꾼도 아니언만

밤을 새워 문을 지킨다.

새소리를 노래라 하고

솔-바람을 거문고라 하는 것은

옛사람의 두고 쓰는 말이다.

　　　×　×　×

님 기루어 잠 못 이루는

오고 가지 않는 근심은

오직 작은 베개가 알 뿐이다.

　　　×　×　×

공산空山의 적막이여.

어디서 한거한 근심을 가져오는가.

차라리 두견성杜鵑聲도 없이

고요히 근심을 가져오는

오오, 공산의 적막이여.

자연과 더불어 살아가는 모습을 그려내고 있는 1연의 시적 진술에 뒤이어 결합된 2연에서는 시적 주체가 여전히 '님'에 대한 그리움에 잠을 이루지 못하고 있음을 보여준다. 말하자면 『님의 침묵』 이후 10년이 지났지만 시적 대상으로서의 '님'의 부재가 내면의 정서에 작용하고 있음을 말해준다. 그러므로 '님의 침묵'은 아직도 끝이 나지 않은 셈이 된다.

그런데 한용운 시의 새로운 변화가 분명하게 자리 잡고 있는 작품들도 있다. 「쥐」, 「파리」, 「모기」와 같은 작품에는 비리와 모순의 현실을 비판하는 풍자 의식이 강하게 표현되고 있다. 이러한 풍자 의식은 물론 일제 강점기 식민지 지배 상황의 사회적 모순과 불합리성과 불평등에 대한 비판을 목표로 한다. 엄혹한 현실에서 직접적으로 비판과 불만을 표출할 수 없는 사회적 약자의 편에서 그 고통과 박탈감을 해소하기 위한 방법이 바로 풍자라고 할 수 있다.

그렇다, 나는 작고 방정맞고 얄미운 쥐다.

나는 너희가 만든 쥐덫과 너희가 기른 고양이에게 잡힐 줄을 안다.

만일 내가 너희 의장과 창고를 통거리째 빼앗고,

또 너희 집과 너희 나라를 빼앗으면,

너희는 허리를 굽혀서 절하고 나의 공덕을 찬미할 것이다.

그리고 너희들의 역사에 나의 이 뜻을 크게 쓸 것이다.

그러나 나는 그러한 큰 죄를 지을 만한 힘이 없다.

다만 너희들이 먹고 입고 쓰고 남는 것을 조금씩 얻어먹는다.

그래서 너희는 나를 작고 방정맞고 얄미운 쥐라고 하며,

쥐덫을 만들고 고양이를 길러서 나를 잡으려 한다.

위에 부분 인용한 「쥐」는 '쥐'라는 시적 대상이 직접 화자로 등장하여 인간의 현실을 조롱하고 비판한다는 점에서 우화적 요소도 강하다. 「모기」라는 작품에서는 인간의 피를 빨아먹으면서 고통을 주는 모기를 시적 대상으로 삼아 인간세계의 불의와 비리를 비판 풍자한다. "사람은 사람의 피를 서로서로 먹는데 / 그대는 동족의 피를 먹지 아니하고 사람의 피를 먹는다"라는 진술에 시적 주제가 암시되어 있다. 특히 천하 만세를 위해 흘리는 지사志士의 피에 비하여 자신의 존재가 보잘것없음을 토로하기도 한다.

이처럼 한용운의 '심우장 산시'는 『님의 침묵』에서 볼 수 있었던 시적 주체의 자기 고백적인 진술법과 '님'이라는 시적 대상을 향한 간절한 원망願望의 어조를 벗어나고 있다. 하지만 모순의 현실에 대한 풍자를 통해 우회적으로 표현하고 있는 시인의 비판적 현실 인식과 그 치열한 역사의식은 여전히 이 작품들의 내면 풍경의 중심에 자리 잡고 있다.

'심우장 산시'를 발표할 무렵 한용운은 『불교』를 비롯하여 여러 매체를 통해 시를 발표했다. 그 가운데 「산촌의 여름 저녁」은 한용운이 1931년 10월 자신이 편집을 주관하던 『불교』에 발표했다. 『님의 침묵』에 수록한 작품들과는 시적 소재와 분위기가 서로 다르다는 것을 쉽게

확인할 수 있다. 이 시는 여름날 저녁 무렵의 산촌 풍경을 서경적敍景的
으로 그려내고 있는 작품이다. 전체 4연으로 구성된 이 작품에 배치된
시적 이미지의 공간적 구성은 그 자체로 하나의 화폭을 이루고 있음을
알 수 있다.

산 그림자는 집과 집을 덮고
풀밭에는 이슬 기운이 난다.
질동이를 이고 물 긷는 처녀는
걸음걸음 넘치는 물에 귀밑을 적신다.

올감자를 캐어 지고 오는 사람은
서쪽 하늘을 자주 보면서 바쁜 걸음을 친다.
살진 풀에 배부른 송아지는
게을리 누워서 일어나지 않는다.

등거리만 입은 아이들은
서로 다투어 나무를 안아 들인다.

하나씩 둘씩 돌아가는 가마귀는
어데로 가는지 알 수가 없다.

1연에서 시적 배경이 되는 산골 마을의 저녁 풍경을 전체적으로 제시한다. 산 그림자가 지붕을 덮었다는 묘사적 설명은 해가 저물어가고 있음을 시각적으로 표현한 대목이다. 그리고 햇살이 사라지면서 기온이 점차 낮아지고 있음을 느끼게 해주는 것이 '풀밭의 이슬 기운'이다. 촉감으로 느끼는 기온을 시각화한 표현이 섬세하다. 산골 마을의 정적인 분위기를 깨는 것은 물을 긷는 마을 처녀의 모습이다. 질그릇으로 만든 물동이를 머리에 이고 가는 모습이 동적으로 묘사된다. "걸음걸음 넘치는 물에 귀밑을 적신다"라는 표현이 섬세하면서도 실감의 정서를 자극한다.

2연은 산골 마을의 주변을 그려낸다. 들에서 이른 감자를 캐어 짊어지고 오는 농부의 바쁜 걸음걸이와 느긋하게 누워 있는 송아지의 게으른 모습이 동動과 정靜의 대조를 보여준다. 3연에서는 다시 마을 풍경이다. 낮 동안 햇빛에 마르도록 널어놓았던 나무(땔감)를 거두어들이는 아이들의 모습이 정겹다. 그대로 마당에 나무를 펼쳐두면 밤에 이슬이 내려 다시 젖어버리기 때문에 저녁때가 되면 그것을 모두 거두어들인다.

4연의 풍경은 적막감을 드러낸다. 산골 마을의 물 긷는 처녀, 감자를 캐어 메고 돌아오는 사람, 마당에 널어놓은 땔감 나무를 거두어들이는 아이들의 모습은 모두 집 안으로 향해 있다. 그런데 시적 화자의 시선은 하늘에 까마귀가 하나둘 어디론가 날아가는 장면에 고정된다. '까마귀'의 검은색이 점차 몰려오는 어두운 밤의 이미지를 연상할 수 있게 한다. 까마귀가 날아가고 나면 자연과 인간이 모두 자기네 삶의 터전인 집으로 돌아오는 저물녘 산골 마을의 적막한 정경이 어둠 속에 그대로 남게 된다. 시인의 주관적인 관념이나 감정을 일절 드러내지 않은 채 대조적인 이미지의 구성을 통해 산촌의 여름날 저녁 풍경을 구체적으로 형상화하고 있다.

한용운의 시조

시조는 두말할 필요도 없이 한국문학 고유의 양식이다. 한용운의 시조가 주목되는 것은 시조 자체의 시적 형식에 대한 인식의 문제를 한용운을 통해 새로운 시각에서 논의할 수 있기 때문이다. 조선시대에 유행했던 고시조는 장르의 제시 방법 자체가 창곡에 의존한 음악적인 요건을 중시한다. 그러나 가창되는 음악으로서의 고시조는 그 창곡과의 분리 과정을 통해 해체된다. 현대시조는 시로서 읽힌다. 그런데 고시조에서 현대시조로의 전환이 창곡과의 분리라는 중요한 변화를 거치는 것임에도 불구하고, 시조는 3행의 시적 형식을 고정적으로 유지한다. 고시조의 3장 분장 형식이 시적 형식의 전통으로 유지된 셈이다. 현대시조가 고시조의 3장 분장 형식을 깨고 새로운 형식을 추구했다면, 아마도 그것은 시조라는 이름으로 더 이상 존재하기가 어려웠을 것이다. 현대시조가 여전히 시조인 이유가 바로 여기에 있다. 시조는 그것이 창곡으로 가창되던 시대에도 3장의 음악적 형식에 묶여 있었고, 시로서 읽히면서도 시적 형식으로서의 3행 형식을 고수하고 있는 것이다. 시조가 지니고 있는 시적 특성은 이 불변의 형식에서 비롯된다고 할 수 있다. 시조에 대한 시학적 해명 또한 이러한 시적 형식에 대한 새로운 해석에 기초해야 한다는 것은 당연한 일이다.

현대시조에 3행의 시적 형식을 새롭게 부여한 이가 육당六堂 최남선이다. 육당의 문필 활동 가운데 신체시를 통한 자유시형의 실험과 함께 현대시조의 재창조를 가능하게 만든 그의 새로운 글쓰기는 근대문학의 성립 기반이 되었다. 고시조의 음악적 형식은 박자의 고정성을 바탕으로 하는 것이기 때문에, 가창되는 시의 형식이 길거나 짧거나 항상 정해진 3장의 박자에 따라 가사가 배열된다. 음악의 형식이 시적 형식을 지배하는 형태라고 말할 수 있을 것이다. 그러나 현대시조는 이와 다르다. 현대시조는 음악적인 형식과는 아무런 관련 없이 시적 구성 원리로서의 3행을 고수하고 있다. 그러나 시인이 마음대로 아무것이나 3행의 형식에 밀어 넣는다고 시조가 될 수는 없다. 시조의 시적 형식으로서의 3행 형식은 육당이 지적한 것처럼 마치 새싹이 자라나서 꽃이 피고 열매가 맺는 나무가 되듯이 그렇게 자연스럽게 완결되는 것이다.

한용운의 시조는 1919년 3·1운동 당시 민족대표로 만세운동을 주도했던 그가 일본 경찰에 체포되어 서대문형무소에 수감되었던 시절에 쓴 옥중시 「무궁화를 심으과저」가 유명하다.

달아달아 밝은 달아 녯나라에 비춘달아 쇠창을 넘어와서 나의 마음
비춘 달아 桂樹나무 버혀내고 無窮花를 심으과저

달아달아 밝은 달아 님의 거울 비춘 달아 쇠창을 넘어와서 나의 품에
안긴 달아 이지러짐 잇슬 때에 사랑으로 도우과저

달아달아 밝은 달아 가이업시 비춘달아 쇠창을 넘어와서 나의 넉을
쏘는 달아 구름재(嶺)를 넘어가서 너의 빗을 따르과저

이 시조의 특징은 시구詩句의 반복을 통한 자기 염원의 발현이라고
할 수 있다. 이 시적 구조의 단순성은 시조라는 시적 형식과 밀접한 연
관이 있는 것이지만, 한용운이 가장 절실한 자기표현을 위해 옥중에서
시조의 형식을 찾아냈다는 것은 특기할 만하다.

한용운의 시조는 시조 자체에 대한 새로운 문학적 인식이라든지 형
식적 원리라든지 하는 문제와 직접적인 관련이 있어 보이지는 않는다.
그러나 한용운의 시조는 한국인들의 정서에 깊이 자리 잡고 있는 시의
형식으로 시조가 살아 있음을 말해준다. 그에게 시조는 하나의 교양이
고 취미이고 생활인 것처럼 보일 정도다. 그만큼 자연스럽고 단순하고
꾸밈이 없다는 점도 주목된다.

갔다가 다시 온들

츰 맘이야 변하리까

가져올 것 다 못 가져와

다시 올 수 없지만은

님께서 주시는 사랑

하 기루어 다시 와요

—「還家」

대실로 비단 짜고

솔닢으로 바눌 삼어

「萬古靑靑」 수를 노아

옷을 지어 두엇다가

어집어 해가 차거든

우리님게 드리리라

—「우리님」

    위에 인용한 시조들에서 볼 수 있듯이 한용운의 시조는 고전적 평시조의 간결하고도 단아한 기풍을 그대로 살려낸다. 현재 조사된 한용운의 시조 40여 수 가운데 대다수는 이 같은 평시조 형태의 단형시조가 많으며 몇몇의 경우는 연시조 형태를 취하기도 한다. 물론 시적 표현 자체는 새로운 언어 기교에 집착하지 않고 전통적인 의고체擬古體를 그대로 구현한다.

　한용운의 한시漢詩는 그의 시적 글쓰기의 가장 큰 영역에 해당한다. 소년 시절부터 수학한 한문은 입산 후에도 다양한 방식으로 이어져서 그대로 문필 생활의 기초가 되었으며, 모든 지식과 교양의 바탕을 형성한다.

　한용운의 한시는 창작의 시기와 내용에 따라 크게 세 부류로 나누어 볼 수 있다. 첫째는 한용운이 일제 강점 직전 일본을 여행하고 조동종 대학림曹洞宗大學林에 체류하는 동안에 발표한 한시가 있다. 한용운의 문필 활동이 최초로 잡지에 소개된 것이 바로 이들 작품으로, 일본 여행 중 객창의 감회를 담고 있는 것들이 대부분이지만 이국의 객지를 떠도는 나그네의 회포만이 아니라 이국의 풍물을 그려낸 것이 특징이다. 둘째는 산가山家의 일상에서 겪었던 일들을 적은 한시가 있다. 한용운 한시의 대부분이 선시禪詩의 기풍과 수도의 정신을 담고 있음을 생각한다면 승려 시인으로서의 면모를 보여주는 여러 가지 특징들이 고루 드러나 있음이 확인된다. 셋째로는 3·1운동 직후 옥중에서 쓴 한시가 있는데, 수감 생활의 고통을 인내하면서 인간 존재의 무상함을 노래한 것들이 많다.

　한용운의 한시 가운데 주목되는 것은 일본 여행 중에 발표한 작품들이다. 한용운의 일본 여행은 그 자신에게 있어서 매우 특이한 개인적 경험에 해당한다. 왜냐하면, 한용운의 일생이 불교와 관련되어 있는 데다 일본의 식민지 지배에 대한 저항운동이 그 생애의 대부분을 차지하고 있기 때문이다. 한용운이 일본에 체류했던 것은 1년이 되지 않는 아주 짧은 기간이다. 한국에 대한 일본의 강점이 이루어지기 직전에 결행된 일본행에 대하여 한용운은 다음과 같이 술회한 바 있다.

> 반도 안에 국척하여 있는 것이 어쩐지 사내의 본의가 아닌 듯하여 일본으로 뛰어 들어갔다. 그때는 조선의 새 문명이 일본을 통하여 많이 들어오는 때이니까 비단 불교문화뿐 아니라 새 시대 기운이 융흥한다 전하는 일본의 자태를 보고 싶던 것이다. 그리하여 마관馬關에 내리어 동경에 가서 조동종曹洞宗의 통치기관인 종무원을 찾아 그곳 홍진설삼弘眞雪三이라는 일본의 고승과 계합이 되었다. 그래서 그분의 호의로 학비 일푼 없는 몸이나 조동종대학曹洞宗大學에 입학하여 일어도 배우고 불교도 배웠다. 그럴 때에 조선에서 최린崔麟, 고원훈高元勳, 채기두蔡基斗 제씨가 유학생으로 동경에 건너왔더라. 그러다가 나는 다시 귀국하여 동래 범어사로 가 있다가 다시 지리산으로 가서 박한영朴漢永, 전금파全錦坡(고인이 되었으나)의 세 사람과 결의까지 하였다.
>
> ─「나는 왜 중이 되었나」(『한용운 문학전집 6: 조선 독립의 서 외』, 태학사, 2011, 393쪽)

한용운의 일본 체험은 위의 인용문에 간단하게 언급되어 있다. 그러나 그가 언제 일본에 건너가 일본에서 어떤 일을 하게 되었는지에 대해서는 자세히 알려진 바가 없다. 이 기록에 의하면 한용운은 일본의 새로운 문물과 일본 불교에 대한 관심 때문에 일본행을 결심한 것으로 되어 있다. 그리고 그가 찾은 곳이 바로 일본 불교의 중심을 이루고 있는 조동종의 본산이었다는 사실도 이 기록에서 확인이 가능하다.

나는 일본 도쿄대학에서 외국인 객원교수로 강의하던 중에 한용운이 체류했던 일본 조동종 대학림이 현재 고마자와대학駒澤大學으로 개명되어 있음을 확인했다. 그리고 이 대학을 방문하여 한용운에 대한 기록을 찾았다. 한용운의 일본 체류를 확인하기 위해 내가 펼쳐본 것이 조동종 대학림의 청년 승려가 주축이 되었던 화융회和融會의 기관지 『화융지和融誌』였다. 이 잡지는 1898년(명치 31년)부터 1914년(대정 3년)까지 발간된 것으로서 일본 불교의 근대화와 대중화를 주도했던 많은 논설을 수록하고 있는 귀중한 자료다. 나는 이 잡지를 조사하다가 한용운이 1908년(명치 41년) 5월 9일부터 9월 1일까지 일본에 건너가 일본 조동종이 운영하는 조동종 대학림에서 수학하게 되었다는 기록을 확인했다. 그리고 그가 『화융지』에 여러 편의 한시를 발표했음을 알게 되었다.

한용운에 대한 기록이 『화융지』에 처음 등장한 것은 1908년 6월에 발간된 『화융지』 제12권 6호다. 이 잡지의 '사조詞藻'란에 한용운의 한시 두 편이 아무 언급 없이 수록되었으며, 잡지 말미의 '휘보彙報'(527면)에 "우리 동문이 5월 9일 한용운 군을 맞이했다. 한용운 군은 한국 강원도 간성군 건봉사乾鳳寺의 도제다."라고 소개했다. 한용운이 일본에 건너와 말 한마디 하지 못하고 지내다가 『화융지』 편집실에 들러서는 필담으로 의사소통을 한 점, 조동종 도쿄 출장소에 들러 홍진사弘津師의 소개로 조동종 대학림에 오게 된 연유 등도 기록했다. 그리고 한용운이 타국에 와서 느낀 감회를 손수 한시로 쓴 것을 '사조'란에 게재한다는 것도 밝혀놓았다. 한용운은 조동종 대학림에서 체류한 4개월 동안 매달 『화융지』에 한시 작품을 여러 차례 발표했다. 한용운의 한시 작품들은 한문 원문이 그대로 잡지에 수록되었으며, 조선 승려 한용운이 투고한 것으로 표시되어 있다. 그리고 이 잡지(1908년 10월호, 제12권 10호)의 '휘보'의 '동인 소식'란에 "한용운 군이 9월 1일 귀국했다. 금년 중에 다시 돌아올 것임."이라고 적었다. 이러한 기록에 근거할 경우, 한용운은 1908년 5월 9일부터 9월 1일까지 일본 조동종 대학림에서 체류했음을 알 수 있다.

한용운이 『화융지』에 발표했던 작품 가운데 두 편을 골라보면 다음과 같다.

고향을 생각하다

찬 등불 심지는 돋우지 않아도 불꽃이 맺혀 있다.
온몸은 자지러지고 정신이 흐릿한데
매화가 꿈속에 들어 새로운 학이 되어
옷깃을 끌어 잡고 고향 소식 얘기한다.

—『화융지』 제12권 제6호, 1908년 6월

가을 새벽

텅 빈 방 안은 어이하여 날이 밝는지
은하수가 기울어 다락에 들어오네.
가을바람은 옛 꿈에 불어오고
새벽 달은 새로운 근심을 비추네.
낙엽 사이로 외론 등불 보이고
오래된 연못엔 찬 물이 흐르네.
아득히 그리우니, 아직 고향에 돌아가지 못한 나그네는
내일 아침 응당 머리가 하얗게 세겠구나.

—『화융지』 제12권 제9호, 1908년 9월

여기서 한 가지 추가해야 할 사항이 있다. 한용운이 일본에서 귀국한 다음 해에 일본은 한국을 강점했다. 한국 불교는 이미 일본 통감부가 들어선 뒤 1908년 해인사 주지 이회광李晦光이 중심이 되어 원종圓宗 종무원을 설립했다. 이회광은 원종 대종정의 자리를 차지하면서 일본 불교와의 교섭을 주도했다. 그는 한국 불교와 일본 조동종의 연합을 획책했고, 합방 직후 조동종과 조약까지 체결했다. 이 같은 이회광의 행태에 반발한 한국의 일부 승려들은 원종의 정통성에 이의를 제기하고 이에 대응하기 위해 임제종臨濟宗을 내세워 일본 불교와의 연합을 반대했다. 이 반대운동에 앞장선 승려가 바로 한용운이다. 한용운은 일본으로부터 귀국한 후에 이회광 일파가 주도했던 한국 불교와 일본 조동종의 연합을 반대하고 한국 불교의 주체적인 변혁과 대중화를 선도하게 되는 것이다.

만해 한용운을 다시 읽다
─한용운의 문학적 글쓰기

투쟁적인 삶과 문학적인 삶

만해 한용운이 세상에 태어난 해가 1879년이니 한 세기가 훨씬 넘었다. 그는 충남 홍성의 외진 촌락에서 자라났다. 서당에서 한문을 공부했던 그는 동학에 가담하면서 어지러운 세상을 바로잡고 가난한 백성을 구해야 한다는 큰 뜻을 세웠다. 그러나 동학운동이 실패로 돌아가자 몸을 피할 수밖에 없었다. 그가 설악산 오세암에 입산한 것은 나이 스물이 훨씬 넘어서의 일이었으며, 이때부터 불가에 들어서서 불도의 기반을 닦기 시작했다.

한용운은 일본의 세력이 확대되고 있던 1908년 일본에 건너가 새로운 문물을 두루 살피고 돌아왔으며, 침체한 불교의 혁신운동을 내세워 유명한 『조선불교유신론』을 발표하기도 했다. 그러나 경술년(1910)의 국치를 당하매, 망국의 한을 품고 만주로 떠돌다가 그후 귀국해서는 종교운동과 구국운동을 함께 이끌어나갔다. 『불교대전』을 펴내고 『유심』, 『불교』 등의 잡지를 간행하면서 조선불교청년총동맹을 조직하여 대중

불교의 실현에 앞장섰던 만해에게는 대선사의 호칭이 붙여져 있었다. 이러한 그의 불교운동은 종교적인 측면에만 국한되지 않고 민족의 독립운동으로 확대되었다. 불교계를 대표하여 33인 중 한 사람으로 3·1운동에 참가한 한용운은 만세운동을 주도하다가 일경에게 체포되어 3년 동안 투옥되었으며, 옥중에서「조선 독립의 서」를 기초했다. 그러나 그는 한평생을 바쳐 투쟁하며 열망했던 조국의 광복을 끝내 보지 못하고 1944년에 세상을 떠났다.

한용운은 당대 문단과는 일정한 거리를 둔 채 한국 불교의 근대화에 앞장선 승려였고, 민족의 독립을 위해 투쟁한 저항적 지식인이었다. 그럼에도 불구하고 그의 생애 가운데에서 가장 빛나는 업적으로 남아 있는 부분의 하나가 문필 활동이라는 것은 특이한 일이다. 그는 시집『님의 침묵』을 내놓고 많은 한시와 시조를 발표했다. 장편소설『흑풍』,『박명』,『후회』등을 쓰기도 했다. 그의 시가 지니고 있는 시정신은 그의 투철한 역사의식과 함께 높이 평가되고 있으며, 만해 한용운의 위대성을 말해주는 중요한 일면이 되고 있다. 그런데 여기서 우리가 주목하지 않으면 안 될 것은 한용운 문학의 위대성이 그의 인간적인 삶과 행적이 아니라, 문학 그 자체에서 비롯되는 것이라는 점이다.

한용운의 생애를 조심스럽게 검토해본 사람이라 하더라도, 그의 문학 수업이 어느 때쯤에 이루어진 것인지를 확인할 수 없다. 오랫동안 한학 수업을 받았을 뿐 정상적인 학교 교육을 통한 신학문에의 접근이 전혀 불가능했다는 사실을 생각한다면, 『님의 침묵』과 같은 한용운의 업적은 특이한 경우에 속한다. 특히 『님의 침묵』 이전에 발표한 한용운의 논설들이 국한문을 혼용한 문체에서 벗어나지 못하고 있었던 점을 견주어볼 때, 『님의 침묵』이 거두고 있는 시적 성과는 한국어의 시적 성취라는 점에서 더욱 돋보일 수밖에 없다.

한용운의 시는 일상적인 생활에 뿌리박고 있는 고유한 우리말의 자연스러움을 그대로 살려내고 있다. 그만큼 읽기 쉽고 이해하기 쉽다. 하지만 이것은 의미의 단조로움이나 시정신의 소박함을 뜻하는 것이 아니라, 일상적인 생활 감정에 충실함을 의미한다. 생활 감정에 충실하기 때문에, 시적 정서의 공감대를 더욱 확대시킬 수 있게 되는 것이다. 자기 모국어를 순화하는 것이 시인이 맡은 궁극적인 사명 가운데 하나라면, 한용운은 초창기의 시단에서 바로 그러한 일을 수행했던 시인임에 틀림없다. 시인으로서의 한용운의 업적은 바로 이러한 언어의 문체에서부터 더욱 새롭게 평가되어야 할 것이다.

침묵하는 님의 노래

『님의 침묵』 이전에 시인으로서 만해 한용운의 이름은 문단에 존재하지 않는다. 한용운 자신이 스스로를 시인이라고 내세워 작품을 발표한 적도 별로 없다. 그는 초기 문단 형성기에 서구 문학에 심취해 있던 문인들과 문학적 교류를 가졌던 일도 없다. 그렇기 때문에 『님의 침묵』의 시인 한용운의 등장은 당대 문단에서는 의외의 경우에 속하는 일이다. 당시 『동아일보』에 『님의 침묵』을 읽은 소감을 발표했던 주요한도 적막하던 시단에 홀연히 출현한 한용운을 한 사람의 불도佛徒라고 소개하고 있을 정도였다.

한용운은 이 시집을 내면서 이렇게 자신의 소감을 피력했다.

독자여 나는 시인으로 여러분의 앞에 보이는 것을 부끄러워합니다.

여러분이 나의 시를 읽을 때에 나를 슬퍼하고 스스로 슬퍼할 줄을 압니다.

나는 나의 시를 독자의 자손에게까지 읽히고 싶은 마음은 없습니다.

그때에는 나의 시를 읽는 것이 늦은 봄의 꽃수풀에 앉아서 마른 국화를 비벼서 코에 대는 것과 같을는지 모르겠습니다.

한용운이 『님의 침묵』 후기에서 밝힌 망설임과 부끄러움의 진정한 뜻을 당대의 독자들이 어떻게 받아들였는지는 알 수 없다. 『님의 침묵』이 당시 문단에 파문을 던진 것은 사실이지만, 문학적 논의의 대상이 되지는 못했던 것 같다. 그의 시에 대한 논의는 해방 이후 1960년대에 들어서면서 본격화되었다. "나의 시를 독자의 자손에게까지 읽히고 싶은 마음은 없습니다"라고 말했던 만해의 뜻과는 달리, 『님의 침묵』이 간행된 후 한 세대가 지난 다음에야 새롭게 읽히기 시작했던 것이다. 그 시대의 독자들에게는 당연히 매서운 서릿발 아래 피어 있는 '국화꽃'으로 보였어야 할 만해의 시는 오히려 지금에 이르러서야 그 고결한 정신이 조금씩이나마 이해되고 있다.

한용운은 그의 시를 통해 님을 노래하고 있다. 그의 시적 관심은 모두 님이라는 존재에 집중되고 있으며, 시를 통해 님의 존재에 대한 인식을 구체적으로 형상화하고 있다. 그는 "기룬 것은 다 님"이며 '내가 사랑할 뿐만 아니라 나를 사랑하는' 존재가 바로 님이라고 말한다. 그러나 님은 시적 자아와 함께 현실에 존재하는 대상이 아니다. 님은 이미 현실을 떠나가버렸기 때문에, 시인은 떠나버린 님, 지금은 현실에 존재하지 않는 님을 노래한다. 한용운은 님이 가버린 상태를 '사랑의 이별'이라고 말한다. 그리고 "당신과 나의 거리가 멀면 사랑의 양이 많고"라는 역설의 표현을 통해 님에 대한 사랑의 의미를 강조하기도 한다. 특히 "이별은 미美의 창조"라고 말함으로써, 사랑의 아름다움이 서로 멀리 떨어져 있는 가운데에서 더욱 진실하게 드러날 수 있음을 나타내고 있다. 한용운이 노래하고 있는 이와 같은 님의 존재 방식은 당대의 상황과 연관되어 식민지 시대의 비극적인 역사에 빗대어지기도 하며, 형이상학적이고 종교적인 의미로 이해되기도 한다.

한용운의 시에서 님의 존재는 침묵이라는 말을 통해 역설적으로 제시되고 있다. 그는 님이 떠난 현실을 그대로 사실로 받아들이고 있다. 객관적인 현실을 인정하고 있다는 뜻이다. 님은 떠나갔고, 그렇기 때문에 님이 부재하는 현실은 비극적인 공간이 될 수밖에 없다. 그러나, 한용운은 대상으로서의 님의 존재를 부재의 비극적 공간에서 끌어내고, 오히려 그 존재의 당위성을 부여하고 있다. "님은 갔지마는 나는 님을 보내지 아니하였습니다"라는 시적 진술에서처럼, 시적 자아는 대상으로서의 님을 떠나지 않고 있다. 님과 시적 자아가 둘이 아니라 하나이기 때문이다. 바로 여기서 시적 주체로서의 나와 시적 대상으로서의 님의 분리와 통합이 역설적으로 드러나는 것이다.

님에 대한 갈망은 시인 한용운의 사상과 행동과 예술을 사랑이라는 결정체로 만들어놓고 있다. 고통과 시련의 시대에 대항하여 떳떳하게 자기를 세우고 자기 의지를 말하고 있는 한용운의 시에는 언제나 사랑의 참뜻이 담겨 있다. 증오해야 할 대상에 대하여 비판하면서도, 한용운은 사랑의 의미를 강조한다. 강압적인 침략에 의해 모든 것을 약탈당했음에도 불구하고, 한용운은 평등을 내세우고 분노를 감정적으로 표출하지 않는다.

한용운의 시는 비탄과 정한의 노래가 아니다. 한용운은 님이 떠나버린 슬픔을 말하면서도, 그 슬픔을 극복하기 위해 님에 대한 새로운 기대와 신념을 강조하고 있다. 비극의 현실 속에 빠져 있는 개인의 정서적 파탄을 그리지 않고, 오히려 존재의 본질과 새로운 삶의 전망을 노래하고 있다. 한용운의 시는 의지적이며 강렬한 어조가 돋보인다. 이러한 특징은 한용운 자신의 혁명적 기질과도 깊은 관계가 있을 것이지만, 역사의식의 투철성을 말해주는 것이라고 할 수 있다. 그가 삶에 대한 정직성을 지키고, 악에 항거하고, 민족과 국가를 위해 투쟁한 행동적 실천가였음을 생각한다면, 이 같은 의지를 시적으로 구현하기 위해 가장 서정적인 어조를 활용하고 있다는 점도 높이 평가해야 할 일이다.

소설과 도덕적 상상력

한용운에게 소설이란 무슨 의미가 있을까? 이 질문은 만해 문학의 성격을 이해하는 데에 있어서 매우 본질적인 의문을 제기한다. 한용운은 시인이지만 시인만은 아니며, 소설을 썼지만 소설가만은 아니다. 한용운이 발표한 소설은 「흑풍黑風」(『조선일보』, 1935. 4. 9~1936. 2. 1)과 「박명薄命」(『조선일보』, 1938. 5. 18~1939. 3. 12) 두 편이 있다. 그러나 이미 1924년경에 탈고한 채 발표하지 않은 「죽음」이라든지 미완성의 「후회後悔」(『조선중앙일보』, 1936), 「철혈미인鐵血美人」(『신불교』, 1937) 등을 들어본다면, 그가 소설 양식에 상당한 관심을 가지고 있었음을 알 수 있다.

한용운이 소설 창작에 집중적인 관심을 보인 1930년대 후반은 일본이 군국주의적인 체제를 강화하면서 '동화의 논리'를 내세워 한국 민족의 말살을 기도했던 시련과 고통의 시대다. 일본은 만주사변(1931), 중일전쟁(1937), 태평양전쟁(1941)으로 이어지는 군국주의의 확대 과정에서 내선일체론이라는 새로운 지배 이념을 내세우고, 한국에 대한 식민지 정책을 전환한 바 있다. 이와 같은 일본의 지배 정책 변화는 1930년대 후반의 한국문학에 커다란 영향을 미친다. 일본은 한국문학에 대한 사상적 탄압을 강화하고 1935년 조선프롤레타리아예술가동맹KAPF을 강제로 해체시킨다. 카프의 강제 해체는 문예의 영역에서 정치·사회적 이념과 사상을 제거하기 위한 사상 탄압의 대표적인 예라고 할 것이다. 한국인의 사상운동에 대한 일본의 탄압은 수양동우회 사건(1937)을 계기로 하여 이광수 등의 부르주아 작가들에게도 가해진다. 일본은 이 단체의 민족주의적 성향을 문제 삼아 여기에 가담한 인사들을 대부분 구속한다. 수양동우회 사건과 함께 한국 사회에서는 문학과 예술을 통해 추구해온 민족과 역사, 계급과 현실에 관한 이념과 사상이 모두 강제로 제거되고 만다.

1930년대 중반 이후부터 한국문학은 이러한 사상 탄압으로 인하여 표면적으로는 집단적·이념적인 성향을 드러내지 못하게 된다. 이 시기의 한국문학이 보여주고 있는 예술주의적 경향은 사상의 탄압에서 비롯된 문학정신의 위축과 깊은 관계가 있다. 한용운의 소설은 바로 이같은 문제의 시대에 등장한다. 물론 한용운의 경우에도 이 같은 외압을 면하기 어려웠던 것이 사실이다. 예컨대, 「흑풍」과 같은 작품을 보면 이야기의 무대를 청나라로 정해야 했고, 시대의 모순에 대한 중국 젊은이들의 반발을 혁명이라는 이름으로 포장해야 했다. 「박명」의 경우에는 극한적인 상황 속에서도 변함이 없는 인간의 도덕적 본질을 제시함으로써 현실의 문제성을 포괄하고자 했다. 한용운은 소설이라는 것을 인간 존재의 본질을 드러내는 것으로 이해함으로써, 삶의 현실적인 조건을 넘어서는 곳에 그의 소설이 자리하게 한다.

한용운의 소설은 인간 존재의 가치 문제를 떠나서는 이해하기 어려운 것이다. 그의 소설이 당대의 비평적 관심에서 제외되어 있었던 것은 그의 소설의 성격에 대한 비평적 몰이해와 관련된 것으로 생각할 수 있다. 물론 한용운이 당대의 문단과 일정한 거리를 두고 소원했다는 점도

지적할 수 있지만, 반대로 당대의 비평적 논리를 대변하고 있던 사실주의 미학이나 모더니즘적 방식이 모두 한용운의 소설을 이해하는 데에 적절하지 못했던 것임을 알아야만 한다. 한용운 소설은 삶의 전체성을 지향하거나 반영의 충실성을 의도하는 것과도 거리가 멀고, 개인의 내면과 왜곡된 현실의 아이러니를 추구하는 방법과도 일정한 거리를 둔다. 한용운 소설은 당대 현실의 디테일을 기술하는 것이 아니라 진실하면서도 강렬한 인간의 감정 또는 인간 정신의 어떤 정수를 포착하는 것이었다고 할 수 있다. 이것은 삶을 바라보는 서사적인 원리에 의한 것이라기보다는 오히려 시적인 자세에 가까운 것이라고 할 수 있다.

한용운의 소설들은 내용과 주제가 서로 다르다. 우선 첫 번째 소설 「죽음」을 보면 그 내용에서 두드러지게 드러나고 있는 것은 남녀 간의 사랑을 둘러싼 폭력과 살인과 보복과 자살이다. 그리고 「흑풍」의 경우에도 이야기에 등장하는 인물들의 극한적인 행동과 사건의 우연성이 두드러지게 나타난다. 혁명이라는 것이 가지는 절대적인 가치를 위해 개인적인 모든 것을 희생하도록 강요한다. 이 작품에서 그려내는 혁명을 위한 준비 과정은 혁명이라는 것이 갖는 냉엄성과 연관되어 있다. 특히 혁명은 열정에 의해서가 아니라 단호한 결단에 의해 가능하다는 것을 말해준다. 「박명」에서는 인간의 삶에서 흔히 문제가 되는 은혜와 배반의 논리가 참된 것과 거짓된 것 사이에서 극한적인 대립 관계로 구체화된다.

한용운 소설에는 두 가지의 인간형이 등장한다. 하나는 긍정적인 인물이고 다른 하나는 부정적인 인물이다. 그리고 이러한 등장인물의 행위와 성격은 모두 어김없이 선과 악의 대결이라는 이분법적 도식 위에 자리한다. 등장인물들은 개성적으로 개별화되는 것이 아니라 인간 본성의 전형적인 일면을 반영하기 때문에 알레고리적이다. 그러므로 인물의 도덕적 위상이 어느 무엇보다 우선한다. 이러한 인물들은 사회적 관계의 특수성이 별로 중시되지 않는다. 모든 인물들은 그들이 위치하고 있는 사회적 기반이나 계급적 요건에 의해 좌우되는 법이 없고, 자기 내면에 자리하고 있는 윤리적 가치를 중심으로 그 정서적 갈등을 극화하는 데에 초점을 맞추고 있다.

한용운 소설은 극한적인 대립적 모티프의 결합에 따른 구성의 우연성과 사건의 비약으로 인하여 실재성에 대한 설득력을 발휘하지 못한다는 공통점을 지닌다. 특히 인물의 성격 묘사에 있어서도 악에 대한 응징을 강조하면서 원수를 갚기 위해 죽음을 불사하는 극한적인 행동으로 대응한다든가, 아니면 인간의 인내력을 넘어서는 순종적인 자세를 과장되게 보여주기도 한다. 그러므로 그의 소설은 모두가 궁극적으로는 선과 악의 문제로 귀결되고 있으며, 이 도덕적인 가치 규범을 극단적인 행동으로 구체화시킨 것이라고 할 수 있다. 그가 도덕적 가치 규범의 절대성을 강조하면 할수록 소설에서 드러나는 행동은 과장되고 개연성의 논리를 벗어나게 되는 것이다. 이러한 성격화 방식은 개성의 발견이라는 근대소설의 개념과는 거리가 멀다. 오히려 모든 인물의 성격이 인간적인 품성의 어떤 특성으로 귀착되는 것이 문제가 된다.

이 같은 이유로 인하여 한용운의 소설은 실패한 것으로 평가되는 것이 보통이다. 한용운의 소설이 실패했다는 것은 무엇을 의미하는가? 이러한 질문은 소설이라는 문학 양식이 한용운에게 어떤 것인가를 되묻는 것과 다를 바 없다. 한용운은 첫 연재소설 「흑풍」의 발표에 즈음하여 자신이 "소설을 쓸 소질이 있는 사람도 아니오, 또 소설가가 되고 싶어 애쓰는 사람도 아님"을 강조했다. 그러나 그는 자신이 한번 알려주고 싶은 이야기를 소설을 통해 알릴 수 있게 된 것을 다행으로 여기고 있음도 밝혔다. 한용운이 알리고 싶었던 이야기가 무엇이었는가를 여기서 다시 따지는 일은 별로 중요하지 않다. 오히려 한용운이 어떤 의도에 근거하여 소설을 쓰고자 했다는 사실 자체가 문제가 된다. 이 의도의 문제는 한용운 소설이 보여주는 과장적인 수사와 기법 등에 관련되기 때문이다.

한용운 소설이 근대소설의 이론적인 틀에서 벗어나 있는 것은 수준의 문제가 아니라 기법의 문제에 해당한다. 그의 소설은 이른바 멜로드라마적인 구성을 중시하고 있기 때문이다. 그는 이미 앞에서 검토한 바 있듯이, 문학의 목적이 현실을 있는 그대로 보여주는 데에 있다고 생각하지 않았다. 오히려 그는 그렇게 되어야만 하는 현실을 보여주고자 하는 것이 중요하다고 생각했다. 그의 문학적 태도는 한편으로는 감상적이면서도 도덕적이고 교훈적이다. 바로 이러한 태도에서 비롯된 것이 멜로드라마적 구성법이다.

원래 멜로드라마라는 이야기의 형식은 서구의 경우 18세기에 처음

발생한 것이다. 멜로드라마에는 특수한 어떤 서사 논리나 원칙 같은 것이 존재하지 않는다. 오히려 다양한 이야기 형식 속에서 나타나는 미학적인 표현 양식이 중시된다. 그러므로 멜로드라마는 강렬한 주정주의 성향을 드러낸다. 이것은 서사의 기본 원리와도 어긋나는 것이지만 인간 심성에 근거한 본질적인 주제를 형상화하기 위해서는 피할 수 없는 현상이다. 멜로드라마에서 가장 두드러지는 특징은 성격과 행위의 극단성이다. 구성의 원리와 상관없는 행위의 극단적 배치는 '멜로드라마적'이라는 관형어의 대표적인 표시다. 인물의 성격의 경우에도 도덕적 양극화 현상에서 나타나는 선에 대한 악의 박해와 선에 대한 최후의 보상이 강조된다. 그러므로 개인의 성격의 내면이라든지 인간관계의 사회적 양상이라든지 하는 문제가 개입될 여지가 별로 없다. 도덕적·정신적 절대성만을 강조하는 것이기 때문에 멜로드라마에는 극단적 수사학과 과장된 표현이 자주 등장한다.

　한용운 소설이 멜로드라마적 구성을 통해 구현하고자 한 것은 인간 심성의 본질이다. 한용운은 자신의 소설에 대해 "오직 나로서 평소부터 여러분께 대하여 한번 알리었으면 하던 그것을 알리게 된 것"(「흑풍」, '작자의 말', 『조선일보』, 1935. 4. 8)을 강조했고, "결코 그 여성을 옛날 열녀 관념으로써 그리려는 것이 아니고 다만 한 사람의 인간이 다른 한 사람을 위해서 처음에 먹었던 마음을 끝까지 변하지 않고 완전히 자기를 포기하면서 남을 섬긴다는, 이 고귀하고 거룩한 심정을 그려보려는 것"(「박명」, '작자의 말', 『조선일보』, 1938. 5. 10)이라고 말했다. 실제로 이 같은 작가의 말을 참고하지 않더라도 한용운 소설은 모두 인간의 본질에 대한 해명을 의도하고 있다고 할 수 있다. 그의 소설에서 인간관계는 사회적 계급 대립이나 이념적 갈등으로 구체화한다 하더라도, 도덕적 논리에 해당하는 선과 악이라는 구분이 명확하게 적용된다. 경제적 착취 구조를 보여주는 경우에도 그것은 계급 논리가 아니라 인간의 부도덕과 비윤리성을 말해주는 악행으로 설정된다. 그러므로 한용운 소설이 현실 사회에 대한 사실적 접근이나 보고가 되기에는 분명 부적절하다.

한용운 소설은 멜로드라마의 구성 방식을 활용하여 인간 정신의 본질적인 가치를 구현하고자 한다. 한용운 자신이 지니고 있는 도덕적 상상력이 여기서 함께 작용한다. 그러므로 그의 소설의 사회문화적·윤리적 관심이 다른 곳에 놓여 있다는 것은 분명하다. 그의 소설은 신성성이 부재하는 상황에서 정신적인 것의 의미를 극화하려는 기획으로 볼 수 있다. 그의 소설은 현실 세계에 초월이라는 것이 부재한나는 사실 자체를 받아들이기를 거부하고 오히려 신성한 것을 인간적인 차원으로 이전한다. 개별적인 인물에게 도덕적 절대성을 표현하도록 요구하고 있기 때문이다. 그의 소설에서 자살이라든지 복수라든지 하는 극단적인 행위가 자주 등장하는 것은 이와 관련된다. 그는 현존하는 현실로서의 삶보다는 그가 대망하는 약속으로서의 미래에 관심을 두고 있다. 이러한 태도는 현실에 대한 객관적인 사실적 접근을 요구하는 근대소설의 논리와 어긋난다. 한용운은 소설 속에서 자기 인식이라는 문제의 중요성을 제기하면서 현실 인식의 가능성을 크게 열어놓지 않는다. 그러므로 그의 소설의 주인공들은 주관성의 좁은 한계에 갇혀 있기 때문에 자기 밖으로 나올 수가 없다. 소설의 주인공이 하나의 사회에 속해 있으면서 그 사회에 대항하여 싸워야 하는 존재라는 점을 생각한다면 그의 소설은 자기와의 싸움에 더 큰 의미를 부여하고 있음을 알 수 있다. 바로 이것이 그의 소설이 시의 경우와 다른 점이라고 할 수 있을 것이다.

경험적 진실과 사고의 깊이

한용운의 삶의 태도와 그 정신의 깊이를 보여주는 글쓰기의 영역은 『조선불교유신론』, 「조선 독립의 서」와 같은 논설과 '심우장 만필' 등에 포함되어 있는 여러 수상隨想이다. 한용운의 산문은 경험적 진실에 맞닿아 있기 때문에 그 내용이 언제나 설득적이다. 여기서 말하는 경험적 진실이란 삶의 현실에 대한 진지한 탐구의 산물이라는 뜻이다.

『조선불교유신론』은 총 17장으로 이루어진 방대한 분량의 글이며 불교가 새로운 대중적인 종교로 발전하기 위해 필요한 변혁의 과제를 구체적으로 논하고 있다. 이 글에서 한용운은 불교 교리에 대한 새로운 해석에서부터 시작하여 승단의 제도와 의식에 관한 여러 가지 문제를 비판하고 사찰의 조직이 안고 있는 불합리를 지적했다. 특히 승려의 취처娶妻 문제에 대한 적극적인 지지 발언도 주목된다. 그는 훌륭하게 유신維新하는 자는 훌륭하게 파괴하는 자라고 주장하면서 기존의 모든 제도와 관습을 파괴해야만 새로운 제도와 가치를 바로 세울 수 있다고 강조했다. 그의 불교 개혁론은 부정적 비판으로 일관하는 것이 아니라 낡은 제도와 구습을 새로운 시대의 요구에 맞도록 고치고자 하는 비판적 개혁론으로서의 특징을 드러내고 있다.

> 우리 조선에 불교가 시행된 지도 천오백여 년이나 되었다. 오랜 시일을 거치는 동안 폐단이 생기고, 폐단이 다시 폐단을 낳아, 지금에 이르러서는 폐단이 그 극치에 달했다. 그런데 앞에서도 말한 바와 같이 소위 폐단이란 실로 파괴해야 할 자료일 뿐인데도, 파괴해야 할 자료를 지닌 채 피상적인 개량이나 추구한다는 것은 있을 수 없는 일이다. 무릇 불교의 유신에 뜻을 둔 이라면 파괴하지 못함을 시정해야 할 것이다.

한용운이 『조선불교유신론』을 발표하게 된 것은 일본 불교계의 현실을 돌아보고 새로운 문물을 접견하게 된 과정이 직접적인 계기가 되었던 것으로 보인다. 그는 일본 여행을 마치고 귀국한 뒤 1910년 백담사에서 이 글을 탈고했으며 1913년 불교서관에서 단행본으로 간행했다. 일본의 식민지 지배가 자행되기 시작한 시기에 발표된 이 글은 시대적 조건으로 인하여 그 영향력이 크게 미치지는 못했다. 그렇지만 이 글은 한자 혼용의 국문체로 만들어진 논설 양식의 전형을 보이고 있으며, 한국 불교의 역사 가운데 가장 본격적이고도 구체적인 개혁론이라는 점에서 그 실천적 성격을 높이 평가할 수 있다.

한용운의 논설 가운데 「조선 독립의 서」는 1919년 3·1운동 당시 민족대표로 만세운동을 주도했던 한용운이 일본 경찰에 체포되어 옥중에 갇혀 있는 동안에 집필한 것으로 유명하다. 이 글은 일본의 식민지 지배에 저항하는 민족운동가로서의 투쟁적 면모만이 아니라 세계의 평화와 인류의 공존을 함께 고심하는 고결한 사상가로서의 높은 지식과 경륜을 동시에 보여준다. 그는 "각 민족의 독립 자결은 자존성의 본능이요, 세계의 대세이며, 하늘이 찬동하는 바로서 전 인류의 앞날에 올 행복의 근원이다. 누가 이를 억제하고 누가 이것을 막을 것인가."라고 반문하면서 조선 독립의 당위성을 주장했다.

「조선 독립의 서」가 하나의 논설로서 지니고 있는 가장 큰 미덕은 글 전체에 넘쳐흐르는 진정성이라고 할 수 있다. 이러한 특징은 독립운동가로서 한용운이 지니고 있는 투철한 민족정신과 치열한 저항의식에서 비롯된 것이다. 특히 보편적인 휴머니티를 기반으로 하고 있는 그의 평화사상은 이 글의 진정성에 더욱 무게를 더해준다.

삶의 가치로서의 예술

한용운이 가지고 있던 문학과 예술에 대한 관심을 이해할 수 있는 단서를 제공하는 일화 하나를 소개하는 것으로 이 글을 마치기로 한다.

한용운이 성북동의 자택 심우장에 기거하고 있을 때였다. 한용운은 『조
선일보』에 장편소설 「흑풍」을 연재한 후에 잇달아 「후회」를 『조선중앙
일보』에 연재하면서 세인의 관심을 끌어모으고 있었다. 당시 종합잡지
『삼천리』의 한 기자가 만해를 찾아갔다. 잡지에 기획물로 연재하고 있
던 '당대 처사處士 방문기'라는 기사에 한용운의 근황을 소개하기 위해
서였다. 담당 기자는, 불승의 몸으로 민족운동의 지도자가 되었고 신문
예에도 널리 통하고 있는 한용운에게 문예에 대하여 어떻게 생각하고
있는가를 물었다. 참선하고 있던 한용운은 이렇게 대답했다.

예술이란 인생의 한 사치품이지요. 오락이라고밖에 안 보지요. 요사이
에 와서는 예술을 이지理智 방면으로 끌어가며 그렇게 해석하려는 사람
들도 있지만, 감정을 토대로 한 예술이 이지에 사로잡히는 날이면 그것
은 벌써 예술성을 잃었다고 하겠지요. 그리고 또 근자에 이르러 니무나
감정이 극단으로 흐르는 예술은 오히려 우리 인간 전체에 비겁과 유약柔
弱을 가져오는 것이나 아닌가 하고 우려까지 하지요. 예를 들면, 우리의
생활에 있어서 기름이나 고추나 깨는 없어도 생활할 수 있어도 쌀과 불
과 나무가 없으면 도저히 생활할 수 없는 것과 마찬가지로, 예술이 없어
도 최저한의 인간 생활은 이룰 수가 있겠지요. 그러나 좀 더 맛있게 먹자
면 고추와 깨와 기름이 필요 없다고는 할 수 없겠지요. 어떤 사람은 항의
하리다마는 나는 이렇게 예술을 보니까요.

『삼천리』 기자가 적은 한용운의 말 가운데에서 우리는 감성과 이지 어느 쪽에도 기울어서는 안 된다는 예술의 중용中庸을 눈치챌 수 있다. 예술이 이지에 빠지면 예술성을 잃게 된다는 말이 관념에 빠져드는 것을 경계한 것이라면, 예술이 감정의 극단에 이를 때 인간을 비겁과 유약으로 몰아간다고 한 것은 감정에의 지나친 탐닉 또한 경계한 것이라고 할 수 있다.

한용운은 인간이 먹고살기 위해 필요한 최소한의 요건으로서 쌀과 불과 나무를 들고 있다. 생존의 문제만 생각한다면 이러한 삶의 최소한의 요건만으로도 인간은 살아 나갈 수 있다. 하지만 인간의 삶은 보다 높은 인간 존재의 가치를 필요로 한다. 먹고살기 위해서가 아니라 좀 더 인간다운 존재로 살기 위해, 먹고사는 것 이외의 것을 요구한다. 한용운은 맛있게 음식을 먹기 위해 거기에 첨가하는 기름, 고추, 깨와 같은 양념이 필요하다는 비유적인 표현을 썼지만, 바로 여기에 예술의 필요성이 제시되고 있다. 한용운은 비유적인 표현을 통해 문화니 예술이니 하는 것의 참다운 의미와 가치를 제대로 설명하고 있는 셈이다.

한용운의 말 그대로, 1930년대 일제 식민지 지배 아래에서 우리 민족이 '쌀과 나무'조차 구하기 어려운 삶을 누렸던 것을 생각한다면, '기름이나 고추나 깨'와 같은 것은 없어도 살아갈 수 있는 사치품들이었다고 할 수도 있을 것이다. 그러나 최소한의 삶을 꾸려가면서 최대한의 인간으로 존재할 수 있기 위해 먹고사는 것에만 매달릴 수 없다는 것은 당연한 논리라고 할 것이다.

한용운 연보

1879년 8월 29일(고종 16년, 己卯, 음력 7월 12일)

충남 홍성군 결성면 성곡리 491번지에서 부친 한응준韓應俊과 모친 온양 방씨方氏 사이의 차남으로 태어나다. 본관은 청주淸州. 자는 진옥眞玉, 속명은 유천裕天, 득도得度 때의 계명은 봉완奉玩, 법명은 용운龍雲, 법호는 만해卍(萬)海.

소년 시절에 향리의 서당에서 『계몽편啓蒙篇』, 『소학小學』, 『통감通鑑』 등을 배우며 한학에 몰두하다.

1892년(14세)　향리인 충남 홍성군 결성에서 천안 전씨 전정숙全貞淑 씨와 결혼하다.

1896년(18세)　숙사塾師가 되어 동네 아이들을 가르치다.

1897년(19세)　동학운동이 전국적으로 확대되자 충남 홍주 의거에 참가했다가 출가하여 설악산 백담사百潭寺 오세암五歲庵에서 기거하다.

1903년(25세)　새로운 세상에 대한 관심으로 세계여행을 계획하고 원산을 거쳐 러시아의 블라디보스토크로 건너갔으나 여러 가지 역경을 겪고는 귀국하다.

1904년(26세)　충남 홍성군 결성의 고향으로 내려가 가족과 함께 머물다. 이해 12

월, 맏아들 보국保國이 태어나다.

1905년(27세)	1월, 다시 설악산 백담사로 입산하여 백담사에서 김연곡사金蓮谷師에게서 득도, 전영제사全泳濟師에게서 수계受戒하여 승려가 되다.
	4월, 백담사 이학암사李鶴庵師에게서 『기신론起信論』, 『능엄경楞嚴經』, 『원각경圓覺經』을 배우다.
1907년(29세)	4월, 강원도 간성군 건봉사乾鳳寺에서 수선안거首禪安居를 성취하다.
1908년(30세)	강원도 유점사楡岾寺에서 서월화사徐月華師로부터 『화엄경華嚴經』을 수학하다.
	4월, 강원도를 떠나 일본의 시모노세키下關, 미야지마宮島, 교토京都, 도쿄東京, 닛코日光 등지를 순유巡遊하여 신문물을 시찰하고, 도쿄 교외에 있는 일본 선종禪宗 본산인 조동종曹洞宗 대학림大學林에서 일본 불교계 인사들과 교유하며 4개월간 체류하다. 조동종 대학림에서 발행하는 불교 잡지 『화융지和融誌』에 4회에 걸쳐 한시 12편을 발표하다.
	일본에서 유학 중이던 최린崔麟과 교유하다.
	9월, 귀국하여 10월부터 건봉사 이학암사에게서 『반야경般若經』과 『화엄경』을 수학하다.
1909년(31세)	7월, 금강산 표훈사表訓寺의 불교강사佛敎講師에 취임하다.
1910년(32세)	『조선불교유신론朝鮮佛敎維新論』을 백담사에서 탈고하다.
1911년(33세)	해인사海印寺 주지 이회광李晦光이 중심이 되어 원종圓宗 종무원을 설립한 후 한국 불교와 일본 조동종의 연합을 획책하여 한일 합방

직후 조동종과 조약을 체결하자, 박한영朴漢泳, 진진응陳震應, 김종 래金鍾來, 장금봉張錦峰 등과 순천 송광사松廣寺, 동래 범어사梵魚寺 에서 승려 궐기대회를 개최하고, 조일불교동맹조약朝日佛敎同盟條約 의 체결을 반대하다.

범어사에 조선임제종朝鮮臨濟宗 종무원을 설치하는 일에 앞장서고 조선임제종 관장管長에 취임하다.

1912년(34세)	불교 경전 대중화의 방편으로 『불교대전佛敎大典』을 편찬하기 위해 경남 양산 통도사通度寺의 『고려대장경高麗大藏經』 1,511부 6,802권 을 열람하기 시작하다.
	『불교한문독본佛敎漢文讀本』(毛筆本)을 펴내다.
1913년(35세)	4월, 불교강연회佛敎講硏會 총재에 취임하다.
	박한영, 장금봉 등과 불교종무원佛敎宗務院을 창설하다.
	5월, 통도사 불교강사에 취임하다.
	『조선불교유신론』을 불교서관佛敎書館에서 발간하다.
	(논설 및 작품)
	「原僧侶之團體」, 『朝鮮佛敎月報』, 1913. 4~5.
	『朝鮮佛敎維新論』, 佛敎書館.
1914년(36세)	8월, 조선불교회朝鮮佛敎會 회장에 취임하다.
	범어사에서 대장경을 열람하고 이를 간추려 『불교대전』을 범어사 에서 발간하다.
1915년(37세)	10월, 조선선종중앙포교당朝鮮禪宗中央布敎堂 포교사布敎師에 취임

하다.

1916년까지 영호남 지방의 사찰을 순례하며 동지를 규합하고 대강연회를 개최하다.

1917년(39세)   12월, 오세암에서 좌선하던 중 바람에 물건이 떨어지는 소리를 듣고 문득 진리를 깨우치다.

『정선강의精選講義 채근담菜根譚』을 신문관新文館에서 펴내다.

1918년(40세)   9월, 서울에서 불교 대중화를 기반으로 하는 월간 잡지 『유심唯心』(12월까지 3호를 발행하고 중단)을 창간하여 편집 발행인이 되다.

『유심』 1호에 첫 시 「심心」과 첫 수필 「고학생苦學生」 등을 발표하다.

중앙학림中央學林 강사講師에 취임하다.

(논설 및 작품)

「朝鮮靑年과 修養·前路를 擇하여 進하라」, 『唯心』 1호, 1918. 9. 1.

「苦學生」, 『唯心』 1호, 1918. 9. 1.

「心」, 『唯心』 1호, 1918. 9. 1.

「苦痛과 快樂·自我를 解決하라」, 『唯心』 2호, 1918. 10. 10.

「遷延의 害·毁譽」, 『唯心』 3호, 1918. 12. 20.

「無用의 勞心·前家의 梧桐」, 『唯心』 3호, 1918. 12. 20.

1919년(41세)   일제 식민지 지배에 항거하는 3·1운동에 불교계의 대표로 참여하여, 최남선崔南善이 작성한 「독립선언서獨立宣言書」에 공약삼장公約三章을 첨가했으며, 3월 1일 경성 명월관明月館 지점에서 33인을 대표하여 독립선언 연설을 한 후 일경에게 체포되다.

7월, 서대문형무소에서 일본 검사의 심문에 대한 답변으로 「조선 독립의 서」를 기초하여 제출하다.

8월 9일, 경성 지방법원 제1형사부에서 유죄판결을 받고 1922년까지 수감되다.

(논설 및 작품)

「朝鮮獨立의 書」, 1919. 7. 10.

「朝鮮獨立에 對한 感想의 槪要」, 『독립신문』, 1919. 11. 4.

1922년(44세)　3월, 3년의 옥고를 치르고 출옥하다.

3월 24일, 법보회法寶會를 발기하다.

5월, 조선불교청년회 주최로 '철창철학鐵窓哲學'이라는 연제로 강연하다.

10월, 조선학생회 주최로 천도교회관에서 '육파나밀六波羅蜜'이라는 연제로 독립사상에 대한 강연을 하다.

(논설 및 작품)

「無窮花 심으과저」, 『開闢』 27호, 1922. 9. 1.

1923년(45세)　2월, 조선물산장려운동을 적극 지원하다.

4월, 민립民立대학 설립 운동을 지원하는 강연에서 '자조自助'라는 연제로 청중을 감동시키다.

(논설 및 작품)

「朝鮮及朝鮮人의 煩悶」, 『東亞日報』, 1923. 1.

1924년(46세)　(논설 및 작품)

	「내가 믿는 佛敎」, 『開闢』, 1924. 3.
	「죽음」, 1924. 10. 24.(유고)
1925년(47세)	6월, 설악산 오세암에서 『십현담주해十玄談註解』를 탈고하고 법보회法寶會에서 발간하다.
	8월, 설악산 오세암에서 『님의 침묵』을 탈고하다.
	(논설 및 작품)
	『十玄談註解』, 法寶會, 1925. 6. 7.
1926년(48세)	5월 20일, 시집 『님의 침묵』을 회동서관滙東書舘에서 간행하다.
	6·10만세운동 무렵에 일본 경찰에 구금되다.
	(논설 및 작품)
	『님의 沈默』, 滙東書館, 1926. 5. 20.
	「가갸날에 대하여」, 『東亞日報』, 1926. 12.
1927년(49세)	1월, 민족 단일 노선을 지지하여 신간회新幹會를 발기하고 5월 신간회 중앙집행위원 겸 경성지회장에 피선되다.
	조선불교청년회를 조선불교총동맹으로 조직 체계를 개편하다.
	(논설 및 작품)
	「女性의 自覺」, 『東亞日報』, 1927. 7.
	「죽었다가 다시 살아난 이야기」, 『別乾坤』, 1927. 8. 17.
1928년(50세)	(논설 및 작품)
	「天下名妓 黃眞伊」, 『別乾坤』, 1928. 1.
	「專門知識을 갖추자」, 『別乾坤』, 1928. 6. 1.

1929년(51세)   『삼천리三千里』 제1호에 한시 8수를 발표하다.

12월, 광주학생의거를 계기로 일제에 항거하는 학생운동을 조병옥趙炳玉, 김병로金炳魯, 김무삼金武森, 이인李仁, 이원혁李源赫 등과 전국적으로 확대하기 위해 민중대회 개최를 계획하였으나 일제의 제지로 뜻을 이루지 못하고 신간회 간부들과 경찰서에 구금되다.

(논설 및 작품)

「작은 일부터」, 『槿友』 1호, 1929. 5. 10.

한시 「聞砧聲」 외 8수, 『三千里』 1호, 1929. 6. 12.

1930년(52세)   (논설 및 작품)

「小作農民의 覺悟」, 『朝鮮農民』, 1930. 1.

「남모르는 나의 아들」, 『別乾坤』, 1930. 1.

「萬有가 佛敎로 돌아간다」, 『三千里』, 1930. 9. 1.

1931년(53세)   6월, 불교 대중화를 위한 잡지 『불교佛敎』를 인수하여 사장에 취임하고, 이후 많은 논설을 발표하다.

7월, 전북 전주 안심사安心寺에 보관되어 있던 한글 경판經板의 원판原版인 금강경金剛經, 원각경, 은중경恩重經 및 유합類合 등을 발견, 조사하다.

9월, 나병구제연구회癩病救濟硏究會를 조직하고 여수, 대구, 부산 등지에 간이수용소 설치를 결의하다.

김법린金法麟, 김상호金尙昊, 이용조李龍祚, 최범술崔凡述 등이 조직한 청년법려비밀결사靑年法侶秘密結社 '만당卍黨'의 영수領首로 추대되다.

	(논설 및 작품)
	「漫話」, 『佛敎』, 1931. 7~9.
	「佛敎靑年總同盟에 대하여」, 『佛敎』, 1931. 8.
	「비바람」, 『佛敎』, 1931. 8.
	「政敎를 分立하라」, 『佛敎』, 1931. 9.
	「印度 佛敎運動의 片信·國寶的 한글 經板의 發見經路」, 『佛敎』, 1931. 9.
	「中國佛敎의 現象」, 『佛敎』, 1931. 10.
	「朝鮮佛敎의 改革案·佛敎改新에 대하여」, 『佛敎』, 1931. 10.
	「聞葛藤」, 『佛敎』, 1931. 10~1932. 9.
	「中國革命과 宗敎의 受難」, 『佛敎』, 1931. 12.
	「宇宙의 因果律」, 『佛敎』, 1931. 12.
	「歸鄕小曲」, 『佛敎』, 1931. 12.
	「겨울 밤 나의 生活」, 『彗星』, 1931. 12.
1932년(54세)	(논설 및 작품)
	「원숭이와 佛敎·卷頭言」, 『佛敎』, 1932. 1. 1.
	「寺法改正에 對하여」, 『佛敎』, 1932. 1. 1.
	「平生 못잊을 傷處」, 『朝鮮日報』, 1932. 1.
	「禪과 人生」, 『佛敎』, 1932. 2. 1.
	「世界宗敎界의 回顧」, 『佛敎』, 1932. 3. 1.
	「新年度의 佛敎事業은 어떠할까」, 『佛敎』, 1932. 4. 1.

「祝辭」, 『한글』, 1932. 4. 14.

「佛敎新任 中央幹部에게」, 『佛敎』, 1932. 5. 1.

「朝鮮佛敎의 海外 發展을 要望함」, 『佛敎』, 1932. 8. 1.

「敎團의 權威를 確保하라·佛敎靑年運動에 對하여·信仰에 對하여」, 『佛敎』, 1932. 9. 1.

「海印寺 巡禮記」, 『佛敎』, 1932. 10. 1.

「月明夜에」, 『三千里』, 1932. 10. 1.

「西伯利亞의 移農」, 『三千里』, 1932. 10. 1.

1933년(55세)　유숙원兪淑元 씨와 재혼하다.

벽산碧山 스님이 집터를 기증하고 방응모方應謨, 박광朴洸 등 몇몇 지인의 성금으로 성북동에 심우장尋牛莊을 짓고 거기서 기거하다.

『불교』를 휴간하다.

(논설 및 작품)

「佛敎事業의 旣定方針을 實行하라」, 『佛敎』, 1933. 1. 1.

「한글經 印出을 마치고」, 『佛敎』, 1933. 1. 1.

「宗憲發布記念式을 보고」, 『佛敎』, 1933. 2. 1.

「現代아메리카의 종교」, 『佛敎』, 1933. 3. 1.

「달님 달님 달님」, 『東亞日報』, 1933. 3. 26.

「敎政硏究會 創立에 대하여」, 『佛敎』, 1933. 4. 1.

「禪과 自我」, 『佛敎』, 1933. 6.

「明沙十里」, 『三千里』, 1933. 9. 1.

「西伯利亞를 거쳐 서울로」, 『三千里』, 1933. 9. 1.

「自立力行의 精神을 普及시키라」, 『新興朝鮮』, 1933. 10. 1.

1934년(56세) 9월 1일, 딸 영숙英淑 출생하다.

1935년(57세) 『조선일보』에 1935년 4월 9일부터 이듬해인 1936년 2월 1일까지

장편소설 「흑풍黑風」을 연재하다.

(논설 및 작품)

「最後의 五分間」, 『朝光』, 1935. 1. 1.

「北大陸의 하룻밤」, 『朝鮮日報』, 1935. 3. 8~13.

「꿈과 근심」, 『新人文學』 6호, 1935. 4.

「黑風」, 『朝鮮日報』, 1935. 4. 9.~1936. 2. 1.

1936년(58세) 단재丹齋 신채호申采浩의 묘비를 세우다.

7월 16일, 정인보鄭寅普, 안재홍安在鴻 등과 경성 공평동 태서관太西

館에서 다산茶山 정약용丁若鏞의 서세백년기념회逝世百年紀念會를 개

최하다.

『조선일보』에 1936년 3월 27일부터 4월 5일까지 '심우장 산시尋牛

莊散詩'라는 표제로 7회에 걸쳐 총 15편의 시를 연재하다.

『조선중앙일보』에 1936년 6월 27일부터 9월 4일까지 장편소설

「후회後悔」를 연재하던 중 신문의 폐간으로 중단되다(연재 50회).

(논설 및 작품)

「尋牛莊散詩 ① 山居·산꼴물」, 『朝鮮日報』, 1936. 3. 27.

「尋牛莊散詩 ② 矛盾·淺日」, 『朝鮮日報』, 1936. 3. 28.

「尋牛莊散詩 ③ 쥐」,『朝鮮日報』, 1936. 3. 31.

「尋牛莊散詩 ④ 日出·海邊의 夕陽」,『朝鮮日報』, 1936. 4. 2.

「尋牛莊散詩 ⑤ 江배·落花·莖草」,『朝鮮日報』, 1936. 4. 3.

「尋牛莊散詩 ⑥ 파리·모기·半月과 少女」,『朝鮮日報』, 1936. 4. 5.

「失題」,『三千里』, 1936. 6. 1.

「暮鐘晨梵無我境」,『朝光』, 1936. 10.

「菜根譚講義」,『三千里』, 1936. 12. 1.

「後悔」(50회 연재 후 중단),『朝鮮中央日報』, 1936.

1937년(59세) 3월 1일,『불교』를 속간하여『신불교新佛教』제1집을 창간한 후 계속 발간하다.

『신불교』제1집과 제2집에 걸쳐 소설「철혈미인鐵血美人」을 2회 연재하던 중 중단하다.

3월 3일, 광복운동의 선각자 일송一松 김동삼金東三이 옥사하자 유해를 심우장에 모셔 5일장을 지내다.

(논설 및 작품)

「『佛教』續刊에 대하여」,『新佛教』1호, 1937. 3. 1.

「鐵血美人」,『新佛教』1~2호, 1937. 3. 1.~4. 1.

「愛情說問」,『朝光』, 1937. 4. 1.

「朝鮮佛教統制案」,『新佛教』, 2호, 1937. 4. 1.

「卷頭言」,『新佛教』2호, 1937. 4. 1.

「譯經의 急務」,『新佛教』3호, 1937. 5. 1.

「住持選擇에 대하여」, 『新佛敎』 4호, 1937. 6. 1.

「尋牛莊說」, 『新佛敎』 4호, 1937. 6. 1.

「禪外禪」, 『新佛敎』 5호, 1937. 7. 1.

「精進」, 『新佛敎』 6호, 1937. 8. 1.

「戒言」, 『新佛敎』 7호, 1937. 10. 1.

「山莊寸墨」, 『新佛敎』, 1937. 10~1938. 9.

「제논의 飛矢不動論과 僧肇의 物不遷論」, 『新佛敎』 8호, 1937. 11. 1.

「朝鮮佛敎에 대한 過去一年의 回顧와 新年의 展望」, 『新佛敎』 9호,

1937. 12. 1.

1938년(60세)	『조선일보』에 1938년 5월 18일부터 이듬해인 1939년 3월 12일까지 장편소설 「박명薄命」을 연재하다.

만당卍黨 당원들이 일경에 피검되자 엄중한 감시를 받다.

(논설 및 작품)

「佛敎靑年運動을 復活하라」, 『新佛敎』 10호, 1938. 2. 1.

「共産主義的 反宗敎운동은 과연 실현될 것인가」, 『新佛敎』 11호,

1938. 3. 1.

「나치스 獨逸의 宗敎」, 『新佛敎』 12호, 1938. 5. 1.

「反宗敎運動의 批判」, 『三千里』, 1938. 5. 1.

「薄命」, 『朝鮮日報』, 1938. 5. 18.~1939. 3. 12.

「佛敎와 孝行」, 『新佛敎』 13호, 1938. 6. 1.

「忍耐」, 『新佛敎』 14호, 1938. 7. 1.

「三本山會議를 展望함」, 『新佛敎』 15호, 1838. 8. 1.

「總本山 創設에 對한 再認識」, 『新佛敎』 17호, 1938. 11. 1.

「漁翁」, 『野談』, 1938. 12.

1939년(61세) 『조선일보』에 장편소설 「삼국지三國志」를 1939년 11월 1일부터 1940년 8월 10일까지 연재하던 중 신문 폐간으로 중단하다(총 272회).

7월 12일(음력), 회갑을 맞아 서울 청량사淸凉寺에서 회갑연을 벌이다. 이때 오세창吳世昌, 권동진權東鎭, 이병우李炳宇, 안종원安鍾元 등 20여 명이 참석하다.

(논설 및 작품)

「三國志」, 『朝鮮日報』, 1939. 11. 1~1940. 8. 10.

1940년(62세) 일제가 강제로 창씨개명創氏改名을 획책하자 박광朴洸, 이동하李東廈 등과 반대운동을 벌이다.

(논설 및 작품)

「佛敎의 過去와 未來」, 『新佛敎』, 1940. 2. 1.

「明沙十里」, 『半島山河』, 1940. 5. 30.

1943년(65세) 조선인학병朝鮮人學兵 출정出征에 반대하다.

중풍으로 고생하며 병석에 눕다.

1944년(66세) 6월 29일(음력 5월 9일), 심우장에서 입적하다. 유해는 미아리 화장장에서 다비茶毘한 후, 망우리 공동묘지에 안장되다. 세수世壽 66, 법랍法臘 39.

1962년 대한민국 건국공로훈장 중장重章이 수여되다.

1967년	10월, 용운당만해대선사비龍雲堂萬海大禪師碑가 파고다공원에 건립 되다.
1970년	한용운의 중편소설 「죽음」이 유고 형태로 계간지 『創作과 批評』 (1970년 가을호)에 소개되다.
1973년	『한용운전집韓龍雲全集』 전 6권이 신구문화사에서 발간되다.
1985년	충남 홍성에 만해 한용운 동상이 건립되다.
1993년	향리인 충남 홍성군 결성면 성곡리에 생가가 복원되고 1995년 추 모 사당인 만해사萬海祠가 건립되다.
1996년	설악산 신흥사 회주 무산霧山 조오현曹五鉉 스님이 주도하여 만해 사상실천선양회를 결성하고 만해대상을 제정하여 운영하다.
1999년	제1회 만해축전萬海祝典을 만해사상실천선양회가 주관하여 설악 산 백담사에서 개최하다.